# グローバル化時代の教育改革
### 教育の質保証とガバナンス

東京大学教育学部教育ガバナンス研究会 [編]

東京大学出版会

Educational Reform in the Era of Globalization:
Quality Assurance and Governance of Education
Edited by the Research Project on Educational Governance,
Faculty of Education, the University of Tokyo
University of Tokyo Press, 2019
ISBN 978-4-13-051346-3

# はしがき

　グローバル化の進展のなかで，求められる教育の質や内容が変化してきた。これは，グローバル化の進展という状況への対応が課題とされ，それによって生まれたものと，国際機関などの影響を受けたものがある。「グローバル人材」の育成は前者の例となろうし，経済協力開発機構が示した「キー・コンピテンシー」の概念の影響は後者に位置づけられよう。概して言えば，「キー・コンピテンシー」に示されるように，これらの変化は単なる知識や技能の習得ではない広い能力観や学力観に基づいている。

　グローバル化はまた，教育の供給・管理の仕組みにも影響を与えてきた。多くの先進諸国で公共部門の見直しが課題となり，ガバナンスの改革が国境を越えて進行した。日本の改革に強い影響を与えたものの一つが「ニュー・パブリック・マネジメント」の理論であり，これは競争や成果，政策の企画立案と執行の分離などを重視するものであった。教育の領域では，競争原理の導入や強化が求められるとともに，目標の設定と成果の評価による質の保証や向上の仕組み作りが進められた。

　グローバル化，質保証，ガバナンスの改革はこのように相互に関係性を有するが，それぞれの関係は必ずしも整合的なものとは言えない。たとえば，序章で述べるように，今次のガバナンス改革で進められた成果重視の教育プロセスの管理方式には，グローバル化の進展で求められる広い能力の育成とは必ずしも適合しない側面がある。その一方で，ガバナンス改革は公的機関と民間アクターとの関係の流動化をもたらし，学校と他の諸機関・組織との連携や住民参加による新たな教育の機会や実践を生み出す可能性をもつものでもあった。本書はグローバル化が進むなかでの教育改革を対象とし，求められる教育の質の変化・転換やガバナンス改革に着目しながら，その実態や課題，可能性を検討しようとするものである。

　本書は，東京大学大学院教育学研究科附属学校教育高度化センター（現「学校教育高度化・効果検証センター」）のプロジェクトに位置づけられ，日本学術振

興会科学研究費補助金（基盤研究（A），平成26～28年度）の助成を受けて実施された共同研究「ガバナンス改革と教育の質保証に関する理論的実証的研究」（研究代表者：大桃敏行）に基づいている．本共同研究では海外調査とともに，国内にあっては比較的規模の大きい質問紙調査も実施した．また，この間に国際シンポジウムを含む4つの公開シンポジウムを開催するとともに，随時，講演会や研究会を開いた．これらの調査研究やシンポジウム，講演会，研究会の開催において多くの方々の協力を得た．

東京大学出版会には本書の出版をお引き受けいただき，編集部の後藤健介氏には企画の段階からたいへんお世話になった．これまでの私たちの共同研究で，そして本書の出版においてお世話になった皆様に，深い感謝の意を表したい．

2019年1月　執筆者を代表して

大桃敏行

グローバル化時代の教育改革──教育の質保証とガバナンス・目　次

はしがき……………………………………………………大桃敏行　i

**序章　グローバル化と教育の質保証とガバナンス改革**
　………………………………………………………………大桃敏行　1

　第1節　グローバル化時代の教育改革（1）／第2節　グローバル化と教育内容面の改革（2）／第3節　グローバル化と教育の供給・管理手法の改革（5）／第4節　ガバナンス改革と教育改革（9）／第5節　本書の構成（10）

### 第Ⅰ部　グローバル化と求められる教育の質の変化・転換

　概　要……………………………………………………小玉重夫　16

**1　学力観をめぐる国際的な議論の潮流**
　国際機関を中心に………………………………………北村友人　19

　第1節　変化する社会に対応できる「学力」とは（19）／第2節　新しい「学び」のあり方（22）／第3節　「持続可能な開発のための教育」という学びのアプローチ（27）

**2　習得・活用・探究のプロセスと学力保証**…………市川伸一　33

　第1節　「ゆとり教育」と学力低下論争（33）／第2節　習得と探究の学習サイクル（35）／第3節　「活用」の導入とその意味（38）／第4節　習得と探究の授業の具体（40）／第5節　アクティブ・ラーニングと「習得・活用・探究」（46）／第6節　今後の展開──新教育課程に向けて（49）

3 「グローバル教育」と英語政策の落とし穴............斎藤兆史 53

 第1節　なぜ「グローバル化」と英語が結びつくのかとの問い（53）／第2節　「グローバル人材育成」と英語教育行政（54）／第3節　誤解その1——英語はグローバル言語である（55）／第4節　誤解その2——英語は音声中心に学ぶべきである（56）／第5節　誤解その3——英語を多用すれば日本の大学はグローバル化する（59）／第6節　日本語を英語化することの危険性（61）／第7節　学理に基づく「ポスト・グローバル」教育の再構築の必要性（62）

4 日本における移民・難民の子どもたちに対する教育保障
 ......................................................................髙橋史子 65

 第1節　移民・難民の子どもたちという視点から見る教育保証（65）／第2節　日本の移民・難民の子どもたちに対する教育機会の保障（71）／第3節　日本の移民・難民の子どもたちに対する教育の質保証（76）／第4節　新しい「学力」観と教育の平等——今後の課題（77）

5 インドネシアの教育の質をめぐる改革と現場の課題
 ジャワの中学校の授業研究実践の再文脈化................草彅佳奈子 83

 第1節　グローバリゼーションとインドネシアの教育改革（83）／第2節　サリ中学校の社会文化的背景（86）／第3節　サリ中学校の授業研究実践（90）／第4節　教育の質をめぐる改革の課題（93）

6 教育の質の変化・転換と市民性........................小玉重夫 99

 第1節　グローバル化の加速と教育の質の変容（99）／第2節　学力のポスト戦後体制——内容ベースから資質・能力ベースへ（100）／第3節　カリキュラム・イノベーションと学力の市民化（102）／第4節　資質・能力の可能性——キー・コンピテンシーからエージェンシーへ（104）

## 第Ⅱ部　グローバル化と教育のガバナンス

概　要……………………………………………………………勝野正章　112

## 7　地方自治体における教育のガバナンス改革
市区町村への全国調査の結果から…村上祐介・佐々木織恵・高木加奈絵・澤田俊也　115

第1節　教育委員会と学校の関係はどのようになっているのか（115）／第2節　2001年と2015年の学校予算に関わる裁量権限の比較（117）／第3節　市区町村教育委員会における授業スタンダードの動向（119）／第4節　自治体の学校評価制度における目標管理の志向性（123）／第5節　地方自治体の教育ガバナンスの今後（126）

## 8　学力向上の取り組み・施策と全国学力調査に対する教員の意識
……勝野正章・木場裕紀・津田昌宏・福嶋尚子・盛藤陽子　129

第1節　全国学力調査と教育の質保証（129）／第2節　教員調査（132）／第3節　全国学力調査を問い直す（139）

## 9　スタンダードとテスト改革の20年
アメリカのメリーランド州X郡R小学校の事例を通して………恒吉僚子　143

第1節　テストによる統制の時代（143）／第2節　R小学校（144）／第3節　テスト，テスト，テスト（145）／第4節　テストによる統制？　人種・階層による統制？（146）／第5節　テストによる教育改革──再編改革（reconstitution）（148）／第6節　テストの常態化（149）／第7節　失敗し続ける学校の仕組み（151）／第8節　「失敗」の論理の再検討（152）

## 10 大学のガバナンスと成果主義
　　高等教育政策の国際比較の観点から……………………………………**山本　清**　155

第1節　高等教育の政策とガバナンス（155）／第2節　ガバナンス改革の背景（156）／第3節　成果主義とマネジメント（159）／第4節　国際比較（165）／第5節　成果主義とガバナンスの強化のゆくえ（168）

## 11 日本の大学ガバナンスの課題
　　高等教育政策の変容と大学の自律性……………………………………**両角亜希子**　171

第1節　大学成功の条件としての自律性（171）／第2節　政治主導の大学改革へ（173）／第3節　補助金政策の変容とそのインパクト（178）／第4節　大学の自律性をいかに育てるか（183）

## 12 アメリカの高等教育ガバナンスと質保証
　　アクレディテーションに着目して………………………………………**福留東土**　187

第1節　アメリカの高等教育ガバナンスと中間団体の役割（187）／第2節　アクレディテーションの基本構造と概念（188）／第3節　アクレディテーション団体の特質（190）／第4節　アクレディテーションと政府の関係（193）／第5節　アクレディテーションの統括・調整（194）／第6節　近年のアクレディテーションの動向（196）

### 第Ⅲ部　新たな教育機会・実践の創出

概　要………………………………………………………………………**大桃敏行**　202

## 13 資質・能力としての「学ぶ力」をどのように子ども達に保証していくのか
　　メタ認知・学習方略の育成をめざした学校実践および教育センターでの取り組み……………………………………………………………**植阪友理**　205

第 1 節　世界的な動向としての学力観の見直し（205）／第 2 節　そもそも資質・能力としての「学ぶ力」とは何をさすのか？（206）／第 3 節　「学ぶ力」の育成を学校の中でどのように保証していくのか——学校における日々の授業を通じて，メタ認知の育成を目指した取り組み（208）／第 4 節　「学習の保健室」を目指した大学と教育センターとの連携（212）／第 5 節　資質・能力をどのように評価し，教育改善に生かすのか（215）

## 14　授業研究システムにおける教師の専門的学びの変革
……………………………………………………………秋田喜代美　219

第 1 節　世界における授業研究の展開と拡大の理由（219）／第 2 節　日本における授業研究の強み（223）／第 3 節　これからの学びと授業研究の新たな展開（227）

## 15　職業スキル形成のガバナンスをめぐる多様性
VoC 論から見た日本の課題……………………………………本田由紀　231

第 1 節　職業スキル形成の世界的動向（231）／第 2 節　「資本主義の多様性」論と職業スキル（232）／第 3 節　欧米諸国における職業スキルの形成のガバナンス（236）／第 4 節　日本における職業スキル形成の特徴と課題（239）

## 16　教師の学習の契機としての小中一貫教育…………藤江康彦　243

第 1 節　小中一貫教育とは（243）／第 2 節　小中一貫教育をめぐる現状と課題（243）／第 3 節　小中一貫校をつくる（245）／第 4 節　小中一貫教育をつくる過程における教師の語り（248）／第 5 節　小中一貫校をつくる過程における教師の学び（251）／第 6 節　小中一貫教育研究のこれから（254）

17 学校におけるガバナンス改革の可能性
　　大阪市立大空小学校の取り組みに焦点をあてて……………小国喜弘　257

　第1節　小さな公立小学校のガバナンス改革に注目して（257）／第2節　理念の改革と校則の廃止——最も弱い立場の子どもの学習保障を優先すること（259）／第3節　教職員組織の改革（260）／第4節　学校協議会におけるガバナンス改革（264）／第5節　改めて，学校ガバナンスの可能性に注目する（266）

18 芸術教育における学校，芸術家，NGO の連携
　　ドイツの取り組みから……………………………………………新藤浩伸　269

　第1節　ドイツ社会の変容と「文化教育」への期待（269）／第2節　芸術の授業がどうつくられていくか（273）／第3節　子どもたちは何を学ぶか（277）／第4節　共生に向けた協働の試み（280）

　執筆者紹介（282）

序章　グローバル化と教育の質保証と
ガバナンス改革

大桃敏行

## 第1節　グローバル化時代の教育改革

　グローバル化（グローバリゼーション）は教育の領域にも強い影響を与えてきた。本書は，グローバル化が進むなかでの教育改革を，教育の内容と供給・管理の両面からとらえ，その実態や課題，新たな教育の機会や実践への取り組みを検討する。

　グローバル化という用語が教育学の論文で広く使われ始めるのは1990年代後半とされている（広田, 2016, pp. 14-17）。本書のタイトルのグローバル化時代の教育改革とはおもに1990年代以降の改革を示す。グローバル化については多くの定義がなされてきたが，ここでは人の移動や活動，その影響が国境を越えて地球規模で展開することとしてとらえることにしたい。グローバル化は経済面では各国経済の開放と市場の統合を，文化面では標準化や画一化を進めるとともに，政治面では主権国家の枠組み自体を相対化する力をもつものとして理解されてきた。たとえば，野平慎二は10年ほど前になるが，政治の次元でとらえた場合，「脱主権国家化という形でグローバル化が進んでいる」と指摘していた。野平によれば，「国家主権の一部が，国家間組織（国連やその諸機関など），超国家組織（EUなど），トランスナショナルな組織（NGOなど）へと委譲され」「いかなる国家であれ，そのようなグローバルな組織から影響を受けることなしに国内政策を立案することは難しい」（野平, 2006, p. 121）とされた。

　この野平の指摘から10年を経て生じた2つの出来事は，グローバル化とは異なる要素をもつものであった。2016年のイギリスのEU離脱をめぐる国民投票であり，アメリカの大統領選挙である。前者は超国家的組織の形成により国際的な課題に対応しようとする努力からの主要国の離脱であり，後者は自国

優先の「米国第一主義」を掲げた候補者の当選であった。いずれも多くの人の予想とは異なるものであったとしても，国民全体の投票によって生じたものであった。以後，「ポスト・グローバル化」あるいは「グローバリズム以後」の議論が活発になる。しかしながら，「ポスト・グローバル化」であれ「グローバリズム以後」であれ，それがどのようなものになっていくのかは予測が難しく，グローバル化の不可逆性も指摘されている。そういった現在にあって，グローバル化時代の教育改革の実態や課題を改めて検証することは，今後の教育の在り方を考えていくうえで必要な作業となろう。

## 第2節　グローバル化と教育内容面の改革

　まず，グローバル化が教育の内容面の改革に与えた影響について，「はしがき」でも示した2つの観点からみてみよう。1つはグローバル化への対応の必要性が説かれ，それによって生み出された改革であり，もう1つはグローバル化の進展に伴う国際機関の影響によりもたらされた改革である。

### グローバル化への対応

　第1の観点と関わって，学習指導要領の改訂につながる1990年代以降の3つの答申について，「グローバル化」という用語の検索を行った。3つの答申とは1998年7月29日の教育課程審議会答申（以下，1998年答申），2008年1月17日の中央教育審議会答申（以下，2008年答申），および2016年12月21日の同審議会答申（以下，2016年答申）であり，ヒット件数は1998年答申0件，2008年答申13件，2016年答申35件であった。2008年答申が約150頁，2016答申が約250頁と分量に差はあるが，それでも使用頻度が高くなっているのがわかる。

　2008年答申でグローバル化は知識基盤社会化などとともに学習指導要領改訂の時代状況の説明に用いられるとともに，「教育内容に関する主な改善事項」では伝統や文化に関する教育や外国語教育の充実について使われている。伝統や文化については「グローバル化の中で，自分とは異なる文化や歴史に立脚する人々との共存のため，自らの国や地域の伝統や文化についての理解を深

め，尊重する態度を身に付けることが重要になっている」，外国語教育については「知識には国境がなく，グローバル化が一層進む「知識基盤社会」の時代にあって，学校教育において外国語教育の充実が求められており，小学校段階において，新たに外国語活動を導入する必要がある」の記述がそうである (p.52)。前者に関しては各教科等における指導の充実の必要性が指摘され (p.57)，中学校保健体育での武道の必修化などが行われ，後者は小学校における外国語活動の導入につながった。

2016年答申でもグローバル化は学習指導要領改訂の時代状況の説明や改訂の基本的方向性と関わって用いられているが，加えて各教科・科目等の項目でもグローバル化への言及が多くみられ，それが同答申におけるグローバル化のヒット件数の増加につながっている。たとえば，高等学校地理歴史科・公民科での「グローバル化する国際社会に主体的に生きる平和で民主的な国家及び社会の有為な形成者に必要な公民としての資質能力」の育成 (p.132)，芸術系教科・科目での「グローバル化する社会」における日本文化の理解と継承，異文化の理解や多様な人々との協働のための伝統や文化の尊重と実感的な理解の深化 (pp.164, 170, 177)，高等学校家庭科における「グローバル化に対応した日本の生活文化等に関する内容」の充実 (p.183)，高等学校専門学科での「農業のグローバル化」や「経済のグローバル化」に関する学習の改善・充実 (pp.213-214) などがそうであり，外国語については小学校での外国語教育の教科化の提案などがなされた (pp.88, 193, 198)。

**国際機関の影響**

第2の国際機関の影響による改革については，国際機関で何らかの決定がなされ，それへの日本政府の対応という道筋があり，「持続可能な開発のための教育」(Education for Sustainable Development，以下，ESD) がその例となる。2002年12月の国連総会において，2005年から2014年までを「国連持続可能な開発のための教育の10年」とすることが決議された。これを受けて日本政府は関係省庁連絡会議を設けて検討を行い，2006年3月にESDの実施計画を決定した。2008年7月に閣議決定された第1期教育振興基本計画は，「地球的規模での持続可能な社会の構築」を「我が国の教育の在り方にとっても重要な理念

の一つ」として位置づけ，ESD の重要性に関する啓発活動やその教育を担う人材の育成，教育プログラムの作成・普及などを施策に掲げた（pp. 10, 19）。2013 年 6 月に閣議決定された第 2 期教育振興基本計画でも，「現代的・社会的な課題に対応した学習等の推進」の 1 つに ESD が位置付けられている（pp. 50-51）。

　国際機関の決定がグローバルな課題への対応を目的とするものであるなら，その決定を受けての日本の施策は，前述のグローバル化への対応の必要性からもたらされた施策と呼応する，あるいは重なるものとなる。ESD は「持続可能な開発」という地球規模の課題への対応の必要性認識から生まれた取り組みであり，日本政府の ESD 実施計画では「世代間の公平，地域間の公平，男女間の平等，社会的寛容，貧困削減，環境の保全と回復，天然資源の保全，公正で平和な社会などが持続可能性の基礎」（pp. 3-4）とされている。ESD はこのように広い領域に及ぶものであり，たとえば先に引用した高等学校地理歴史科・公民科での「平和で民主的な国家及び社会の有為な形成者」の育成も ESD の考え方に沿うものであろう。2016 年答申は新科目「公共」の設置を提案しているが，同科目は「自立した主体として，他者と協働しつつ国家・社会の形成に参画し，持続可能な社会づくりに向けて必要な力を育む共通必履修科目」（p. 136）とされていた。

　国連の ESD とは異なり，国際的なテストの実施が各国の教育政策に強い影響を与えているものに，経済協力開発機構（OECD）の学習到達度調査（Program for International Student Assessment, 以下，PISA）がある。PISA は最初の 2000 年の調査では 32 か国（OECD 加盟 28 か国，非加盟 4 か国）の参加であったが，その後増えて 2015 年の調査では 72 の国・地域（OECD 加盟 35 か国，非加盟 37 か国・地域）の参加になっており（国立教育政策研究所，2016, p. 5），非加盟国・地域も多い。

　PISA は「平成の黒船」と称されるように（田中，2016, p. 7），日本の教育にも強い影響を及ぼすことになった。PISA における日本の順位の低下は「脱ゆとり」を求める論者に力を与えた。また，PISA を通じてそれを支えるキー・コンピテンシーの概念が，日本の政府答申でも参照されることになった。2008 年答申はキー・コンピテンシーを PISA 調査の「概念的な枠組み」とし，

PISA 調査で測っているのは「単なる知識や技能だけではなく，技能や態度を含む様々な心理的・社会的なリソースを活用して，特定の文脈の中で複雑な課題に対応することができる力」であると説明していた。同答申によれば，「国際的に比較する調査」の開始により，各国において「学校の教育課程の国際的な通用性がこれまで以上に強く意識されるようになっている」とされた（p. 9）。学力低下論争を経て全国・学力学習状況調査が実施されるに至るが，活用力を問う B 問題では「PISA と同類の問題」の出題が指摘されている（田中, 2016, p. 3）。

　教育の質の保証や向上が教育改革の課題になっているが，保証すべき教育の質や内容がグローバル化の影響のなかで変化してきているのである。

## 第 3 節　グローバル化と教育の供給・管理手法の改革

### NPM 理論の導入と展開

　教育の供給・管理面へのグローバル化の影響は，ニュー・パブリック・マネジメント（New Public Management, 以下，NPM）型ガバナンス改革の教育政策における展開にみることができよう。NPM は 1980 年代半ば以降に英国やニュージーランドなどを中心に行政実務の現場を通じて形成された行政運営理論（大住, 1999, p.1）とされており，グローバル化の進展のなかで多くの国に強い影響を与えた。日本の政府文書では，小泉政権期の「骨太の方針」第 1 弾（2001 年）が NPM に言及し，企業経営的な手法の導入による「革新的な行政運営の考え方」として紹介している。同方針において，NPM 理論は「徹底した競争原理の導入」「業績／成果による評価」「政策の企画立案と実施執行の分離」という概念に基づいていると説明されていた（p. 29）。

　この 3 つに関して日本の教育政策における展開をみると，「徹底した競争原理の導入」については義務教育段階の公立学校における学校選択制の導入や，構造改革特別区域での学校の設置運営への企業や NPO の参入の認可などを，「業績／成果による評価」は文部科学省の政策評価，教育委員会の教育事務の管理・執行状況の点検および評価，学校評価や教員評価の導入や整備などを，「政策の企画立案と実施執行の分離」は独立行政法人制度の創設や指定管理者

制度の導入などをあげることができる（大桃, 2016, pp. 109-110）。

　もっともグローバル化といってもその影響の受け方は各国で異なり，NPM型ガバナンス改革の日本の教育領域における展開でも濃淡がある。たとえば，義務教育段階の公立学校における学校選択制の導入は，行政改革に関する会議などから強い働きかけがあったが，それほどの広がりは見られなかった。文部科学省の2012年の調査では，2校以上小学校を設置している市区町村教育委員会で学校選択制を採用しているのは15.9%，中学校の場合も16.3%に過ぎない。さらに，そのなかで，競争原理の導入と相関性が高いと考えられる自由選択制は小学校段階で10.5%，中学校で27.1%であり，隣接区域選択制でも小学校で19.2%，中学校で16.9%であった（文科省, 2013）。近年では学校選択制を廃止する自治体も出てきている。日本においても政府の規制改革会議でバウチャー制度の導入が議論され，アメリカ合衆国への調査も行われたが，実現には至らなかった（Omomo & Kira, 2018）。

　また，構造改革特区での企業やNPOの参入も進んでおらず，供給主体の多様化による主体間への競争原理の導入といった状況にはそれほど至っていない。業績や成果の重視についても，各種の評価制度の整備は進められたが，アメリカにおいてのように成果が上がらない公立学校が閉鎖されたり，生徒のテストの結果が教員の評価と結び付けられ教員が解雇されたりするといった状況にはなっていない。加えて，政策の企画立案と実施執行の分離についても，指定管理者制度の導入は社会教育や生涯学習の領域で進められてきたが，公立学校はその対象とはされてこなかった。アメリカでは公立学校の運営が民間の営利・非営利組織に委ねられている例がみられる。

　一方，NPM理論が強く影響を及ぼした例として，国公立大学の運営方式の転換と大学間の競争の強化をあげることができよう。政策の企画立案と実施執行の分離の1つの柱がエージェンシー化であり，日本においては独立行政法人制度が設けられた。国立大学は独立行政法人化を免れ，研究・教育機関としての特性から国立大学法人の制度が新設されることになった。しかし，中期目標・計画の設定から評価にいたる業務運営のプロセスは基本的に独立行政法人と同じであり，独立行政法人通則法の多くの規定が準用された。また法人化により，個々の国立大学法人がそれぞれの大学の設置運営にあたることになり，

設置主体が個別化された。公立大学法人については地方独立行政法人法に規定され，公立大学でも法人化が進められた。私立大学も含めて，各大学が「競争的環境の中で」それぞれの研究や教育の水準の向上だけでなく，生き残りをかけて競うことになったのである（大桃，2009a；2010）。

　また，企業経営のマネジメント方式，特に「NPM の中心的な概念」（小川・森，2011, p. 115）ともされる PDCA（Plan-Do-Check-Action）のサイクルの導入が，強く求められようになったことにも触れておきたい。文部科学省の「学校評価ガイドライン」では 2006 年の初版から 2016 年の改訂版まですべての版で PDCA サイクルによる学校運営の改善が掲げられ，「教育振興基本計画」においても PDCA サイクルの重視や徹底が求められた。たとえば，第 2 期基本計画では「政策を効果的かつ着実に実施するためには，目標を明確に設定し，成果を客観的に検証し，そこで明らかになった課題等をフィードバックし，新たな取組に反映させる検証改善サイクル（PDCA サイクル）の実践が重要である」（p. 35，括弧内原文）とされている。この基本計画の言及は初等中等教育段階だけでなく，広く教育政策全体に関わるものであり，成果目標，成果指標，そして具体的方策が示された。

### 教育改革と多様なガバナンス理論の混在

　以上のように，NPM 理論はグローバル化の進展のなかで多くの国に影響を及ぼしたが，その政策展開は国によって異なり，また日本国内にあっても NPM 理論の構成要素や教育政策の領域によって濃淡がある。このことは，NPM 改革と教育の質保証について，国際比較の観点からの考察とともに，個別領域，個別対象ごとの精緻な分析の必要性を示すものであるが，ガバナンス理論の多様性がまたガバナンス改革と教育の質保証との関係をより複雑なものにしている。

　ガバナンスという言葉は多義的であり，デモクラティック・ガバナンスのように規範的意味合いをもって用いられる場合も，グローバル・ガバナンスやローカル・ガバナンスのように統治のレベルごとに用いられる場合も，大学のガバナンスのように機関レベルで用いられる場合もある。かつて「ガバメントからガバナンスへ」が改革の標語となったが，ここには政府がもっぱら社会の舵

取りや公共サービスの供給を担う形態から，多様なアクターがそれに関わる形態への転換の要請があった（大桃，2004；2009a）。しかし，その場合でも，政府の位置づけや，政府と他のアクターとの関係，アクター相互の関係把握において，多様な理論が存在している。

　NPMは企業経営の手法を導入することによって，行政の効率化や顧客の満足度の向上を目指すものであるが，あくまでも政府の存在が前提とされている。それに対して，グローバル化の進展のなかで国民国家の能力低下を指摘し，「政府なきガバナンス」を求める理論もある（西岡，2006, pp. 4-19）。さらに，政府の存在を前提としても，NPM改革の問題が顕在化するなかで，効率化や競争よりもアクター間の協働を重視するガバナンス論もある。公共部門の「新しいガバナンス」と呼ばれているものがそうであり，新川達郎は従来型の統治との比較において，その特徴としてガバナンスの担い手については「市民・NPO・民間など多元的参加者」，担い手の相互関係については「協力的水平関係」，セクター間関係については「協調と協働」をあげていた。このガバナンス論では，市民は行政サービスの単なる受け手ではなく，「サービスの生産・供給・享受の担い手」として位置づけられることになる（新川，2011, pp. 46-48）。市場における消費者でも，NPM理論における満足度向上の対象者としての顧客でもなく，公共サービスの生産・供給における共同参画者としての市民の位置づけである。しかしまた，NPM改革への批判がなされるなかにあっても，「NPMを全否定してしまうのではなく，PDCAサイクルのように，政策遂行のための道具として活用できる部分は残していってもいい」（山本，2014, p. v）といった主張もある。

　先にNPM理論の浸透の濃淡を指摘したが，実際の政策は一つの理論に依拠するというよりも，多様な理論を混在させながら作成実施され，また具体的な政策展開から理論が紡ぎ出されていくものであろう。日本においては学校選択の自由，とりわけ競争原理と親和性の高い自由選択制は前述のようにあまり広がりをもたず，むしろ参加型の学校運営が推進されてきた。具体的には2004年に法制化された学校運営協議会制度であり，学校運営協議会を置く学校はコミュニティ・スクールと呼ばれ，すべての学校のコミュニティ・スクール化を求める提言も出されている（教育再生実行会議，2015, p. 11）。学校運営協議会制度

は親や住民が一定の権限をもって学校運営に参加するものであり，新川のいう「新しいガバナンス」との相関性が高い。しかし，その一方でまた，教育政策全般において PDCA サイクルによる成果の検証が強く求められているのは，前述のとおりである。

## 第4節　ガバナンス改革と教育改革

　私は別稿で，NPM 型ガバナンス改革による成果重視の管理方式が，教育の質保証において二面性を有することを指摘した。獲得した知識の量を重視する学力観では，目標の設定もその達成状況の評価も量的に行いやすく，目標設定から評価までのプロセスも明示的に示しやすい。明確な目標の設定とできるだけ数値化された成果を重視する，PDCA の教育プロセスの管理方式と整合性を有するものと言えよう。しかし，知識の活用能力，課題発見・解決能力，コミュニケーション能力等を重視する学力観においては，目標設定やその達成状況の評価も，両者をつなぐプロセスも複雑なものとなり，教師の専門的判断が一層求められることになる。PDCA の目標管理型評価システムは教師の専門的判断の幅を狭め，質の高い教育の保証を損ないかねないのである（大桃，2016, pp. 116-117）。NPM はグローバル化の進展のなかで新たな公共管理の理論として多くの国々に広まったが，その教育プロセスの管理方式はグローバル化への対応において求められる能力の育成とは，必ずしも適合しない側面を有している。

　しかし，重装備の行政システムの制度疲労が批判されるなかで生成された NPM 理論はまた，公共サービスの供給への多様な民間アクターの参入に道を開くものでもあった。そして，ポスト NPM とされる「新しいガバナンス」論は，その多様なアクターの連携と協働を重視し，前述のように参加型の学校運営と親和性をもつものでもあった。カリキュラム改革の領域でも類似の側面を指摘することができよう。今次の学習指導要領改訂の目玉の1つである「カリキュラム・マネジメント」では，「「社会に開かれた教育課程」の観点からは，学校内だけではなく，保護者や地域の人々等を巻き込んだ「カリキュラム・マネジメント」を確立していくことも重要である」とされていた（中央教育審議

会, 2015)。このような指摘は, 多様なアクターの参加と協働を説くガバナンス論と適合性を有するものであろう。

　もとより, 参加型ガバナンス改革にも課題が多い。意思決定に関わる人がその構成集団の意向を反映しているかどうかの代表性の問題, 参加者内部あるいは集団相互の支配関係やイデオロギー対立の問題, さらに教育についていえば, 教師の専門的判断と保護者や住民の意向との調整という専門性と民主性の問題など, 検討課題は多い (大桃, 2006, pp. 237-240；大桃, 2009b, pp. 113-117)。加えて, 参加型ガバナンスにおいては, 参加の確保や意見調整などシステム自体を維持していくのに多くの時間やエネルギーを要し, それが教師の授業実践への集中を阻害していくことも考えられる。

　このような課題を抱えながらも, 参加型のガバナンス改革は学校と他のアクターをつなぐことによって, あるいは教育実践を多様な関係性に開くことによって, これまでとは異なる学びを生成していく可能性を有しているとも考えられる (大桃, 2016)。グローバル化の進展のなかで, 先述のように単なる知識の獲得をこえたより広い能力の育成が求められ, 保証すべき教育の質自体が変化してきている。グローバル化に対応した教育の質保証において, ガバナンス改革のもつ問題点の解明とともに, 新たな教育の機会や実践を生み出していく, その可能性の探求がまた課題となっていると考えられるのである。

## 第5節　本書の構成

　本書は3部構成をとっている。前述のように, 本書はグローバル化が進むなかでの教育改革を教育の内容と供給・管理の両面から検討しようとするものであり, 第Ⅰ部では内容面を, 第Ⅱ部では供給・管理面を, そして第Ⅲ部では新たな教育の機会や実践の創出への取り組み, それに向けた課題などを対象とする。

　第Ⅰ部では, まず, 第1章で学力観をめぐる国際的議論の潮流を, 第2章で日本における学習指導要領改訂の要点の検討を行い, 求められる学力や学習プロセスの変化の概要を示す。次に, 第3章でグローバル化への対応で重視されている英語政策の批判的検討を, 第4章で日本における「移民・難民」の子ど

もたちへの教育保障の理論的考察を行う。また，国際比較の観点から，第5章で「開発途上国」とされるインドネシアを対象に実際の学校での取り組みの分析を通じて教育改革の課題を検討する。そして，第6章でグローバル化の進展のなかで求められる教育の質の変化・転換を，市民性の教育の観点から考察する。

　ガバナンス改革は前述のように国によって異なるばかりでなく，理論の構成要素や教育政策の領域によっても濃淡があり，さらに多様な理論が混在している。教育の供給・管理面に注目する第Ⅱ部は，初等中等教育段階と高等教育段階の両方を扱う。初等中等教育段階に関しては，本研究グループが行った比較的大規模の全国調査にもとづき，第7章で地方自治体での教育のガバナンス改革の検討を，第8章では学力向上の施策や全国学力・学習状況調査に対する教員の受けとめ方の検討を行う。初等中等教育段階については，あわせて，第9章でスタンダードとテストにもとづく改革が進められたアメリカに注目し，経年的な事例分析を行う。高等教育段階に関しては，第10章で高等教育政策の国際比較の観点から大学のガバナンス改革について，第11章で大学の自律性に着目しながら日本の大学のガバナンス改革の展開について分析を行い，第12章ではアメリカのアクレディテーションに着目し，高等教育のガバナンス改革と質保証について考察する。

　第Ⅲ部では諸機関や諸組織の連携や多様な参加に注目して検討を進める。まず，第13章で「学ぶ力」とその育成に関する概念整理を行い，それに基づき教育センターと大学との連携による新たな実践などを，第14章では多様なアクターの参加による授業研究の取り組みを検討する。第15章では職業スキル形成のガバナンスに着目し，欧米との比較の観点から日本の特徴と課題を考察する。参加型改革は教育の質保証を担う教師にも学校経営の在り方にも影響を及ぼす。第16章では小中一貫教育を事例に保護者や地域との協働が生み出す教師の新たな学習の契機を，第17章では参加型の学校ガバナンスによるインクルーシブな学校経営に向けた取り組みを検討する。そして，最終章の第18章ではドイツの「文化教育」に注目し，成果重視のNPM型の学力保証とは異なる，多様なアクターの連携による自他の相互理解や共生をめざす教育への取り組みの考察を行う。

なお，各部の冒頭にそれぞれの部の概要を示した。本書を読み進めていくうえでの助けになれば幸いである。

**参考文献**

大住莊四郎（1999）『ニュー・パブリック・マネジメント——理念・ビジョン・戦略』日本評論社

大桃敏行（2004）「教育のガバナンス改革と新たな統制システム」『日本教育行政学会年報』30, 17-32

大桃敏行（2006）「学校参加」，篠原清昭（編著）『スクールマネジメント——新しい学校経営の方法と実践』ミネルヴァ書房

大桃敏行（2009a）「学校と大学のガバナンス改革について考えるにあたって」，日本教育行政学会研究推進委員会（編）『学校と大学のガバナンス改革』教育開発研究所

大桃敏行（2009b）「教師の教育の自由と親・住民・行政」，広田照幸（編著）『教育——せめぎあう「教える」「学ぶ」「育てる」』岩波書店

大桃敏行（2010）「現代日本の教育改革——1980年代以降の展開」，山﨑髙哉・労凱声（編著）『日中教育学対話Ⅱ』春風社

大桃敏行（2016）「ガバナンス改革と教育の質保証」，小玉重夫（編著）『学校のポリティクス』岩波書店

大桃敏行（近刊）「ガバナンス改革と教職の専門職性」，広瀬裕子（編著）『カリキュラム・学校・統治の理論』（仮）世織書房

小川直紀・森　勇治（2011）「住民参加型NPMにおける予算編成の公会計利用に関する研究——静岡県内自治体と先進自治体へのアンケート調査に基づく分析」静岡県立大学経営情報学部『経営と情報』23(2), 107-134

教育課程審議会（1998）「幼稚園，小学校，中学校，高等学校，盲学校，聾学校及び養護学校の教育課程の基準の改善について（答申）」（1998年7月29日）

教育再生実行会議（2015）「「学び続ける」社会，全員参加型社会，地方創生を実現する教育の在り方について（第6次提言）」（2015年3月4日）

国立教育政策研究所（2016）「OECD生徒の学習到達度調査——2015年調査国際結果の要約」

「国連持続可能な開発のための教育の10年」関係省庁連絡会議（2011）「我が国における「国連持続可能な開発のための教育の10年」実施計画（ESD実施計画）」（2011年6月3日改訂）

首相官邸（2001）「今後の経済財政運営及び経済社会の構造改革に関する基本方針」（2001年6月26日）
田中耕治（2016）「教育評価改革の潮流」，田中耕治（編著）『グローバル化時代の教育評価改革——日本・アジア・欧米を結ぶ』日本標準
中央教育審議会（2008）「幼稚園，小学校，中学校，高等学校及び特別支援学校の学習指導要領等の改善について（答申）」（2008年1月17日）
中央教育審議会（2015）「初等中等教育分科会（第100回）　資料1　教育課程企画特別部会　論点整理」（2015年9月14日）（http://www.mext.go.jp/b_menu/shingi/chukyo/chukyo3/siryo/attach/1364319.htm）
中央教育審議会（2016）「幼稚園，小学校，中学校，高等学校及び特別支援学校の学習指導要領等の改善及び必要な方策等について（答申）」（2016年12月21日）
新川達郎（2011）「公的ガバナンス論の展開と課題」，岩崎正洋（編著）『ガバナンス論の現在——国家をめぐる公共性と民主主義』勁草書房
西岡　晋（2006）「パブリック・ガバナンス論の系譜」，岩崎正洋・田中信弘（編）『公私領域のガバナンス』東海大学出版会
野平慎二（2006）「国家・グローバリゼーション・教育——教育の政治性・市場性への公共空間の埋め込み」教育思想史学会『近代教育フォーラム』15，119-131
広田照幸（2016）「社会変動と教育——グローバル化の中の選択」，志水宏吉（編著）『社会のなかの教育』岩波書店
文部科学省（2008）「教育振興基本計画」（2008年7月1日）
文部科学省（2013）「小・中学校における学校選択制の実施状況について」（http://www.mext.go.jp/component/a_menu/education/detail/__icsFiles/afieldfile/2013/09/18/1288472_01.pdf）
文部科学省（2013）「教育振興基本計画」（2013年6月14日）
山本　啓（2014）『パブリック・ガバナンスの政治学』勁草書房

Omomo, T., & Kira, N. (2018). "Policy Formation and Implementation of School Choice Reform in Japan: An Example of Local Adaptation of Educational Borrowing," *Bulletin of Gakushuin Women's College*, 20, 15-32.

# 第Ⅰ部　グローバル化と求められる教育の質の変化・転換

## 概　　要
小玉重夫

　第Ⅰ部では，従来国民国家単位で制度化されてきた学校のカリキュラムがグローバル化によってどのような変容に直面しているのかを，求められる教育の質の変化・転換に着目して明らかにする。第1章では国際機関での改革の動きが，第2章では日本における学習指導要領改革の動向が，第3章では言語教育のグローバル化をめぐる問題が，第4章では日本における移民や難民の子どもたちの教育保障をめぐる問題が，第5章では「開発途上国」と呼ばれる国における改革の現実がそれぞれ検討される。それを受けて第6章では，全体の総括を兼ねつつ，グローバル化によってもたらされる教育の質の変容とそこに内在するジレンマを，市民性の視点から検討する。

　第1章（北村友人）では，学力観をめぐる国際的な議論の潮流を，OECDやユネスコなどの国際機関を中心に整理する。国際機関が提示している教育のあり方に関して，近年で最も重要な枠組みが2015年9月に国連で採択された「持続可能な開発目標（SDGs）」であることなどに触れつつ，そこで想定されている市民像が，近代的な国民国家の枠組みを支える「国民」としての姿と，国境を越えた「グローバル市民」としての姿という二重性を有するものであることが浮き彫りにされる。また，AIなどのテクノロジーの発展が教育学に与える影響についても考察が加えられる。

　第2章（市川伸一）では，学習指導要領で用いられる「習得・活用・探究」の意味にはらまれている多義性やあいまい性を，「習得と探究の学習サイクル」の視点から解きほぐし，学力保障や今後の教育課程を考えていこうとする。前章で検討された国際機関における学力観が日本の教育の質保証にどのように導入されているかが明らかにされる。特に，アクティブラーニングが自力解決，協働解決をますます後押しするものと受け止められて，そうした極端な授業が推奨されたり，そのことがかえってアクティブラーニングそのものへの反発を生んでしまったりしている現状の問題が

指摘され,「習得・活用・探究」というバランスに配慮した学習プロセスの意義が示される。

　第3章(斎藤兆史)は,「グローバル教育」の一環として強化されている英語教育の問題点を指摘し,その落とし穴にはまらないための方策が検討される。「グローバル化」＝「英語化」という前提が抱える問題点を浮き彫りにし,求められる教育の質に内在する「国民」と「グローバル市民」の間の溝が,「英語」という非母語言語教育にある問題点として明らかにされていく。「英語はグローバル言語である」「英語は音声中心に学ぶべきである」「英語を多用すれば日本の大学はグローバル化する」,という3つの「誤解」に対する反論が丁寧になされ,日本を英語化することの危険性が指摘される。そして,母語の教育のうえに,英語はもちろん,いくつかの外国語を学び,その裏にある文化や社会を相対的,メタ的に観察,分析する力を育成するような形で教育の重要性が説かれる。

　第4章(髙橋史子)では,日本における移民・難民の子どもたちに対する教育保障の現実を,ケネス・ハウの教育機会の平等保障に関する3つの解釈(形式論的解釈・補償論的解釈・参加論的解釈)にそって明らかにする。特に,教育内容の決定過程に誰が参加しているかという観点からの参加論的解釈を媒介させることによって,移民・難民の子どもたちに対する教育保障が日本の教育の多文化化に寄与する可能性が展望される。そして,移民・難民の子どもの教育機会の平等促進は,成果と質の平等を促進するものであること,国内の民族的・文化的多様化にともなって,民族・文化による学力格差を生じさせず,一定水準の学力を保障していくことは社会的公正の実現であるだけでなく,国内の民族・文化による階層化や格差の拡大,ひいては社会の不安定化を避けることにつながる重要な課題であることが,示される。

　第5章(草彅佳奈子)では,グローバリゼーションの波を受け,「開発途上国」と呼ばれる国々の教育改革とそこでの質保証にどのような特徴があるかを,インドネシアの教育の質をめぐる改革と現場の課題に焦点を当てて検討する。具体的には,ジャワ島のジョグジャカルタ特別州ジョグジャカルタ市近郊の県にある公立中学校を事例として,そこでの授業研究実践

を取り巻く成果主義，学校間競争，官僚制的構造等，社会文化的背景が教室の中の教師の関わりと生徒の学びに与える影響が分析される。そこでは，新しい学力観のもと，多様な学びの実現が求められる一方で，成果主義制度と官僚的なアカウンタビリティー（説明責任）が強まる中，教師が専門家として自律的な判断を行うことが難しくなっている現状が指摘される。その中で，教師の悩みに寄り添い，子どもの学びに寄り添えるような，外向きではなく内側からの改革が必要とされていること，授業研究はそのようなアプローチとしての可能性も秘めていることが示唆される。

第6章（小玉重夫）では，それまでの5つの章の議論を受けて，グローバル化によって学校教育における教育の質がどのように変化・転換するかを，あらためて，市民性の視点から検討する。それまでの5つの章では，異なる形ではあるが，それぞれの国の国民教育制度内部での改革と，国際機関等を通じてのグローバルな改革とが，互いに緊張関係とジレンマを抱えつつ，同時に進行していく様が描かれた。それをふまえてこの章では，そのジレンマを，グローバル化の加速による教育の質の変容によってもたらされる，国民化と複数性の間のジレンマと，排除と包摂の間のジレンマという，2つのジレンマとしてとらえ直す。そのうえで，OECDが，キー・コンピテンシーにつぐ次の段階の新しい教育改革の方向性を，市民性をコアとした「エージェンシー」（変革を生み出す行為遂行性）という概念で一般化しようとしている点に言及し，そうした市民性教育が2つのジレンマを克服していくうえでの枢要な位置を占めることが示される。

以上，第Ⅰ部では，各章での検討を通じて，各国で進行しつつある教育改革をめぐる質保証の取り組みを，グローバル化という一貫したパースペクティブのもとに整理し，そこに内在する葛藤やジレンマに注目しながら位置づけることに努めた。特に，OECDやユネスコなどの国際機関で想定されている市民像が，従来の国民国家を単位として想定されてきた国民像との間で，いかなる緊張関係をはらんでいるのかが，各章を通じて明らかにされることをめざすとともに，そうした緊張やジレンマをのりこえる手がかりを見いだそうとしている。

# 1 学力観をめぐる国際的な議論の潮流

国際機関を中心に

北村友人

　教育を通してどのような能力を次世代の子どもたちに育みたいか，世界各地でさまざまな議論が交わされている。とくに，変化の激しい今日の社会において，旧来の学力観に縛られていては，子どもたちが大人になったときに自らの資質や能力を十分に発揮するための「学力」を身につけることは難しい，という認識が広まっている。そのため，多くの国や社会で21世紀に必要とされる学力のあり方をめぐって，さまざまな議論が積み重ねられている。

　そこで本章では，学力観をめぐる国際的な議論の潮流を整理するとともに，とくにそうした潮流の形成において国際機関がどのような影響を及ぼしているのかを明らかにする。それらの分析を踏まえて，これからますます変化が激しくなる時代のなかで，どのような「学力」を身につけることが必要であるのか，筆者なりに考えてみたい。

## 第1節　変化する社会に対応できる「学力」とは

　新しい「学力」のあり方について世界各地で熱心に議論されるようになった背景には，今日の社会が激しく変化しており，そうした変化に対応できる能力を次世代の子どもたちが身につけることができるように，という大人世代の願いがある。また，教育の重要な目的は，将来の社会の担い手となる「市民」を育てることにある。そこで描かれる市民像は，近代的な国民国家の枠組みを支える「国民」としての姿とともに，国境を越えた連帯や協調に積極的に取り組んでいける「グローバル市民」としての姿という，二重性をもったものである。そうした重層的な資質を備えた「市民」となるためには，いかなる能力を身につけることが必要であるのか。このような関心から，新しい「学力」のあり方

を考えることが，近年の教育分野における最も重要なテーマのひとつとして，多くの国や社会で議論が積み重ねられている。

そうした新しい「学力」をめぐる国際的な議論の潮流を概観すると，均質化・画一化という流れと多様化・独自化の流れが同時に起こっている。これら2つの潮流は，どちらも従来の学力観が転換している現象であるが，前者は「収斂（convergence）」と表現できるのに対して，後者は「拡散（divergence）」と表現することができる。こうした相反する現象が同時並行的に起こっているのは，「グローバル化（globalization）」による影響が大きい。すなわち，人，モノ，資本，情報といったものが国境を越えて自由に動く「グローバル化」を通して，さまざまな社会で同じような考え方や価値観が容易に広まる一方，これまで目にしたり耳にすることがなかったような新しい見方に触れる機会が格段に多くなり，その結果として多様性が高まることにもなる。

近年，学力観に関しても，同様の現象が以前よりも起こりやすくなっている。それは，1980年代以降に世界各地で新自由主義的な教育改革が導入されたり，いわゆる進歩主義的な思想にもとづく「子ども中心主義」や「生徒中心主義」といった教授・学習の様式が広まったりするなかで，均質的・画一的な学力観が形成されてきたことが示している。加えて，こうした均質化・画一化が促進されるなかで，国際機関が大きな役割を果たしてきた。つまり，経済協力開発機構（OECD）による「生徒の学習到達度調査（PISA）」に代表される国際学力調査が，21世紀の社会で求められているとされる資質や能力のあり方を提示したり，2015年に国際連合（以下，国連）で採択された「持続可能な開発目標（Sustainable Development Goals: SDGs）」のなかで「学習の成果（learning outcomes）」を強調することによって，望ましいとされる教授・学習の様式とその成果である「学力」のあり方が，国際的な「規範（norms）」として多くの国や社会で広まりつつある。そうした動きを後押ししているのが，今後ますます進展することが予想される政治的・経済的・社会文化的なグローバル競争に資する人材を，いかに育成していくかという関心である。これは，社会的なレベルでも，個人的なレベルでも，近年非常に重視されている課題である。

しかし，その一方で，グローバル化が進めば進むほど，それぞれの国や社会における伝統文化，宗教，言語，政治体制などのローカルな文脈を尊重するこ

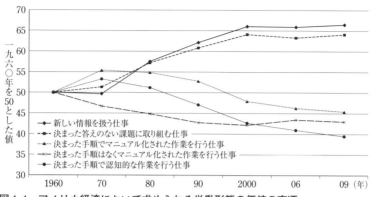

**図 1-1　アメリカ経済において求められる労働形態の価値の変遷**
(Levy & Murnane 2013)

との重要性も広く認識されるようになっている。とくに教育というその国や社会の担い手となる市民を育成する分野において、いかに自立性を保っていくかということが多くの人々の関心を集めている。こうした関心が、教育における多様性・独自化の流れを生み出す源泉となっている。

さらに、インターネットなどの情報通信技術（ICT）の発達によって、知識が急速に陳腐化し常に更新を迫られるとともに、学びの場が教科書や教室の範囲内だけではなく、多様なソース（source）にもとづくものへと変化していることも、学力をめぐる議論が複雑化している背景要因として見逃すことはできない（丸山 2016）。たとえば、図 1-1 はアメリカにおける労働形態に対する価値の変遷を示しているが、決まった手順による単純作業の価値が減少していく一方、新しい情報や決まった答えのない問題などに対処するような労働の価値が高まっていることが見てとれる。このような労働市場で求められる能力の変化は、人材育成の役割を担っている教育分野における「学力」のあり方にも、当然のことながら大きな影響を及ぼしている。

また、図 1-2 はアジア太平洋諸国におけるインターネット利用者数の変遷を表しているが、近年、いかに急速に多くの人がインターネットへアクセスすることができるようになっているかがわかる。こうした状況は、これまで国家間・地域間・階層間に存在していた情報格差（digital divide）が劇的に縮まり、新しい形態の「学び」が創出されていく可能性を示唆している。それは、「大

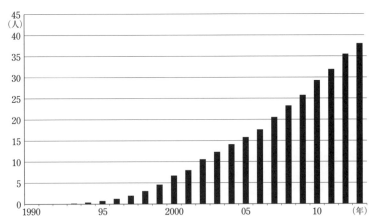

図1-2 アジア太平洋諸国におけるインターネット利用者数の変遷（100人当たり）（ESCAP 2014）

規模公開オンライン講座（Massive Open Online Courses: MOOCs）」のような形ですでに具現化されているものもあれば，いまだその活用が必ずしも明確化されているとはいえないながらも，ビッグ・データ（たとえばデジタル教材を利用した学習記録の集積など）の分析結果を教育実践に活かしていく試みなどが徐々に始められている。[注1]

## 第2節 新しい「学び」のあり方

前節で概観したように，社会の変化に対応するための「学力」をめぐって国際的な議論が積み重ねられているが，こうした議論を進めていくには今日の教育における「学び」のあり方を問い直すことが欠かせない。もちろん，これまでの教育で重視されてきた「体系化された知識や技能(スキル)」の伝達は，今後の教育においても一定の意義を持ち続けるであろう。しかしながら，先述のように，社会の変化に応じて知識やスキルはあっという間に陳腐化してしまうことがしばしば起こるため，そうした状況で自立した存在として生きるための力を獲得することが，とくに次世代の子どもたちには（そして，あらゆる世代の大人たちにも）求められている。

たとえば国連教育科学文化機関（ユネスコ）は，1990年代半ばに「学びの4つの柱」という考え方を打ち出した。これは，1991年のユネスコ総会で21世紀の教育や学習のあり方を検討することの重要性が指摘されたことを受けて，欧州委員会委員長であったジャック・ドロール（フランスの元財務大臣）を委員長として発足した「21世紀教育国際委員会」がまとめた報告書のなかで提唱された概念である。そこでは，「知ることを学ぶ（Learning to know）」「為すことを学ぶ（Learning to do）」「共に生きることを学ぶ（Learning to live together）」「人間として生きることを学ぶ（Learning to be）」という人間にとって不可欠な4つの領域（すなわち，知識・スキル・共生・存在）に関して自らの能力を高めていくために，人間は「学ぶ」のだと強調している（ユネスコ「21世紀教育国際委員会」1997）。

　これは非常にシンプルな概念であり，だからこそ多くの人々によって広く受け容れられてきた。しかしながら，1990年代半ばに21世紀教育国際委員会のメンバーたち（各国の教育大臣たちなどが主たるメンバーであった）が想像したよりもさらに急速に社会は変化し続けており，この「4つの柱」では今日の「学び」の意義を十分に捉えることができなくなっている。とりわけこの概念では，すでに体系化された「知識」と，そういった知識を活用するための「スキル」をいかに伝達するかということを前提としている。そのため，「知識」そのものが短期間で古くなってしまうような，ダイナミックに変化する社会への対応が必ずしも想定されていない。

　そこで，ユネスコでは近年，5つ目の柱を打ち出すことの重要性が議論されている。それが，「自分自身と社会を変革することを学ぶ（Learning to transform oneself and society）」という考え方である。ここでは，自らが常に変わり続けるとともに，そうすることで変化する社会へ主体的に関与していくことが，「学び」の目的として掲げられている。こうした学びにおいて重要なことは，常にアップデートされ続ける「知識」や「スキル」を懸命に後追い的に学ぶのではなく，そのときどきの必要に応じた「知識」や「スキル」を身につけることを可能にするような「学び方」を学ぶことである。教育を通して容易に陳腐化しない「学び方」を身につけることが求められており，それは「協働的な学習（collaborative learning）」「能動的な学習（アクティブ・ラーニング）」「課題解決型の学習（Problem-based

Learning/Project-based Learning：PBL)」といった学びのスタイルが世界各地で導入されている様子からもみてとることができる。

　それでは，こういった新しい「学び」のスタイルを通して，どのような能力を身につけることが期待されているのであろうか。そうした問いに対して，学校，政府，国際機関，市民社会組織（NGO/NPO など）といった多様なアクターは，「コンピテンシー」「汎用的スキル（generic skills）」「移転可能なスキル（transferrable skills）」「リテラシー」「21 世紀型学力」などといった概念を提唱し，人間に求められる汎用的能力や社会的技能を定義し，それらの獲得を教育目標として設定し，教育内容や学習法を再編（あるいは革新（innovation））しようという試みを積み重ねている（松下 2010；丸山 2016）。これらの新しい能力観や学力観に関する議論が国内外で交わされるなか，近年では「能動的な学習」をいかに「深層学習（deep learning）」にしていくかといったことが議論されているのは周知の通りである。

　こうした議論を国際的に牽引しているのが，経済協力開発機構（OECD）である。OECD は，教育指標に関する事業のひとつである「コンピテンシーの定義と選択（DeSeCo）」研究において「キー・コンピテンシー（key competencies）」を定義づけた。この研究で示された能力（competency）は，「包括的概念であり，複雑な要請に的確に応答する知識や技能や態度を扱い，社会的な変化と課題に応え，『道具を相互作用的に用いる』『異質な人々からなる集団で相互にかかわりあう』『自律的に行動する』という 3 つの分野を測定対象としている」（丸山 2016，p. 47）。上述の学びの 5 つ目の柱が目指している「自分自身と社会を変革する」ためには，まさにこうした能力を身につけることが欠かせない。

　ここまでは，新しい「学び」を通して身につけることが期待される「学力」の中身について簡単に整理したが，実際にそうした学力がどの程度身についたかを測ることが，近年ますます求められるようになっている。もちろん，こうした学力の測定に対する関心は以前からあり，PISA や国際数学・理科動向調査（TIMSS）に代表される国際学力調査が，多くの国で政策決定者から学校関係者に至るまで幅広く参照されてきている。その証左として，これらの国際学力調査への参加国が毎回少しずつ増えており，近年は先進国のみではなくアジ

アや中南米の中進国も参加してきていることを指摘したい。

このように国際的な関心が高まっている国際学力調査であるが，たとえばPISAでは先述のDeSeCoの研究成果にもとづきながら，認知的能力だけではなく非認知的能力を測ることの重要性が強調されている。なぜなら，そうした非認知的能力は，前節で言及した「新しい情報や予想の難しい問題などに対処する」ために欠かせない能力であると考えられているからである。そのような考え方をさらに推し進めているのが，2011年から2012年にかけてOECDが24か国・地域で実施した国際成人力調査（PIAAC）である。この調査は，「経済のグローバル化や知識基盤社会への移行に伴い，OECDに加盟する先進国では，雇用を確保し経済成長を促すため，国民のスキルを高める必要があるとの認識が広まってい」るなか，「各国の成人のスキルの状況を把握し，成人のスキルの社会経済への影響や，スキルの向上に対する教育訓練制度の効果などを検証し，各国における学校教育や職業訓練など今後の人材育成政策の参考となる知見を得る」ために行われている（文部科学省ホームページ「国際成人力調査とは」[http://www.mext.go.jp/b_menu/toukei/data/Others/1287165.htm] より引用）。こうした関心は今後さらに高まっていくことが予想され，PIAACも継続的に実施されていくことが見込まれている。[注2]

また，国際的な学力調査に関して近年みられる傾向として，そうした調査が途上国でも積極的に導入されるようになっていることを挙げたい。そのような傾向が高まっている一因としては，調査を通して各国の生徒たちの学力水準が明らかになることで，学力向上のための方策を検討するうえで重要な示唆を得たいという，政府の思惑を挙げることができる。そして，その根底には，経済成長を実現するための人材をいかに育成するかという，途上国にとっての切実な問題意識があることは言うまでもない。多くの途上国を含む国際学力調査としては，南東部アフリカ諸国を対象に行われている「教育の質調査のための南東部アフリカ諸国連合（Southern and Eastern African Consortium for Monitoring Educational Quality: SACMEQ）」，仏語圏アフリカで行われている「仏語圏教育大臣会議による教育システム分析プログラム（Le programme d'analyse des systèmes éducatifs de la CONFEMEN: PASEC）」，中南米諸国で実施されている「ラテンアメリカ教育の質評価に関する研究（Laboratorio Latinoamericano de

Evaluación de la Calidad de la Educación: LLECE)」などがある[注3](西村 2007)。

　ここで簡単に概観した国際的な学力調査は，基本的に生徒の学力水準を向上させることに寄与してきたといえる（福田 2006；志水・鈴木 2012 など）。その一方，あまりに国際調査の結果のインパクトが大きい場合には，教育の内容の均質化が進むという結果になりかねない。そうした影響の典型的な例が，「PISAショック」と呼ばれる現象である。すなわち，ドイツ，スウェーデン，そして日本などで 2000 年代に実施された PISA の結果が予想に反して「低い」ものとなり，そうした状況への対応として学力向上のためのさまざまな方策が導入されている。

　もちろん PISA ショックに関しては各国の社会的文脈に応じて異なる問題があり，それぞれに独自な対応がとられているが，それと同時に，多くの国の方策に共通してみられる特徴があることも見逃すことはできない。たとえば，欧州諸国では移民の子どもたちの低学力が問題となっているのに対して，日本では必ずしもそういった問題が広くみられる訳ではない。しかし，その一方で，日本にも社会経済的に厳しい状況に置かれている子どもたちの低学力問題が顕在化しており，欧州でも日本でも社会経済階層と学力の関連は共通する課題である。そして，そういった問題への対処として幼児教育への関心が高まり，いわゆる「就学準備（school readiness）」のための幼児教育の重要性が広く論じられるようになっている。さらには，「学力の追求は管理強化を招きがちであり，社会の多元性が持つ価値を軽視する方向に作用してしまう」（近藤 2010, p. 1）といった問題も，多くの国でみられる現象である。こうした現象の背景には，新自由主義・市場原理主義を根底としながら成果主義を重視する NPM（New Public Management）型の教育改革の影響などをみることができる。

　ただし，近藤（2010）がドイツの例を引きながら指摘するように，とくに親の社会経済的な階層が子どもの学力を決定する大きな要因となっていることは，PISA の結果を待つまでもなく従来から広く認識されていたことである。そうしたなか，PISA ショックが真に意味することは，「それが指し示している教育と社会の現実の深刻さよりも，むしろ，その言葉が作られ，メディアで広く使われたという事実の方に認められ」（近藤 2010, p. 2），それが教育改革の議論に大きな影響を及ぼし，教育政策の方向性を規定してきたということである。

さらには，国際学力調査を通して各国間の「競争」が駆り立てられることによって，成果主義にもとづく教育改革の動きが加速化していることにも留意しなければならない（このような国際学力調査の功罪については，丸山（2016）が分かりやすく整理しているので参照されたい）。

ここまで概観したように，新しい学力観にもとづき，新しい「学び」のあり方を模索する議論が積み重ねられ，さまざまな国で成果重視の教育改革が導入されてきた。そのような状況のなか，ユネスコやOECDといった国際機関が提示してきた学力観が多くの国や社会で参照され，国際的な学力調査が教育改革の方向性に対して少なからぬ影響を及ぼしている様子をみてとることができる。そこで次節では，国際機関がどのような教育のあり方を推奨しているのかについて考えてみたい。

## 第3節　「持続可能な開発のための教育」という学びの　　　　　アプローチ

国際機関が提示している教育のあり方に関して，近年の最も重要な枠組みが「持続可能な開発目標（SDGs）」である。このSDGsは，持続可能な世界を実現するために17の国際目標を提示しているが，そのなかの目標4が教育に関する目標となっている。この目標4は，「すべての人に包摂的かつ公正な質の高い教育を確保し，生涯学習の機会を促進する」ことを目指している。そのために，すべての国で初等・中等教育を無償化することや教育におけるジェンダー格差をなくすこと，技術教育・職業教育を充実させることなど，10項目に及ぶターゲットを掲げている。

それらのターゲットのなかで，とくに1番目のターゲットでは，すべての子どもが初等・中等教育の機会へアクセスすることを可能にするだけではなく，そうした教育機会を通して「適切かつ効果的な学習成果（relevant and effective learning outcomes）」を上げることの重要性を指摘している。すなわち，「質の高い教育」とは，一人ひとりの子どもがそれぞれにとって必要なことを適切かつ効果的に学び，そういった学習の成果を上げていくことである。そういった学習を通して，どのような資質・能力を身につけることが期待されているのかを考えるうえで，次に示す7番目のターゲットが非常に示唆的である。

2030年までに，持続可能な開発のための教育及び持続可能なライフスタイル，人権，男女の平等，平和及び非暴力的文化の推進，グローバル・シチズンシップ，文化多様性と文化の持続可能な開発への貢献の理解の教育を通して，全ての学習者が，持続可能な開発を促進するために必要な知識及び技能を習得できるようにする。
(外務省ホームページ「持続可能な開発のための2030アジェンダ」[http://www.mofa.go.jp/mofaj/gaiko/oda/files/000101402.pdf]より引用)

　ここでは，21世紀の国際社会を生きていくうえで，国境を越えて共有される価値観や態度を身につけることが不可欠であるという考え方が示されている。そのうえで，政治，経済，社会，文化の諸側面に関する学習を通して，国際ならびに国内の諸問題への理解とそれらの解決，さらには紛争予防といったことへの理解を深めるために，平和教育や人権教育を推進することの大切さや，公平性および多様性を受け入れることができるグローバル・シチズンシップを育むことの重要性を強調している（UNESCO 2017)。そういった教育の象徴ともいえるアプローチが，「持続可能な開発のための教育（Education for Sustainable Development: ESD)」である。
　ESDとは，「環境，貧困，人権，開発といった様々な現代的課題を，自らの課題として捉え，共通の未来のために行動する力を育むための教育」である（文部科学省日本ユネスコ国内委員会ホームページ「持続可能な開発のための教育」[http://www.mext.go.jp/unesco/004/1339970.htm]より引用)。その意味においてESDは，持続可能な未来の実現に求められる価値観・行動・ライフスタイルに関して，「自分自身と社会を変容させる学び」を目指しており，先述の「学びの5つ目の柱」を推進することに繋がる（UNESCO 2009, 2010)。ここでは，「知識を活用する力や課題解決力，協働の学びを重視する社会構成主義的な学習観を基軸としつつ，地球的視野を持って持続可能な社会を揺るがす問題の解決を全体論的に思考し，さらに自己変容や社会変容のための行動につなげ」ることを可能にするような資質・能力を育むことが重視されている（北村・興津 2015, p. 45)。
　ESDを推進することによって，人々が経済活動に従事したり民主政治に参加したりする能力を育むだけでなく，今日の世界において支配的な開発の形態や社会のあり方を見つめ直すきっかけとなることが期待されている。それによ

って，個人的な利益を超えて，あるべき社会のあり方をローカルな視点とグローバルな視点から捉え直し，そうした社会の実現のために個々の能力をどのように発揮していくかということを，幅広い観点から問いかけるのが ESD である。さらには，そのような教育を通して，グローバル・シチズンシップを育むことが目指されている（ESD の理念，実践，可能性と課題などについては，UNESCO (2010)，田中・杉村 (2014)，永田・曽我 (2017) を参照されたい）。

本章では，変化の激しい 21 世紀の社会で，どのような「学力」をいかにして身につけることが求められているのか，主に国際機関によって提唱されてきた概念や教育のアプローチを整理することで，国際的な議論の潮流を概観した。ルーティン化された単純作業よりも，新しい情報や予想のできない問題に対処するような労働のあり方が求められていく 21 世紀において，どのような資質・能力を身につけることが必要であるのか，いまだ明確な答えは誰にもわからない。しかしながら，そのなかで国際機関を中心に積み重ねられてきた議論は，多くの示唆を私たちにもたらしてくれる。たとえば，新しい「学力」として国際的に議論されている資質・能力を育むうえで，大きな可能性をもつ教育のアプローチのひとつが ESD である。

今後も，新たな学力観をめぐる議論が国際機関を中心に交わされていくことが予想される。そうした議論の潮流を注視しつつ，過度に影響されず，私たちの社会の文脈における教育のあり方を冷静に考えていくことの重要性を指摘して，本章の結びとしたい。

[注1] 日本でも，たとえばベネッセコーポレーションが岐阜市と協力しながら，自社の教材やデジタル教材を通して得た子どもの学習記録を集積し，その分析結果を教育実践に反映させるための研究プロジェクトを立ち上げている。詳細は，ベネッセ教育総合研究所ホームページ（http://berd.benesse.jp/special/bigdata/about_pj.php）を参照のこと。
[注2] 本章のなかでホームページからの引用をしている個所は，すべて 2018 年 3 月 14 日に閲覧し，最終的な確認をしている。
[注3] これらの主として途上国で行われている学力調査は，主に先進国で行われている調査と較べて課題が多いことを忘れてはならない。それは，たとえば西村 (2007)

が指摘するように，不就学児童がいまだに一定数存在する低所得国においては，学校調査と世帯調査の結果に大きな乖離が生じやすく，どのような要因が学習到達度により影響を及ぼしているのかを明らかにすることが容易ではない。そのため，西村 (2007) は「総合的教育評価モデル」を構築することで，学力調査を通した教育評価の結果をより適切に教育政策や教育計画に反映していくことの重要性を論じている。

**参考文献**

北村友人他（2014）「持続可能な社会における教育の質と公平——ポスト 2015 年の世界へ向けた国際教育目標の提言」『アフリカ教育研究』（アフリカ教育研究フォーラム5），4-19.

北村友人・興津妙子（2015）「サステナビリティと教育——『持続可能な開発のための教育（ESD）』を促す教育観の転換」『環境研究』（日立環境財団），177，42-51.

近藤孝弘（2010）「ショック療法の功罪——ドイツにおける低学力問題をめぐる評価の政治」『シンポジウム報告書：研究者によるPISA2009——日本の教育はPISAとどう向き合うか』教育テスト研究センター（CRET）(http://www.cret.or.jp/files/1f8b2ad78af3a37a61406d150db37bcd.pdf).

志水宏吉・鈴木勇編（2012）『学力政策の比較社会学（国際編）——PISAは各国に何をもたらしたか』明石書店.

田中治彦・杉村美紀（2014）『多文化共生社会におけるESD・市民教育』上智大学出版.

永田佳之・曽我幸代（2017）『新たな時代のESD サスティナブルな学校を創ろう——世界のホールスクールから学ぶ』明石書店.

西村幹子（2007）「開発途上国における教育評価に関する理論的比較研究——国際学力調査，学校調査，世帯調査の視点」『日本評価研究』7(1)，47-59.

福田誠治（2006）『競争やめたら学力世界一——フィンランド教育の成功』朝日選書.

福田誠治（2009）「ヨーロッパ諸国の教育改革からの示唆」『季刊 政策・経営研究』2，18-37.

松下佳代編（2010）『〈新しい能力〉は教育を変えるか？——学力・リテラシー・コンピテンシー』ミネルヴァ書房.

丸山英樹（2016）「国際イニシアチブと学力観が描く市民像」，北村友人（編）『〈岩波講座・教育〉変革への展望7 グローバル時代の市民形成』岩波書店.

ユネスコ「21世紀教育国際委員会」編，天城勲（監訳）(1997)『学習：秘められた宝——ユネスコ「21世紀教育国際委員会」報告書』ぎょうせい.

ESCAP (2014). *Statistical Yearbook for Asia and the Pacific*. Bangkok: ESCAP.
Levy, F., and Murane, R. (2013). "Dancing with Robots: Human Skills for Computerized Work," *Third Way* [Series NEXT, 13] (https://www.thirdway.org/report/dancing-with-robots-human-skills-for-computerized-work)
UNESCO (2009). *Review of Contexts and Structures for Education for Sustainable Development 2009*. Paris: UNESCO.
UNESCO (2010). *Education for Sustainable Development Lens: A Policy and Practice Review Tool*. Paris: UNESCO.
UNESCO (2017). *Education for Sustainable Development Goals: Learning Objectives*. Paris: UNESCO.

# 2 習得・活用・探究のプロセスと学力保証

市川伸一

　学習指導要領の改訂時には，新しいキーワードやフレーズが登場する。それらの中には，すぐに消えてしまうものもあれば，使われ続けるものもある。たとえば，1989年の改訂のあと，教育界では「新しい学力観（あるいは新学力観）」が謳われたが，数年で使われなくなってしまった。

　代わって，「ゆとりの中で生きる力を育む」というフレーズが90年代半ばに登場した。この「生きる力」のほうは，「ゆとりの集大成」といわれた1998年の学習指導要領はもとより，「ゆとりの見直し」となった2008年改訂，さらに2017年改訂でも使われている息の長い言葉である。

　そうした中で，「習得・活用・探究」は，2008年改訂で出てきて，2017年改訂でも引き続き使われた。本章では，2001年に「習得と探究の学習サイクル」を提案後，2回の改訂をめぐる中央教育審議会（中教審）の審議に関わったものとして，多義性やあいまい性も含めてその意味を再確認・再検討し，学力保証や今後の教育課程を考えていきたいと思う。

## 第1節　「ゆとり教育」と学力低下論争

　「ゆとり教育」というのは，かなり通俗的な表現であるが，学習指導要領に対応させていえば，「ゆとりの時間」が創設された1977年改訂から，自己教育力や思考力・表現力を重視する新学力観が打ち出された1989年改訂，教科の時数・内容が大幅に削減された1998年改訂の指導要領が実施された時期までの教育とされることが多いようだ。というと，およそ30年間ということになるが，けっしてこの間，教育界は一様な動きをしていたわけではない。

　1980年代には，「ゆとり」という言葉がしだいに使われるようになったもの

の，実質的にはそれまでの知識偏重，偏差値教育といわれた受験教育の名残があり，学校からは，「教科内容を減らさずにゆとりの時間をとったために，かえって教科の時間はゆとりのないものになった」という声もあったという。それに対して1990年代には，完全週5日制への漸進的移行，学校のスリム化，指導から支援への授業方針の転換，宿題の軽減，教科内容の一部削減などが進み，学校教育は「ゆとり教育」にふさわしい動きを活発に行っていたといえよう。これは，もちろん，文部省（当時）や各地の教育委員会の後押しもあってのことである。

　そして，この機運に乗って，1998年に「ゆとりの集大成」と言われる学習指導要領へと改訂されることになる。このときの改訂では，「ゆとりの中で生きる力を育む」をスローガンに，必修教科の時数・内容が大幅に削減され，「総合的な学習の時間」の創設，中学校での選択教科の増加などが盛り込まれた。ところが，この指導要領の告示直後から，日本の若者や子どもの学力は大幅に低下しているという指摘が，教育社会学者，大学の理数系研究者，大学受験関係者などから起こり，「ゆとり教育論者」との間で，大規模な「学力低下論争」が起こった（中井 2001；市川 2002）。

　学力が実際にどれだけ低下しているかという直接的な証拠は，論争初期にはあまりなく，文部科学省は，「全体として我が国の子どもたちの学習状況はおおむね良好」（平成14年度文部科学白書）としていたものの，しだいに様々なデータが提示されるようになり，国際学力調査PISAにおいては，2003年，2006年に大幅な低下が見られたため，「PISAショック」とも言われた。学力低下論争のころから，「もはや公立学校では学力がつかない」というキャンペーンが私立学校や塾からかなり出されたこともあって，そうなると逆に公立学校や自治体は，基礎学力重視の方針をとるところが現れてきた。文部科学省も，1998年告示の指導要領が全面実施される2002年4月以降は，すでに「ゆとり」という言葉をいっさい使わなくなり，「学力向上」がスローガンになっていったのである。

　したがって，2002年からのほぼ10年間というのは，学習指導要領が「ゆとりの集大成」であるにもかかわらず，社会的な雰囲気，文部科学省の方針，次の指導要領改訂に向けての審議は，いかに基礎学力を回復するかという方向に

向かっており，いわば「ねじれ現象」のようなことが起こっていたことになる。ただし，注意しなくてはならないのは，これは，けっして，文部科学省が学力低下論争で敗北して，ゆとり教育以前の偏差値教育，受験教育に戻そうとしたのではないことだ。ゆとり教育の時代に出てきた，新学力観，生涯学習，キャリア教育，生きる力，人間力，学校のスリム化のような理念を生かしつつ，基礎学力との整合を図ろうとした。それが，2008年改訂を経て，2017年改訂の新学習指導要領へとつながっていく。本章でとりあげる「習得・活用・探究」も，こうした流れの中で出てきたキーワードの一つである。

## 第2節　習得と探究の学習サイクル

　学力低下論争には脇役的な立場で関わっていた筆者は，もともと1990年代に習得的な学習に関連する，学校の教科に不適応を抱いている児童生徒への個別学習支援（認知カウンセリング，市川，1993, 1998a）の実践的研究と，探究的な学習に関連する，研究者活動の模擬的活動（researcher-like activity，市川 1998b）とにほぼ同時に関わっていた。筆者の学問的な背景である認知心理学では，「人間は知識を内的リソースとして活用しながら記憶，思考，判断，コミュニケーションなどの知的活動を行う」という視点をとるので，知識を「旧学力」としておろそかにする風潮にも，逆に，知識の量や正確さを教育のゴールであるかのように考える立場にも大きな違和感をもっていた。さらに，「これからの時代は，知識はコンピュータの中にあるので，人間は知識獲得よりも考えることが大切だ」という一見もっともらしい主張にも抵抗感があった。外的リソースを利用して考えることはもちろん重要だが，基本的な知識が内蔵されていなければ，学習も，思考も，コミュニケーションもおよそ立ち行かない。また，外的リソースを活用して思考するにも，内的リソースとしての基礎的知識が不可欠だからである。

　1998年の『開かれた学びへの出発——21世紀の学校の役割』という著書の中で，筆者はさまざまな教育実践に触れながら，「自ら学習のかじをとる力を育てる」「市民生活を営む力を育てる」「探究と創作の場を広げる」という柱でこれからの学校教育の役割を論じた。しかし，当時の講演会などで教育関係者

からの反応の一つに,「よいとは思うが,いつでも,どこでもできる実践とは思えない。普段の授業はどうするのか」というものがあった。確かに,認知カウンセリングのような個別学習支援というのは,いくら内容が教科学習といえども一般の教員が日常的にできる教育活動ではない。探究的な学習は内容が高度すぎてとても普通の子どもが日常的な授業の中で展開できないように見えるものが多い。一研究者としては,むしろ試行的・先進的な実践を通して,日常の教育実践にも生かしてもらいたいという思いがあった。とはいえ,そうしたものをただ提示しても,学校教育は動くものではないことを痛感した。

その後,1999年から学力低下論争が活発になるわけだが,筆者自身,認知カウンセリングをしながら子どもたちを見ていると,知識・技能としての学力はもとより,学習意欲,学習計画,学習方略などのように学習をすすめていく力(学習力)や,テストでは測りにくいが重要な学力である思考力・表現力などに大きな問題を感じていたので,学力低下という指摘に対しては肯首していた。しかし,それを解決するためには,むしろ,「ゆとり教育」の時代に打ち出されていた,「学習者の興味・関心に基づく問題解決学習の充実」「現代的な課題を扱う総合的な学習の時間の導入」「学校のスリム化と地域の教育力の強化」などは望ましい方向に思えた。それは,学ぶことに意義づけを与え,教科学習と相乗効果をもつものになりうると考えたからである。

そこで,あらためて,既存の知識・技能を習得するという学習と,興味・関心に沿って自ら課題を設定して追究するという学習の両方を重要なものとして認めた上で,そのバランスをはかるということを図2-1のようなモデルで表現した(市川 2004)。これは,教育においては当然のような話であると思われるが,教育界においては,このバランスが著しく偏ったり,論者が一方のみを前提としてしまうために議論がかみあわなくなったりすることがしばしば見られる。学力低下論争でいえば,「学力低下論者」は習得の学習で得られる基本的な知識・技能を重視してその低下を問題にしがちだし,「ゆとり論者」のほうは探究活動に目を向けてそのすばらしさを語ろうとしがちである。学習のメカニズムからいっても,子どもの生活にとってもその両方が必要なことは明らかであるし,学校はそれぞれの場を保証する必要があると思っていた。

さらに図2-1に関して,筆者は2つの点を補足した。1つは,習得と探究と

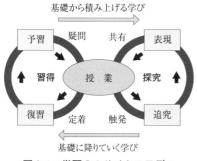
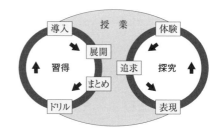

図2-1　学習の2サイクルモデル　　図2-2　低学年型の2サイクルモデル

のバランスをとるというだけでなく，基礎的知識を習得するとそれは探究の中で活かされるという体験をすること（基礎から積み上げる学び），また逆に，探究をしていると自らの基礎知識が不十分なことに気づき，必要感をもって習得に戻る（基礎に降りてくる学び）という双方向性である。これまでの日本の教育が，語学やスポーツに典型的に見られるように，「まずは基礎を十分に固める」という方針で行われがちだったことで，多くの学習者の意欲をそいでしまうことへの苦言もあった。これは，のちに中教審の審議の中で出てくる「活用」という概念にも密接にかかわってくる。

　図2-1についてもう1つ補足した点は，習得と探究のどちらの学習においても，授業だけではなかなか十分に達成できないことである。図2-1と対比的に用いていた図2-2は，あえて「低学年型のモデル」と呼んでいる。確かに，小学校の低学年であれば，授業の中だけの学習で基礎基本の定着まではかり，探究的な活動も，教師が付き添って授業時間内で行おうとするのは当然かもしれない。それでやりきれなかった分を宿題にするくらいでよいのだろう。しかし，学年が進んで，習得する内容も高度で量が増えてくれば，授業だけでは十分な習得がおよそ望めないし，また，発達的にもしだいに自己学習力が高まってくる。探究にしても，自ら興味のある課題をじっくり追究するとなれば，授業時間以外も調べたり，考えたり，まとめたりする時間をとってほしい。

　これも，1990年代には，「授業の中で子どもに学力をつけさせるのが本来であって，宿題や家庭学習に依存するべきではない」という考えが強かったのと対照的である。自己学習力の発達を促すという視点から見れば，「授業がなく

ても自分で学習をすすめていくのがゴールであって、授業は学校時代における学習環境の一つのリソースにすぎない」ということになる。もちろん、いきなり自立的に学習していくことは難しいので、授業や宿題を通じて学習スキルが獲得されるようにしていくという配慮が必要だ。中学・高校・大学とすすむにつれ、必要な学力を身に付けるための授業の比率はしだいに小さくなる。社会人になれば授業はなくなる。そのときに、身の回りのリソースを活用しながら習得と探究の学習サイクルを自分で回していけるように順次発達を促すのが、むしろ学校の役割であるという考え方をとる。そのためには、学習者の自立を促す教育上の工夫が必要であって、けっして各教科の知識内容だけを教えていればよいというものではない。これも、最近言われる「教科横断的な資質・能力」、とくに「学び方」の育成に関わることである。

## 第3節 「活用」の導入とその意味

　2001年1月の中央省庁再編で旧文部省は文部科学省となり、さまざまな審議会も再編されることになった。そのとき、教育課程審議会は中央教育審議会初等中等教育分科会の中の教育課程部会として位置づけられ、学習指導要領改訂のときだけでなく常設の部会として活動するようになる。筆者はそのときから委員として参加するようになった。前述したように、2002年4月から「ゆとり」の指導要領が全面実施されるにあたり、学力向上を図りつつ、さらに次の指導要領改訂に向けての方向性を検討することが当時の最大の課題であった。その中で、習得と探究のモデルによって、基礎基本的な知識・技能の獲得と、興味関心に沿ったテーマの追究の両立との相乗効果を図るという考え方は、比較的早く取り入れられた。文部科学省の編集する『中等教育資料』に原稿の依頼を受けたのは、2002年の4月号であったし、2005年10月の中教審答申『義務教育の構造改革』では、「習得型の教育」「探究型の教育」という用語が使われた。

　その後、教育課程部会の中で「活用」という言葉が提案されて、「習得・活用・探究」が審議経過報告や2008年の中教審答申と学習指導要領で大きなキーワードとなっていく。ちなみに、審議の中で「活用」という言葉を提案した

のは筆者ではなく，有体にいえば，会議を欠席したときにいつのまにか入ってきたという印象であった。しかし，活用というのはよい言葉であると感じた。というのは，習得したことが探究で活用されるということ，また知識というのはさまざまな知的活動の中で活用されてこそ意味があるという認知心理学の機能的な知識観をよく表していると思ったからである。また，時代としても，「生きる力」やキー・コンピテンシーのように，学校で得られた知識や資質・能力は社会生活の中で活かされるものでなくてはならないという時代的要請にもかなっている。ただし，「活用」という言葉がどのような意味かは，中教審答申や文部科学省の資料を見てもあまり明確にされておらず，教育課程部会委員の間でも，必ずしも一致をみていなかったことは注意する必要があろう。大きくは次のような2つの解釈があり，それぞれの使い方が議事録や資料などでも混在しているように見える。

　1つは，文字通りどこかの学習場面で得た知識や能力を別の場で使うということである。「習得したことを探究活動の中で活かす」というのはその典型だが，広くとれば，「既習事項を活かして新たなことを学ぶ」「ある教科で得たことを他の教科で活かす」「学校で得た知識や能力を生活に活かす」なども入ってくる。重要なことは，それを学習した場だけで閉じたものにしないということである。少なくとも「活用」という新たな学習の型や活動の時間を特に考える必要はないと考える。ちなみに，筆者自身は，そうした解釈をとっている。

　もう1つの解釈は，「習得」というのをかなり基礎的な内容（たとえば，漢字の練習，かけ算九九の暗唱，都道府県名の暗記など）に限定した上で，探究との間があいてしまうので，そこに活用の学習というのを挿入するというものだ。すると学習の内容や方法が違ってくるので，場合によると，「習得型」「活用型」「探究型」という学習タイプを想定することになる。実際，ひところは，この3つの分類に応じた教育実践事例集が多く出版されたこともある。

　言葉の定義の問題であるから，どちらが正しいということはないのだが，筆者が当時困ったのは，「マット運動の基礎技能を習得したあと，それを組み合わせた総合マット演技を自分たちで考えて演じるのは，活用なのですか，探究なのですか」というような現場の教師からの質問である。「習得したことを探究場面で活用する学習」と考えればすむことを，校内研究で無理に三分法をと

ったために，必要のないところで悩んでしまう例に思えた。上記の第一の解釈のように，活用というのは，習得・探究という図式のいろいろな場で起こること，さらに他教科や校外の生活に対してでも起こりうるし，それを促すような課題設定をすることこそが重要なのではないだろうか。

　こうした議論の過程で，習得や探究という言葉の意味も，若干の幅があることが浮き彫りになった。もともとは日常用語であったものを，筆者はそれと大きく離齟がないように定義して使ったつもりであったが，委員の間でも社会の中でも解釈のずれが生じたのである。習得に関していえば，筆者自身は，概念獲得，関係把握，問題解決の基本的スキルの獲得など，かなり広い内容をさしていた。端的にいえば，教科書に出ているような内容を身に付ける学習ということになる。したがって，反復習熟で獲得するような基礎事項の暗記のみに留まるものではない。一方，探究のほうは，学習者が自分自身の興味関心に応じて設定または選択した課題を追究するものとしていた。日常的には，何かの課題解決を行っていれば，それを探究と呼ぶこともあるかもしれないが，教師が一律の課題をクラス全体に与えて，それを解決させるものは含めていない。それは，何らかの知識や技能を獲得してほしいという教師の意図のもとになされる，習得の学習とみなしている。

　こうした多義性は残されているものの，「習得・活用・探究」というのは，2008年の指導要領改訂前後から重要なキーワードとなった。とりわけ，「活用」という言葉が教育界に与えた影響は大きなものがある。2007年から実施された全国学力・学習状況調査では，基礎基本にあたるA問題とともに，日常的な生活文脈の中で活用する力を見るB問題が出題され，生活への活用を考慮した記述や問題が教科書にもはいるようになった。教育雑誌や出版物でも活用をテーマにしたものが増え，学校も研究テーマとして活用をとりあげることがよく見られるようになったのは，まだ記憶に新しいところであろう。

## 第4節　習得と探究の授業の具体

　ここで，習得と探究の典型的な授業とは，それぞれどういうものが想定されているのか，また，その中でどのように活用が起こるのか，具体例をあげてお

きたい。前述したように若干の解釈の揺れがある中で，ここでは筆者自身が定義した「習得・活用・探究」という意味に基づくものであるが，それはけっして中教審答申，学習指導要領，あるいは文部科学省がパンフレット等で示すものから外れているわけではない。

### 4-1　習得の授業例——円の直径とその性質（小学校3年算数）

「ふだんの習得の授業はどうするのか」という問いに対して，筆者がそのオーソドックスな形態として提案したのが，「教えて考えさせる授業」だった（市川 2004, 2008）。教科書はもとより，教材・教具も工夫して教師からわかりやすく説明したあと，「理解確認」と「理解深化」の課題を設定し，さらに，児童・生徒の「自己評価」によって授業でわかったこと，わからなかったことなどを記述的にまとめるというものである。中教審の審議経過でも，「ゆとり教育」の時代に子どもの自主性を尊重するあまり，教師が適切な指導をすることが躊躇されてしまったことが指摘され，2008年の答申では，

> 「自ら学び自ら考える力を育成する」という学校教育にとっての大きな理念は，日々の授業において，教師が子どもたちに教えることを抑制するよう求めるものではなく，教えて考えさせる指導を徹底し，基礎的・基本的な知識・技能の習得を図ることが重要なことは言うまでもない。(p. 18)

というかなり厳しい表現となって盛り込まれている。

「教えて考えさせる授業」の一例として，筆者と学校教員がTT（ティーム・ティーチング）で行った算数の授業「円の直径とその性質」をあげよう（市川 2015）。まず，教師は，教科書にある内容に沿って，円の定義と直径の定義を説明し，大事な性質として，黒板の図とワークシートを使いながら，

①円は，直径で折るとぴったり重なる。
②直径は無限にあり，すべて円の中心を通る。
③直径は，円周をむすぶ直線の中で最も長い。

ということをまとめる。さらに，1円玉のような，折れない円の直径を測るには，ノギスという道具を使うことを実演で示す。「理解確認」としては，ノギスの代わりに三角定規を組み合わせて，10円玉，100円玉，500円玉の直径を

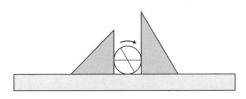
図2-3　折れない円の中心を見つける理解深化課題

　まず予想してから実測してみる。これは，小グループで確かめ合いながらの協働活動とした。
　「理解深化」は，「ボール紙でできた折れない円の中心に芯をさして，コマにしてまわしたい。どうすれば円の中心を見つけられるか」という課題の協働解決とした。これは，理解確認課題でやったことの応用だが，小学校3年生にとっては，かなり難しいと思われたので，「2本の直径がひければ，その交わったところが中心になる」ということはヒントとして与えた。なかなか気づかないグループには，円と三角定規の接点を結べばそれが直径になっているというヒントをさらに与えた。すると，試行錯誤しながら，図2-3のように円を回せばもう1本の直径が引けるので，2本の直径の交点が円の中心になることを発見するグループがしだいに現れてきた。自力解決には至らないグループもあったが，発表後の自己評価では，表現はさまざまにしても，「接点を結んだ直線が最も長いので直径になる」「円を回すと別の直径がかけることに気づかなかった」という意味のことがよく書かれていた。

### 4-2　探究の授業例——問題作りとポスター発表（中学校3年数学）

　筆者（市川 1998b, 2004）が紹介した学習活動の中で，探究にあたるのは，次のような事例である。
・町の再開発をめぐる調査と討論（東京学芸大学附属大泉小学校）
・コンピュータを使った制作活動（富山市立堀川南小学校，戸塚滝戸教諭）
・数学の模擬学会（琉球大学教育学部附属中学校，狩俣智教諭）
・自分のテーマを追究する卒業研究（東京大学教育学部附属中等教育学校）
・教材ホームページコンテスト ThinkQuest への参加（慶應義塾湘南藤沢中・

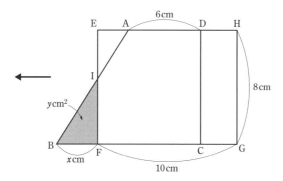

問題例：△IBF の面積 $y$ を $x$ の関数として式に表しなさい。

**図 2-4　中 3 数学の模擬学会で使われた課題**

高等部）
・高校生のつくる Web マガジン（東京，長野，沖縄の 3 高校）
・10 年後，20 年後の自分に向かうドリカム活動（福岡県立城南高等学校）

　この中で，狩俣教諭が RLA（Researcher-Like Activity）の応用として，中学生が自分たちで作った数学の問題とその解答を，模擬学会でポスター発表して議論するという授業をここでは紹介したい（狩俣 1997）。RLA は，研究者が行っているような活動，たとえば，学会での講演，パネル討論，論文査読などの活動を大学や大学院の授業で学生たちが体験しながら，そのおもしろさと難しさを知ってもらうというものである（市川 1998b）。1990 年代に日本でも盛んになった状況的学習論（Lave & Wenger 1991）の正統的周辺参加（Legitimate Peripheral Participation: LPP）という考え方に対して，RLA では，子どもたちが進路を模索する段階にある学校教育においては，真正の社会的実践に周辺的に参加するよりも，むしろ社会的実践の中核的な活動を広く模擬体験することからはいり，しだいにその「本物度」を高めていけばよいという考え方をとる。

　狩俣教諭が生徒に出した課題は，図 2-4 のような長方形の封筒から台形の紙を $x$ cm とりだしたとき，「あなたも問題例にならって，図の中の量 $y$ と $x$ の関係を表して発表しましょう」というものであった。生徒たちには，きれいな台紙を与えて作品意識をもたせ，教室でポスターセッションを行う。図 2-5 の

(a)から(d)は生徒の作った問題の例で、それぞれ自分なりに工夫したあとが感じられる。発表当日の教室を筆者も見学したところ、本物の学会会場さながらの熱気で、騒がしいくらいの質疑応答がかわされていた。この学習活動について、生徒からは後日次のような感想が得られている。

　RLAには2つの山があった。1つは問題を発見することで、もう1つはそれを発表すること。みんなの前で発表するので、簡単すぎるのはだめだ。また、発表があるので、質問を予測して、答えられるようにいろいろな方向から問題を見直した。

　いろんな関数をつくったけれどありきたりで、何度も何度もやり直した。変域ごとに式が変わる関数をつくったのが、自分の工夫した点だ。ポスターセッションでの説明はうまくいき、相手がわかってくれたので、とてもうれしかった。みんなの発表も聞けて、いい方法だと思う。

　問題がうまく発見できなくて、友達と先生の助けを借りてなんとか関数をつくった。最初説明がうまくできなくて、質問ばかりされていたけど、質問されているうちに、いままでわからなかったことが、だんだんわかってきた。この取り組みは大変だったけど、大切なことがわかった気がした。

### 4-3 習得と探究はどうつながるか

　習得と探究は必ずしも明確に区分できるわけではなく、中間的なものもありうるが、少なくとも典型においては大きな違いがある。学校教育でいえば、習得においては、授業ではどのような知識・技能を身につけてほしいかという教師側の目標があり、それに沿って、教師が説明や課題を用意する。問題解決や討論の場面もあるわけだが、その課題は習得目標を達成するのに適したものを教師が設定することになる。授業のシナリオにあたる指導案をつくるのも教師であり、授業の進行を務めるのも通常は教師である。「授業の主役は子ども」であるとしても、少なくとも習得の授業では、シナリオライターや監督まで子どもである必要はないと筆者は考えている。それに対して、探究の学習では、課題を設定し、計画を立てて実行することも子どもにやってほしいのである。シナリオライターや監督も子どもに委ね、教師は助監督くらいの役割になる。このメリハリが、習得と探究の授業論の大きなポイントである。

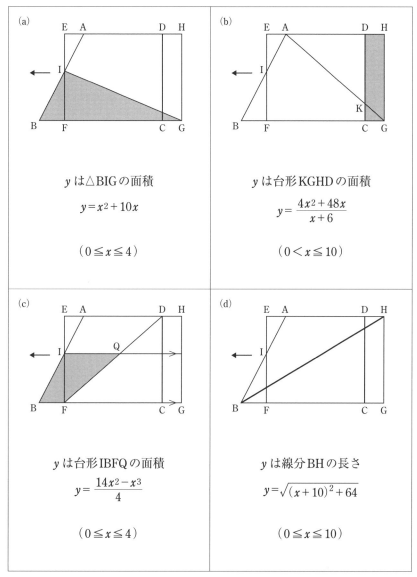

図2-5 生徒のつくった問題と解答例

しかし，習得と探究は完全に切り離されたものではない。探究の学習を行うためには，一番の難しさは課題を自分で発見・設定できるかどうかにあるが，大学生の卒論テーマ選びなどを見ていても，ただ習得の授業を受けているだけではなかなかできない。実は，探究の課題設定の「見本」にあたるものは，習得の理解深化課題にある。もちろん，理解深化課題は教師が決めているものだが，子どもの理解状態や興味関心を想定して，「おもしろく，やりがいがあり，理解を深めることになる課題」を選んでいる。理科であれば，「今の実験のこの条件を変えたらどうなるか」，社会科であれば「この事件が起こったことにより，どんな影響があったか」などの問いを子どもに向けた課題として出す。それを通じて，子どものほうも，どうすれば新たな問いが生まれるかということがわかってくる。

　それを促すために，筆者は，習得のための「教えて考えさせる授業」でも，最近は，自己評価の中に，「もっと考えて（調べて）みたいことはありますか」という項目を入れている。授業を受けるたびに，自分なりの問いを出してほしいためである。予習における「疑問」も大切であるが，これは，授業の中で教師が教えてくれたり，学習者どうしで質問や説明を通じて解決できるレベルのものだ。ふり返り活動で出してほしいのは，自ら考えたくなる探究テーマである。それは，すぐに生徒が解決しなくてもよい。たとえば，毎回出てきたテーマの中から選んで，単元終わりの2〜3時間を各自が使ってとりくみ発表するという場を設けている教師も出始めている。

## 第5節　アクティブ・ラーニングと「習得・活用・探究」

　本書のテーマでもある「教育の質保証」ということに関連させていえば，2008年告示の学習指導要領で，「習得・活用・探究」がキーワードになり，それに関連した議論や政策によって，ややもすれば知識獲得をゴールとしてその量や正確さを求めがちな教育観が変革を迫られたことは，大きな意義があるだろう。習得にしても，意味理解を重視すること，知識の活用を促進する場を積極的に導入すること，学習者の興味関心に沿った探究活動を充実させることなどが目標とされた。それぞれのプロセスを区別しつつも機能的に組み合わせる

ことで質的に高い教育を実現しようとし，また，教師の教授活動と学習者の思考・表現活動とのバランスについても，注意が喚起されるようになった。結果的に，国際学力調査 PISA では，2009 年，2012 年に V 字回復と言われるほど上昇し，全国学力・学習状況調査では，都道府県間の学力格差が年を追って縮小している。

　では，何がまだ現場でもあまり浸透していないかといえば，1 つには，探究の学習といえるのではないだろうか。中学校，高校とすすむにつれて，本来なら探究的な学習をするための知識・技能や課題意識も高まってくるはずなのだが，我が国ではペーパーテストでの成績が入試で重視されてきたこともあって，探究学習には十分な時間が割かれない傾向が見られる。2014 年 11 月に下村博文文部科学大臣（当時）が中教審に次期学習指導要領に向けての改訂を諮問してから，「アクティブ・ラーニング」（以下 AL）が教育界では大きなブームになった。中教審の審議では，キー・コンピテンシーや 21 世紀型スキルという今日的なキーワードも受けて，改訂の方針として「教科等横断的に資質・能力を育成する」ということが打ち出され，2016 年 12 月の答申，2017 年 3 月告示の新指導要領でも中核的なテーマになっている。こうした動向は，探究学習にとっては，追い風となるだろうし，大学入試も変わるということで高等学校も大きな動きを見せている。

　ただし，ここで考えたい第一の問題は，「AL とは，探究学習だけのものか」ということである。アメリカの大学教育に端を発し，日本でもまずは高等教育部会からの中教審答申『新たな未来を築くための大学教育の質的転換に向けて』（2012 年 8 月）で言及された AL は，次のようにかなり広い意味であった。

> 教員による一方向的な講義形式の教育とは異なり，学修者の能動的な学修への参加を取り入れた教授・学習法の総称。学修者が能動的に学修することによって，認知的，倫理的，社会的能力，教養，知識，経験を含めた汎用的能力の育成を図る。発見学習，問題解決学習，体験学習，調査学習等が含まれるが，教室内でのグループ・ディスカッション，ディベート，グループ・ワーク等も有効なアクティブ・ラーニングの方法である。（答申 p.37, 用語集より）

それが，下村文部科学大臣の諮問（2014 年 11 月）の中で「……課題の発見と解

決に向けて主体的・協働的に学ぶ学習（いわゆる『アクティブ・ラーニング』）……」という表現があったことから，一時は中教審の議論も引きずられて，探究的な学習のみを思わせるような記述がなされ，社会的にも広まってしまったところがある。

　習得の授業でも，講義形式の授業だけではなく，教師から説明されたことをペアや小グループで説明し合ったり，わかりにくい点を出して教え合ったりする活動はあってよいはずだ。また，かなり高度な問題を小グループで協働解決して発表や討論を行う活動もあるだろう。つまり，インプットによる学習と対置して，思考してアウトプットするという学習活動である。こうした活動をALと呼ぶかどうかは定義しだいであるが，2017年の答申で「ALの視点」とされた「主体的・対話的で深い学び」の一部をなすことは間違いない。ALを探究学習のみに限ってしまうと，「日常的な習得の授業は一方向的な講義形式でよい」と解釈されたり，他方では「授業全体をALにするなどとてもできない」といって全面的に拒否されたりする危険性をはらんでいる。習得の授業でもALははいりうるし，また，そうすることが探究という高度なAL活動の下地にもなると考えたほうが，よほど無理もないし有意義であろう。

　第2の問題は，「いきなりALをやってうまくいくのか」ということである。児童生徒に活動させることばかりが強調され，教師が指導することへの抑制が再び生じるのではないかという懸念である。前述したように，ゆとり教育の時代には，日常的な教科の授業も探究的なスタイルで行うことが目指され，自力解決や協働解決を過度に重視して教師の説明や指導を軽視する傾向が強くなった。その後の中教審答申で注意が喚起されたにもかかわらず，その名残は，今でも一部でかなり強い。筆者が「教えて考えさせる授業」で教師からの説明を重要なものとして位置づけたうえで，理解確認や理解深化でAL的な活動を入れているのは，それを是正するための提案であり，実際，その実践は学力面，学習意欲面で大きな効果を生んでいる（市川 2013, 2017, 2019；市川・植阪 2016；深谷他 2017）。

　ところが，一方ではALという言葉が，「自力解決，協働解決をますます後押しするもの」と受け止められて，そうした極端な授業が推奨されたり，あるいはそれを疑問視する教師からはALそのものへの反発が生まれたりしている

現状もある。最も危惧されるのは，教師がある程度共通な基礎知識を子どもに与えずにいきなり AL 的な活動を行っても，それに参加できない子どもがいたり，授業が終わっても理解が不十分だったりして，結局，全体としては学力保証にも深い学びにもならないという点だ。そして，今や全国学力・学習状況調査もあるために，そうした授業をしていて十分な成果が上がらないとなると，授業そのものを改善せずに，放課後学習や宿題でドリルによる反復習熟を行って対処するという学校や自治体もあるという。もちろん，ドリルによる復習は大切だが，授業で理解できないまま反復しても，意味理解や知識の関連づけを重視した深い学びとはいえないだろう。

これらの点に関して，2017 年 12 月の中教審答申には，次のような一節がある。

> 質の高い深い学びを目指す中で，教員には，指導方法を工夫して必要な知識・技能を教授しながら，それに加えて，子供たちの思考を深めるために発言を促したり，気付いていない視点を提示したりするなど，学びに必要な指導の在り方を追究し，必要な学習環境を積極的に設定していくことが求められる。そうした中で，着実な習得の学習が展開されてこそ，主体的・能動的な活用・探究の学習を展開することができると考えられる。(p. 52)

「習得・活用・探究」というバランスに配慮した学習プロセスの中で，AL についても，「どこにどれだけ入れるのか」という入れ方のバランスが求められているのである。

## 第6節　今後の展開──新教育課程に向けて

学習指導要領の改訂に際し，中教審の部会では，30 名ほどの委員が資料やプレゼンに基づく説明を受けた後，その日の議題についてそれぞれ意見を述べ合う。公開される議事録にはほとんどそのまま記録として残るが，文部科学省の事務局側でそれらを取捨選択，整理統合してはまた審議に戻し，答申の形にまとめていく。こうした経緯で作られたものなので，委員各人の論や主張がそのまま通るわけではない。あえて言い回しを変えたり，内容を簡略化したり，

また，完全に統合しきれずに，定義が一貫していないところが残る場合もありうる。したがって，「習得・活用・探究」は筆者のいう「習得と探究の学習サイクル」と同一ではないし，「教えて考えさせる指導」は筆者のいう「教えて考えさせる授業」よりかなり簡素化された内容になっている。

　しかし，筆者が個人的にこうした論を展開しはじめたとき，たまたま中教審の教育課程部会のメンバーとして発表や意見交換の場を与えられ，2期にわたる指導要領改訂の審議に参加できたことで，基本的なアイデアや主張は受け入れられたと思うし，一部共通の言葉が採用されたために，学校や教育委員会への広がりもあった。言うまでもないが，個人的な講演や著書よりも，中教審答申や学習指導要領のほうが影響力は圧倒的に大きいからである。ただそのとき，上記にあるような答申の性格上，用語の意味や具体的方法が不明瞭なまま，社会では多様な解釈をされ，当初の論や答申の趣旨とも異なる実践が生まれたりすることをたびたび見てきた。

　文部科学省が告示する学習指導要領そのものは，非常に簡素なもので，文体も行政文書的でわかりにくいところがある。答申のほうは，位置づけとしては中教審の見解だが，その内容の多くは文部科学省が2017年7月に公表した『学習指導要領解説』（その後，2018年に東洋館出版から発売）に生かされており，しかも，そこではより具体化され，整理されたものになっている。一委員としては，この解説の『総則編』からぜひ全体の趣旨を読み取ってほしいと思っている。さらに，「習得・活用・探究」という学習のプロセスや，教授と活動のバランスに配慮した「教えて考えさせる」という授業設計方針については，刊行された書籍や各地で紹介されている実践例を通して，その本質的なねらいをつかんでいただければ，それがまさに「主体的・対話的で深い学び」の実現につながることがわかってもらえるのではないかと期待している。

**参考文献**

市川伸一（編）（1993）『学習を支える認知カウンセリング』ブレーン出版

市川伸一（1998a）『認知カウンセリングから見た学習方法の相談と指導』ブレーン出版

市川伸一（1998b）『開かれた学びへの出発――21世紀の学校の役割』金子書房

市川伸一（2002）『学力低下論争』筑摩書房
市川伸一（2004）『学ぶ意欲とスキルを育てる――いま求められる学力向上策』小学館
市川伸一（2008）『「教えて考えさせる授業」を創る』図書文化
市川伸一（編）（2013）『「教えて考えさせる授業」の挑戦』明治図書
市川伸一（2015）『教えて考えさせる算数・数学』図書文化
市川伸一（編）（2017）『授業からの学校改革――「教えて考えさせる授業」による主体的・対話的で深い学び』図書文化
市川伸一（編）（2019）『教育心理学の実践ベース・アプローチ――実践しつつ研究を創出する』東京大学出版会
市川伸一・植阪友理（編）（2016）『最新 教えて考えさせる授業 小学校』図書文化
狩俣 智（1997）「学習意欲を高めるリサーチャー・ライク・アクティビティ」，加藤幸次・奈須正裕（編）『意欲を高める授業』教育開発研究所
中井浩一・「中央公論」編集部（2001）『論争・学力崩壊』中央公論社
深谷達史・植阪友理・太田裕子・小泉一弘・市川伸一（2017）「知識の習得・活用および学習方略に焦点をあてた授業改善の取り組み――算数の「教えて考えさせる授業」を軸に」『教育心理学研究』65, 512-525

Lave, J. & Wenger, E.（1991）. *Situated Learning: Legitimate Peripheral Participation.*（佐伯胖訳（1993）『状況に埋め込まれた学習――正統的周辺参加』産業図書）

# 3　「グローバル教育」と英語政策の落とし穴

斎藤兆史

## 第1節　なぜ「グローバル化」と英語が結びつくのかとの問い

　「グローバル教育」や「グローバル人材育成」の重要性が叫ばれるようになって久しい。しかしながら，あらためて考えてみるに，「グローバル教育」とはいかなる教育なのか，「グローバル人材」とはいかなる人材なのか，いまひとつ判然としない。国際的な視野をもって世界で活躍できる人材を育てる，と言い換えてみても，そのような人材育成のあり方がこれまでの教育とどう違うのかとの問いに明確に答えられる人はほとんどいないであろう。にもかかわらず，「グローバル」をその名に冠する教育システムにかならず登場する学習項目がある。英語である。それどころか，英語教育がそのような教育システムの目玉である場合も少なくない。
　なぜ英語なのか。答えは一見明快であるように見える。英語は世界語なので，これを習得してしまえば，世界のどこに行っても活躍できる人間になれる。はたしてそうだろうか。たしかに，何も犠牲にすることなく英語力が確実に身につくとしたら，これほど有難いことはない。しかしながら，教育課程において英語教育を強化するからには，かならずどこかで犠牲になる教科や学習項目がある。また，それを犠牲にして英語教育に力を入れたところで，日本の英語受容・教育史を見れば明らかなとおり（斎藤2007, 2017を参照），日本人が英語を習得するのは容易ではない。そして，たとえその犠牲のもとに日本人全体の英語力が向上したにせよ，それが日本の「グローバル化」につながるのかどうかはまったく不明である。英語力のわずかな伸びと引き換えに，大きな価値を失っては元も子もない。下手をすると，大きな犠牲を払ったあげくに英語力すら

向上しないという状況も大いに考えうる。そして，現行の「グローバル英語教育」政策を見るかぎり，その可能性がますます増大しているように見える。

本章では，いわゆる「グローバル教育」の一環として強化されている英語教育の問題点を指摘し，上述のようなシナリオに描かれた落とし穴にはまらないための方策を考察した上で，新しい時代に対応する教育理念を提示したい。

## 第2節 「グローバル人材育成」と英語教育行政

「グローバル」という概念と英語を結び付ける教育政策は，2010 年代に入って急速に増えはじめた。まず，高等教育レベルでは，「グローバル 30」と称する国際化拠点整備事業のもとでいくつかの拠点大学に英語学位コースが設置され，2010 年度から留学生の受け入れが始まった。2013 年 4 月には，自民党の教育再生実行本部が「成長戦略に資するグローバル人材育成部会提言」を発表し，TOEFL 等の外部試験の導入による大学入試改革，同外部試験を用いた英語教員採用条件の設定，英語教育の「抜本的」改革，授業の半数以上を英語で行う重点的財政支援大学の指定などを提言した。これを受ける形で同年末に文部科学省が発表した「グローバル化に対応した英語教育改革実施計画」は，小学校の英語教育の早期実施や教科化，中学・高校の英語教育への外部検定試験の導入，一貫した到達目標の設定をはじめ，教育現場へのさまざまな行政的介入を検討している。

また，2014 年に文科省は「スーパーグローバルハイスクール (SGH)」事業を開始，年度末の 3 月には SGH 指定校が決定した。さらに高等教育レベルにおいても「スーパーグローバル大学創成支援」事業を開始，「トップ型」と「グローバル化牽引型」の二つのタイプの大学を指定した。また，同年 10 月には「今後の英語教育の改善・充実方策について　報告～グローバル化に対応した英語教育改革の五つの提言～」を発表し，「改革 1. 国が示す教育目標の改善」「改革 2. 学校における指導と評価の改善」「改革 3. 高等学校・大学の英語力の評価及び入学者選抜の改善」「改革 4. 教科書・教材の充実」「改革 5. 学校における指導体制の充実」という 4 つの改革案のもとに，4 技能の育成，CAN-DO 形式の導入，高校・大学の入学者選抜に 4 技能を測る資格・検定試

験の活用，ICT の活用などをはじめとするさまざまな具体策を提示した。

　2015 年 6 月，同省は，現在進行中の「グローバル化に対応した英語教育改革実施計画」に沿った「生徒の英語力向上推進プラン」を発表した。ここでも「4 技能」がキーワードとなっており，現在の中等教育における 4 技能の育成に課題があるとの認識のもとに，欧州評議会が作成した「ヨーロッパ言語共通参照枠（Common European Framework of Reference for Languages: CEFR）」に対応する形で英語教育の到達目標を提示した上で，4 技能を測る学力調査や入試改革を提案している。また，やはり上記の計画に沿った形で新学習指導要領の改訂作業も進んでおり，2016 年 8 月には「次期学習指導要領等に向けたこれまでの審議のまとめについて」が公表された。

　このような政策が前節で述べたような理念，あるいは思い込みに基づいて進められていることは容易に見て取れる。そして，その政策の組み立て方には，いくつかの大きな誤解があるようにも見受けられる。その中でもとくに大きな 3 つの誤解を次節以降で見ていくことにする。

## 第 3 節　誤解その 1──英語はグローバル言語である

　現在のところ，英語が世界でもっとも汎用性の高い言語であることは疑いようがない。英語が世界語，世界共通語，国際語などと呼ばれる所以でもある。しかしながら，言語が人間の思考やコミュニケーションを司る道具である以上，その運用能力の高低によってさまざまな力関係が発生する。英語は第一にイギリスの植民地支配によって，第二にアメリカの政治的・経済的・文化的影響力によって世界中に広まった言語であり，そもそもの言語的拡散の歴史からいってもさまざまな政治的イデオロギーと絡み付いた言語である。そして，英米は第二次世界大戦後も協力して戦略的に英語を世界に広めようとしてきた（Pennycook 1994, 1998; Phillipson 1992, 2009 を参照のこと）。とくに英語を最大の文化資源とするイギリスは，あの手この手の言語文化戦略を展開してきた。世界中が英語を使うようになれば，標準英語の教材・教員の需要が高まり，それだけでも相当な経済効果が見込めるからだ。イギリスの文化振興機関たるブリティッシュ・カウンシルによる「英語 2000 プロジェクト」は，英語の現状に関する

調査を元にその今後の世界的地位を予測することを主たる任務としているが（Graddol 1997を参照），このプロジェクトの後援者がチャールズ皇太子であることは，きわめて象徴的である。

　もちろん，イギリス人たちは「我が国原産のこの優れた言語をぜひ世界中の皆さんもお使いください」というあからさまな言い方はしない。ここが国の特産品の販売促進活動と違うところである。その代わり，旧植民地の学者が（多分に宗主国への恨みつらみを込めて）作ったWorld Englishesという理念もうまいこと取り込み，英語はもはや英米の文化的支配から解放された世界語である，という言い方をする。いくら世界語だからといって，それを学ぶために一番よく売れるのが自国の教材・教員・教育システムであることを知っているのである。

　イギリスの言語学者のデイヴィッド・クリスタルは，まさに'global language'としての英語の機能に触れ，世界共通語としての「標準口語英語」（World Standard Spoken English）が生まれるだろうと予言している（Crystal 1997, pp. 136-137）。一方で彼は弱小言語の衰退と消滅を憂え，それを防ぐため，弱小言語の話者たちに対して，母語と英語の二言語話者となることを勧めている（Crystal 2000）。それによって弱小言語の消失が加速する可能性などはまったく念頭になく，人類みな自分の母語と標準口語英語との二言語話者になれば地球上に理想的な言語状況が生まれる，とでも言わんばかりの，英語話者にとってじつに都合のいい二言語併用主義の論陣を張っているのである。クリスタルに大英帝国勲章が授与されていることも，きわめて象徴的である。

　要するに，英語がグローバル言語であるというのは作られた言説である。国際的な場面で英語を使用しようとすれば，その習熟度に応じて必然的に母語話者を頂点とする英語使用者の力関係のなかに身を投じることになる。同じ英語を学ぶにしても，それを了解した上で学ぶのか，先の言説を妄信して学ぶのかによって教育・学習のアプローチがまったく異なってくる。

## 第4節　誤解その2──英語は音声中心に学ぶべきである

　前節の最後で述べたアプローチのうち，英語がグローバル言語であるとの幻

想に基づくアプローチがまさに音声中心主義である。現在の英語教育行政がこのアプローチを取る裏には，主に2つの力学が働いている。

　1つ目は，英語に恋いこがれつつ，いつまで経ってもそれが使えるようにならない日本の大衆のルサンチマンである。日本人が英語習得を苦手とする理由はいくつか考えられる。日本語と英語が構造的にかけ離れた言語であること，日本が文化的に非言語コミュニケーションを重視すること，日本には英語を実用的に使用する状況があまり存在しないこと，翻訳文化が充実していること，などである。しかしながら，多くの日本人は，自分たちが英語を苦手とするのは学校教育が間違っていたからだと考えている。日本の英語教育が文法・訳読形式の教授・学習法を重視してきたことは長らく指摘されてきたとおりであり，おそらく事実であろう。その教授・学習法が失敗であった，日本の英語教育は間違っていた，学校が悪い，教師が悪い，大学入試が悪い，というのがそのルサンチマンを正当化する理屈になっている。

　そして，そのルサンチマンにさらに力を与えているのが，またしても英米から輸入された英語教授法である。日本では，すでに大正時代にハロルド・パーマーを中心として音声重視の英語教育改革が試みられ，その後も戦後に大流行したC. C. フリーズのオーラル・アプローチとそれに基づくパタン・プラクティス，昭和後期に輸入され，いまだに実践されているコミュニカティブ・アプローチ，その改良版たるフォーカス・オン・フォームをはじめ，日本で実践された（されている）英米産の音声中心英語教授法を挙げたらきりがない（斎藤2007参照）。しかしながら，日本において音声重視の英語教育を行うことに関しては，大きく分けて2つの大きな問題点がある。1つはイデオロギー的な問題であり，もう1つは技術的な問題である。

　1つ目の問題は，前節で論じた英米の言語文化戦略，あるいは英語帝国主義の問題と関係がある。これについては，英語教育学者の鳥飼玖美子と思想家の内田樹の対談（江利川ほか 2014, pp. 101-146）が問題の所在を的確に捉えているので，ここで引用したい。

鳥飼　内田さんがお書きになったものを読んでいて「うわー，そういうこと！」となったのは，宗主国は植民地の人間に対して必ずオーラル言語を学ばせるという指摘

です。「オーラルコミュニケーションをさせて，決して訳させない。あるいは，文法や読むということを教えない。なぜならば，宗主国の人間を上回っては困るから」という，あれはすごい話です。

内田　植民地支配の言語教育がオーラル中心になるのは政治的に当然のことなんです。うっかり読み書きを教えてしまうと，知的な若い子たちの中から教養的に植民地官僚を凌駕する人が出てきてしまうから。現地の子供がシェークスピアを読んでいて，植民地官僚がシェークスピアの名前も知らないという知的な逆転現象が起きるリスクがある。そしたら，支配者たちの知性のレベルがすぐにわかってしまう。（中略）翻訳というのは母語的な枠組みからどれだけ知性を解放できるか，その能力にかかわるわけですから，根本的な知力の指標なんです。母語的現実に存在しない他者の観念や感情に共感できる能力というのは，まさに「学ぶ力」そのものなんですから。でも，オーラル中心の教育においては，ネイティブの教員の知的優位性は絶対に崩れない。子供がどれほどコンテンツ的にすぐれたことを言っても，発音を直したり，「英語ではそういう言い方はしない」と言って相手を屈服させることができる。オーラルの言語教育をしている限り，宗主国民の知的アドバンテージは揺るぎません。

　文法・訳読を中心とした英語教育と翻訳という作業が明治期における日本の急速な近代化を支えたことを考えると，文法・訳読・翻訳からオーラル・コミュニケーションへの英語教育の方向転換が本当に日本の「グローバル化」に貢献しているのかどうか，いま一度疑ってみる必要がある。

　そして何より，音声を重視した英語教育の最大の問題点は，いつまで経っても効果が見られないということである。いくら英米の学者が文法・訳読式教授法を批判し，音声重視の教授法の利点を力説しても，少なくとも前者が日本の（すくなくとも一部の）学習者に効果があったのに対し，後者の明確な効果がいまだに確認されていないのだから仕方がない。逆に，斉田（2014）によれば，コミュニケーション中心主義の理念が教育現場に定着した1990年以降，日本の高校生の英語力，とくに読解力は落ちつづけているという。英語教育において音声的な側面の訓練も重要であることは言うを待たないが，それはあくまで勤勉な日本人が得意とする文法，読解，そして翻訳の学習とのバランスにおいて行われるべきである。

## 第5節　誤解その3——英語を多用すれば日本の大学はグローバル化する

　大学の「グローバル化」のために英語を多用すべきであるとの誤解も根深い。先述の「スーパーグローバル大学創成支援」事業の指定校が申請段階でどのような計画を立てているかを，日本学術振興会（2014）が公表している申請書で見てみると，たとえば「トップ型」に指定されたある大学は，「外国語による授業科目の割合を，大学院課程では現状の33％程度から，新しい教育システムが開始される平成28年度に50％，学年進行に伴って平成31年度には97％程度に引き上げるとともに，学部授業についても現状の3％程度を平成35年度には10％を目標に外国語化していく」と宣言し，さらに「大学院教育プログラムの完全英語化」を目指している。同じくトップ型の別の大学では，「最終的には英語による授業科目を約400科目に拡張」し，「教育研究指導を英語で行」って「全学的に英語（外国語）による授業科目を増やしていく計画」なのだと書いている。また，「グローバル化牽引型」に採択されたある大学は，「本学では開学当時より卒業単位に関わる全科目を英語で行ってきた［原文ママ］けれども，さらに「全科目，全授業（語学系科目等を除く）を英語で教えることにとどまらず，本学講義レベルの国際化を目指し，世界標準カリキュラムや世界標準にむけての科目調整を行う［原文ママ；「世界標準カリキュラム」以下が意味不明］」との方針を明らかにしている。ここで「外国語」と書かれているのが実質的に英語を意味することは明らかで，要するにこの事業においては，大学を英語化すると宣言した大学が「グローバル大学」として採択されていることになる。

　この事業の背景に「英語はグローバル言語である」という先述の誤解があることは容易に想像がつくが，とくに同事業の「トップ型」に採択された大学のいくつかは，国際ランキングでの地位の低下に悩まされている。とくに，2016年，それまでアジア1位の座にあった東京大学が7位になったことは大きな話題となり，日本の新聞各紙はこの「事件」を「東大が首位転落（陥落）」というような言葉でこぞって書き立てた。しかしながら，このアジア大学ランキングも，日本の大学を翻弄しつづけている一番有名な世界大学ランキングも，イ

ギリスの『タイムズ』社の傘下にある『タイムズ・ハイヤー・エデュケーション』誌が発表したものである。2016年9月21日に発表されたランキングの上位校を見てみよう。

1位　オックスフォード大学
2位　カリフォルニア工科大学
3位　スタンフォード大学
4位　ケンブリッジ大学
5位　マサチューセッツ工科大学
6位　ハーバード大学
7位　プリンストン大学
8位　インペリアル・カレッジ・ロンドン

1位から8位まですべて英米の大学であるのは一目瞭然であり，このランキングで東大は39位である。それでは，問題のアジア大学ランキングはどうなっているのか。

1位　シンガポール国立大
2位　南洋工科大（シンガポール）
2位　北京大
4位　香港大
5位　清華大
6位　香港科技大
7位　東京大

これまでアジア1位の座にあった東大を抜いたのがどこの大学かを見てみると，シンガポール，中国，そして後者の特別行政区たる香港である。中国の大学がなぜ上位に来たかについては，たしかに冷静に分析してみる必要がある。しかしながら，シンガポールと香港についてはイギリスの旧植民地である。イギリスの価値観と教育制度が深く植え付けられた国の大学がイギリスの評価機関によって高い評価を得るのは当然であり，『タイムズ』がイギリスの保守系の新聞であることを考えると，このランキングもイギリスの言語文化戦略と軌

を一にするものと考えることができる。

「スーパーグローバル大学創成支援」事業については，まだ始まったばかりであり，今後もその成り行きを見守っていく必要がある。しかしながら，概論的に言って，大学の「グローバル化」には，それが実質的には英語化であるという以外にも，以下のような重大な問題がある。

・教養教育の弱体化：英語以外の語学が軽視され，それを礎としてきた教養教育が貧弱なものになる。
・教育・研究効率の低下：教員，学生，研究員が母語（日本では基本的に日本語）以外の言語でやり取りすれば，当然ながら授業や研究に支障が出る。
・採用人事における評価の偏り：教員の採用人事において英語力が評価され，逆に教育・研究力が軽視される。
・歪んだ大学像の発信：本来大学が得意としてきた部門でなく，英語化が進んだ部門だけが大学の顔として世界に発信される。

これらの問題については，斎藤ほか（2016）中の拙稿でも論じたので，くわしくはそちらを参照していただきたい。

## 第6節　日本を英語化することの危険性

いままでの節で見たような誤解に基づく「グローバル政策」を続けていくと，必然的に日本は落とし穴にはまることになる。ごく簡単に言えば，英語化が成功してしまった場合，日本は英米の文化的植民地となり，「宗主国」に絶対に勝てない二流国に成り下がる。この場合の筋書きは，施（2015）がきわめて的確に指摘しているので，そちらを参照されたい。

そこまでの筋書きを突き詰めるまでもなく，現在の日本において英語推進論を唱える人のほとんどが英語の専門家でないことを考えると，現在の日本英語化政策はそこに至るまえにあちらこちらで小さな落とし穴にはまりつつあるようである。その何よりの証左として，いままでのところ明確な効果が何一つ報告されていないことが挙げられる。

たとえば，イマージョン教育と称して初等教育からほとんどの教科を英語で教える学校や国際バカロレア認定校が日本各地で作られている。中には，20

年以上もイマージョン教育を続けている学校もある。高等教育においても、国際教養大学をはじめ、主として英語で授業を行う大学、学部、プログラムが増えている。はたしてそのような教育を行っている機関は、続々と「グローバル人材」を輩出しているのか。あるいは、そのような教育機関において行なわれている教育は、基本的にバイリンガル教育と呼ばれるものだが、それが育成する人材としてのモデルになるような人間はいったい誰なのか。さらに言えば、日本語も英語も中途半端に使用する（帰国子女にありがちな）セミリンガルではなく、両言語とも完璧に使いこなして活躍している日本人はどこにいるのか。そのような問いを立ててみれば、現行のバイリンガル政策が、目標も定まらぬまま暗中模索を続けていることが見えてくる。

　小学校の外国語活動にしても同様で、授業を担当する日本人教員のほとんどは高度な英語の運用能力を身につけていない。教員が身につけていない言語の運用能力をどのように子供に身につけさせようというのか。ピアノが弾けない教員の指導によって、ピアノが弾ける子供が育つのだろうか。百歩譲って、現在の小学校における外国語活動が英語の運用能力ではなく「コミュニケーション能力」を身につけさせるものであることを了解したとして、ほとんどの活動事例に見られるとおり、児童たちが教室ピジンとも言える破調の英語で歌やゲームを中心とした音声中心の活動を行い、教師が彼らの「笑顔」や「元気な声」や「アイ・コンタクト」をほめることが、本当にその能力の育成になっているのだろうか。下手をすると、外国語活動の導入によって「コミュニケーション能力」の育成すらままならず、逆にその犠牲となった他教科の学力低下を引き起こす危険性があり、小学校における英語の教科化はその危険性をさらに増大させるだろう。

## 第7節　学理に基づく「ポスト・グローバル」教育の再構築の必要性

　ここで明るい方向に目を転じると、政財界主導の言語・教育政策を学理的に見直そうという機運が高まってきているように見受けられる。その1つの現れとしては、日本学術会議が2016年11月4日に発表した提言（言語文学委員会・文化の邂逅と言語分科会の審議結果）がある。政財界主導で進められてきた先述

の政策の再考を促しつつ，(1) 非母語としての英語という視点の共有，(2) 英語で行うことを基本としない英語教育への変更，(3) 文字の活用，書きことばの活用を提案している。これは英語教育のあり方に特化した提言ではあるが，今後，英語教育と「グローバル教育」とを連動させる政策への学理的な見直しにもつながっていくことが期待できる。

　また，世界情勢に目を転じると，2016年になって，「グローバル人材育成」を目指す日本の英語教育政策に影響を与えそうな状況が生まれた。注目すべきは，これまで世界のグローバル化に乗じて英語を広めようとしてきた英米の動きである。両国ともにこれまでの態度を改め，グローバル化に背を向けようとしているように見受けられる。1つはイギリスのEU離脱を決定づける国民投票，もう1つはトランプ新大統領候補の誕生であり，いずれも二者択一の選択が下馬評を裏切った。イギリスがEUを離脱すれば，EU加盟国の中から英語を国語とする国が消え（アイルランドの国語は「アイルランド語［＝ゲール語］」であることに注意），英語は，当面「作業言語」として残るとしても，その公用語ですらなくなる可能性がある。

　このような状況のなかで，イデオロギーや幻想に促されて後戻りの利かない英語化を推進するのは得策ではない。むしろこれからの時代に必要になってくるのは，地球規模で日々変化する世界情勢を冷静に見極め，それに柔軟に対応する能力であり，それを育成するための教育である。そのためには，もっとも精緻なる思考と意思伝達を可能ならしめる母語の教育が最重要となってくる。その上で，子供たちが英語はもちろん，いくつかの外国語を学び，その裏にある文化や社会を相対的に，そしてメタ的に観察し，分析する力を育成するような形で教育を学理的に再構築する必要がある。そのような教育の具体的な方法については，また機会を改めて論じることにしたい。

**参考文献**

江利川春雄・斎藤兆史・鳥飼玖美子・大津由紀雄（2014）『学校英語教育は何のため？』ひつじ書房

斉田智里（2014）『英語学力の経年変化に関する研究』風間書房

斎藤兆史（2007）『日本人と英語――もうひとつの英語百年史』研究社

斎藤兆史 (2017)『英語襲来と日本人――今なお続く苦悶と狂乱』中央公論新社
斎藤兆史・鳥飼玖美子・大津由紀雄・江利川春雄 (2016)『「グローバル人材育成」の英語教育を問う』ひつじ書房
施光恒 (2015)『英語化は愚民化――日本の国力が地に落ちる』集英社
日本学術会議 (2016)「ことばに対する能動的態度を育てる取り組み――初等中等教育における英語教育の発展のために」(http://www.scj.go.jp/ja/info/kohyo/pdf/kohyo-23-t236.pdf)［アクセス日：2016年11月4日］
日本学術振興会 (2014)「スーパーグローバル大学創成支援審査結果」(http://www.jsps.go.jp/j-sgu/h26_kekka_saitaku.html)［アクセス日：2016年4月23日］.

Crystal, D. (1997). *English as a Global Language*, Cambridge: Cambridge University Press.
Crystal, D. (2000). *Language Death*, Cambridge: Cambridge University Press.
Graddol, D. (1997). *The Future of English?* The British Council.
Pennycook, A. (1994). *The Cultural Politics of English as an International Language*. London: Longman.
Pennycook, A. (1998). *English and the Discourses of Colonialism*. London: Routledge.
Phillipson, R. (1992). *Linguistic Imperialism*. Oxford: Oxford University Press.
Phillipson, R. (2009). *Linguistic Imperialism Continued*. New York: Routledge.

# 4　日本における移民・難民の子どもたちに対する教育保障

髙橋史子

## 第1節　移民・難民の子どもたちという視点からみる教育保障

　本章では，日本において移民・難民の子どもたちに対する教育が，機会と成果の両面においてどの程度保障／保証されているのか（いないのか）を検討課題とする。まず，本節では，日本における移民・難民の子どもたちに関連する基本的な用語やデータを概観し，移民・難民の子どもたちの教育という観点からみると，教育機会・成果の保障，教育の保証とは何を意味するのかをまとめる。

### 1-1　日本における移民・難民の子どもたちと教育
　本章で用いる日本の「移民・難民」という言葉について，まず説明したい。厳密に言えば，日本は移民を受け入れている国ではないので「移民」と呼ぶことは正確でない。しかし，海外からさまざまな理由で日本にやってきて住んでいる人は非常に多く，そのような人々とその子どもたちを本章では「移民・難民」と呼ぶことにする。ただ，日本の「移民」や「難民」と一口に言ってもその内実は非常に多様で複雑である。国籍・エスニシティ・言語・文化・出身国・両親の出身国・渡日経緯・日本生まれかどうか・社会経済的背景・滞在年数・世代（移民2世・3世……）など，人それぞれに状況はさまざまである。日本の移民研究においては，いわゆる在日コリアンと呼ばれる人々をオールドカマー，1970年代以降のインドシナ難民および90年の入管法改訂以降に主に就労目的で来日した日系ブラジル人などをニューカマーと呼んできたが，本章ではさまざまな歴史的背景や渡日経緯を持つ海外から日本への移住者を「移民」

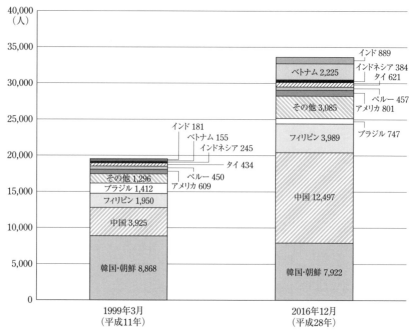

**図 4-1　川崎市の外国籍住民の国籍別割合**
(神奈川県川崎市教育委員会「ともに生きる（10 版）2009 年 3 月」「ともに生きる（18 版）2017 年 3 月」を基に作成)

と総称することにする。

　古くから在日コリアンが多く住んできた地域では，もともと日本人住民にとっての「他者」性は在日コリアンの人々により認識されることが多かったが，ニューカマーの流入により外国籍住民の国籍が多様化し，「他者」の定義が変容していることが指摘されている（Tsuneyoshi et al. 2017）。例えば，古くから在日コリアンが多く居住し，1990 年以降さまざまな国籍の外国籍住民が多く居住することで知られる神奈川県川崎市の 1999 年と 2016 年の外国人住民の国籍別人口をみると（図4-1），99 年には外国籍住民の 4 割以上を占めていた韓国・朝鮮籍人口が 16 年には 2 割ほどに減っている。中国籍人口が 3 倍以上，フィリピンとスリランカ国籍人口がともに 2 倍，インド国籍が 5 倍，ベトナム国籍が 14 倍に拡大しており，外国籍住民人口は全体数が増えただけでなく，

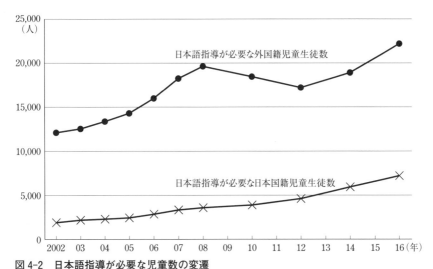

図 4-2　日本語指導が必要な児童数の変遷
(文部科学省「日本語指導が必要な児童生徒の受入状況等に関する調査」に基づき作成。ただし，2009, 2011, 2013, 2015 年度は調査が実施されていない)

出身国の多様化が進んでいることがみてとれる。

　他方，日本人の文化的・言語的背景の多様化も指摘できる。ここでは，特に小学校児童に絞って，日本人の多様化についてみてみよう。図 4-2 は，文部科学省が 2002 年より行っている調査に基づいて，日本語指導が必要な外国籍児童数と日本国籍児童数の変遷を示したものである。日本語指導が必要な外国籍児童数は，リーマンショック（2008 年）と東日本大震災（2011 年）の頃に減少していることを除き，基本的に増加傾向にある。また，日本国籍で日本語指導が必要な児童数は，調査開始時から一貫して増加傾向にある。さらに，日本語指導が必要とされる日本国籍児童のうち，海外からの帰国児童（いわゆる帰国子女）の割合を示した図 4-3（次頁）をみると，帰国児童の割合は減少傾向にあることがわかる。すなわち，両親が外国から日本にやって来た後，帰化した家庭あるいは片方の親が日本国籍である家庭の子どもで日本語以外の言語を第一言語とする子どもが増えているということが推察できる。

　ここまで国内の外国籍人口の多様化および日本人の多様化の一端をデータを

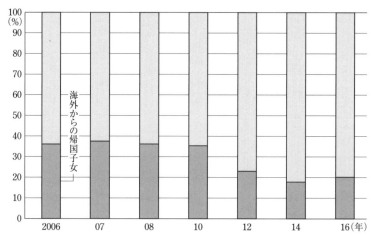

図4-3 日本語指導が必要な日本国籍児童に占める海外からの帰国児童の割合
（文部科学省「日本語指導が必要な児童生徒の受入状況等に関する調査」に基づき作成。ただし、2009, 2011, 2013, 2015 年度は調査が実施されていない）

基に見てきた。それでは、現在の公立学校に通う子どもたちの国籍や言語的背景はどのようになっているだろうか。表4-1 に示すとおり、2016 年時点で日本の公立小学校に通う外国籍児童は 4 万 9093 人、中学校生徒は 2 万 0686 人である[注1]。そのうち小学校ではおよそ 45％（2 万 2156 人）、中学校では 42％（8792 人）の児童生徒が日本語指導の必要があると判断されている[注2]。小学校・中学校ともにポルトガル語または中国語を第一言語とする者がそのうちの約半分を占める。日本国籍で日本語指導を必要とする児童は 7250 人、中学校生徒数は 1803 人であり、いずれも約 3 割はフィリピノ語を第一言語としている[注3]。

　日本に住むいわゆる「移民・難民」の子どもたちの中には、エスニックスクールやインターナショナルスクールに通う子どもたちも少なくない。ただし、本章では公立の小中学校に通う子どもたちを対象とする。しかし、それはエスニックスクールやインターナショナルスクール等の議論が重要でないということではない。いわゆる「一条校」以外の学校を含めた教育保障の議論は重要であるが、紙幅の都合上、今後の検討課題としたい。

表 4-1 公立小学校・中学校に通う外国籍児童生徒数および日本語指導が必要な児童生徒数（平成 28 年度）

| | 外国籍児童生徒 | | | | 日本国籍児童生徒 | | | |
|---|---|---|---|---|---|---|---|---|
| | 小学校 | （%） | 中学校 | （%） | | 小学校 | （%） | 中学校 | （%） |
| 総数 | 49,093 | | 20,686 | | 総数 | 6,483,515 | | 3,406,029 | |
| 日本語指導が必要な児童生徒 | 22,156 | (45.1) | 8,792 | (42.5) | 日本語指導が必要な児童生徒 | 7,250 | (0.11) | 1,803 | (0.05) |
| （第一言語別） | | | | | （第一言語別） | | | | |
| | | | | | 日本語 | 981 | (13.5) | 171 | (9.5) |
| ポルトガル語 | 6,037 | (27.2) | 2,184 | (24.8) | ポルトガル語 | 389 | (5.4) | 129 | (7.2) |
| 中国語 | 4,747 | (21.4) | 2,363 | (26.9) | 中国語 | 1,534 | (21.2) | 406 | (22.5) |
| フィリピノ語 | 3,805 | (17.2) | 1,659 | (18.9) | フィリピノ語 | 2,292 | (31.6) | 593 | (32.9) |
| スペイン語 | 2,477 | (11.2) | 874 | (9.9) | スペイン語 | 311 | (4.3) | 92 | (5.1) |
| ベトナム語 | 1,056 | (4.8) | 384 | (4.4) | ベトナム語 | 101 | (1.4) | 21 | (1.2) |
| 英語 | 727 | (3.2) | 163 | (1.9) | 英語 | 797 | (11.0) | 184 | (10.2) |
| 韓国・朝鮮語 | 360 | (1.6) | 204 | (2.3) | 韓国・朝鮮語 | 125 | (1.7) | 50 | (2.8) |
| その他の言語 | 2,947 | (13.3) | 961 | (10.9) | その他の言語 | 720 | (9.9) | 157 | (8.7) |

（文部科学省 学校基本調査（平成 28 年度），日本語指導が必要な児童生徒の受入状況等に関する調査（平成 28 年度）より作成）

### 1-2 教育の保障——機会・成果と質

それでは，移民・難民の教育という観点から「教育の保障」という言葉が何を意味するのかについて，教育の機会・成果という2つの側面に分けてみてゆきたい。

①**教育機会の平等保障に関する3つの解釈** 大桃（2016）は，ケネス・ハウの教育機会の平等保障に関する3つの解釈（形式論的解釈・補償論的解釈・参加論的解

釈）(Howe 1997／邦訳 2004）を引きながら日本における教育機会の平等保障について論じている。形式論的解釈とは，端的に言えば，制度的な教育機会の付与，補償論的解釈とは個人の不利な状況の除去，参加論的解釈とはどのような教育機会を提供するかについての決定過程に参加することである（Howe 1997 ＝邦訳 2004）。大桃（2016）は，日本において，形式論的解釈による平等は，人種や性別，門地など本人に帰せられない属性や要因によって，教育の機会が閉ざされてはならないことを定める教育基本法第4条第1項により，また，補償論的解釈による平等は奨学金に関する措置（同法第4条第3項）や障害のある子どもの就学支援（2006年改正の同第2項）により達成が目指されている（大桃 2016, p. 104）と述べている。他方，特定の価値に基づいた教育が行われている場合，このように形式論的解釈・補償論的解釈に基づく教育機会の平等を促進しようとすることじたいが，特定の価値への同化機能を持つという点も指摘し，「アメリカにおいて，教育内容や学校文化が男性や WASP 的価値に偏っているというジェンダー論的・多文化主義的批判がなされたように，日本でも補償と同化の問題が重要」（大桃 2016, p. 104）課題であり，日本の文脈に即した参加論的解釈の検討が重要であると述べている（大桃 2016, p. 104）。

　以上の議論を踏まえると，教育機会の平等に関する3つの解釈に沿って日本に住む移民・難民の子どもの教育について考えるということは，すなわち，(1)国籍・民族・言語など子どもの文化的背景にかかわらず，教育を受ける権利に制度上の障壁がないかどうか（形式論的解釈），(2) 経済的事情や日本に住むエスニックマイノリティであるということが生み出す社会的な軋轢が子どもの就学を妨げていないかどうか，適切な就学支援が行われているかどうか（補償論的解釈），(3) 学ぶべきとされる「知識」や身につけるべきとされる「スキル」が民族的・文化的マジョリティによってのみ決定され，それらの「知識」や「スキル」が依拠する価値観や文化がマジョリティ独自のものに偏っていないかどうか，決定過程に民族・文化的多様性は反映されているか（参加論的解釈），を問うということになる。

　**②教育成果の保証・教育の質とは何か**　一方で，教育の質保証とは，教育成果の保証が重視されるのに伴って，一定水準を達成する教育の質が教育サービスの提供者に求められるようになったことを意味する。日本では，2005年以降の

中教審答申や教育振興計画に教育成果の保証や教育の質という概念が登場し，近年重要視されている（大桃 2016, p. 101）。

このような教育成果の保証や教育の質という問題を，日本に住む移民・難民の子どもたちの教育に引きつけて考えると，言語や民族的背景などによらず，すべての子どもたちが一定程度の学力を身につけているかどうか，また，一定程度の学力を身につけるための質の高い教育を受けているかどうかを問うことになる。

以上を踏まえ，次節では日本社会において移民・難民の子どもたちの教育の機会がどの程度保障されているか，第3節では教育の成果はどの程度保証されているかという問題を考察する。

## 第2節　日本の移民・難民の子どもたちに対する教育機会の保障

ここでは，ケネス・ハウの教育機会の平等保障に関する3つの解釈にそって，日本の移民・難民の子どもたちの教育機会の平等がどの程度保障されているのかについて考えていく。

### 2-1　形式論的解釈

まず，日本では移民・難民の子どもが教育を受ける権利は制度上，保障されているのだろうか。

日本では憲法や教育基本法において，教育を受ける権利を国民固有の権利・義務としてきた（佐久間 2005）。したがって，外国籍の子どもはこの対象に入らない。国際結婚や帰化により日本国籍を取得している場合を除き，多くの移民・難民の子どもは制度上，教育機会を保障されていないことになる。国際的に見れば，先進国において教育を受ける権利を「国民」に限っている国は稀であり（佐久間 2006），国籍を問わず教育を受ける権利は基本的人権，もしくは子どもの権利として認められている場合が多い。こうした国際的な流れがある一方で，日本で外国籍の子どもの教育を受ける権利が保障されてこなかったことの背景の1つには，戦後，在日朝鮮人の児童・生徒に教育の権利を与えず，教育を「恩恵的なもの」とする認識があったからだと指摘されている（佐久間

2005；小島 2016)。

　日本国籍の保護者には就学通知を送付するが，外国籍の保護者に通知を出す義務はなく，就学案内の方法は自治体に任されている（小島 2016)。移民・難民の子どもの就学支援の取り組みを先駆的に進める自治体と充分に行わない自治体との格差を生じさせやすく，不充分な支援は不就学や学力・進学問題の構造的な要因の1つにもなっている。

### 2-2　補償論的解釈

　次に，移民・難民にとって補償論的解釈による教育機会の平等がどの程度保障されているかを考えていこう。形式論的解釈が子どもたちに対する制度的な障壁を取り払い，画一的・均等に教育機会を提供することであるとすれば，補償論的解釈は，画一的・均等であるが故に対応しきれないニーズに対応し，就学を可能にする支援と言えるだろう。

　**移民や難民の子どもたちの不就学**　これまでに移民・難民の子どもたちの不就学に関する全国的な調査はない。特定地域で行われた不就学の実態を把握するための調査結果は以下のとおりである。ここにとりあげる調査結果は，移民・難民の中でも特に外国籍の子どもたちのものである。

　1998-99年に行われた愛知県豊橋市の調査では，外国人登録のある子どものうち，小学校段階で25.0％，中学校段階で45.5％が不就学であった。また，2001年，豊田市では不就学率が12.2％だった（太田・坪谷 2005)。2003年から05年にかけて岐阜県可児市で3回にわたって行われた調査では，外国人の不就学率が，4.2％，7.2％，6.8％であり，子どもの国籍はブラジル・フィリピン・韓国・朝鮮・インドであった（小島 2016)[注4]。さらに他の調査では，ある自治体で2004年度の就学案内を外国人児童296人に発送し，申し込みの申請があったのは107人（およそ36％）だったという報告もある（佐久間 2006, pp. 63-64，ただし，割合は筆者が算出)。

　文部科学省は2005年度・06年度に，南米出身の日系人等の「ニューカマー」が多く住む自治体1県11市において，「外国人の子どもの不就学実態調査」を行った。その結果，義務教育の就学年齢にあたる者のうちの1.1％が公

立学校・外国人学校等のいずれにも就学していないことがわかった[注5]。ただし、転居・出向等何らかの事情により連絡がとれなかった者が21.5%おり、永吉・中室（2012）はこの中に不就学者が相当程度含まれていると推察している。

各調査結果は対象となる地域やエスニックグループが異なり、また帰国や転居により正確に情報を把握することが難しいため、結果には大きなばらつきがある。しかし、日本国籍の子どもたちの不就学率がおよそ0.1%であることと比べて、外国籍の児童・生徒の不就学の割合がかなり高いことは少なくとも予想できる。

それでは、外国籍の子どもたちの不就学の背景には一体どのような事情があるのだろうか。佐久間（2006）や小島（2016）によれば、外国人児童・生徒の不就学の背景として、(1)本人の学習意欲の欠如によるもの、(2)経済的貧困、(3)きょうだいの世話や家事、(4)いじめなどの人間関係、(5)日本語指導や受け入れ態勢の不備で授業についていけず、学校が面白くなくて行かなくなる場合、(6)情報不足、(7)構造化された不就学（後述）、が指摘されている。このような状況を踏まえ、現在、日本全国でさまざまな外国人支援団体・NPOが就学・進学支援、高卒認定資格の取得支援などの取り組みを行っているという。また、一部地域では、出身国での教育経験が日本の義務教育年数（9年）に足りていない場合や15歳以上で義務教育を終了していない場合の受け入れ先として、中学校の夜間学級という選択肢を設けている。東京都の夜間中学校研究会で行われた2011年の調査によると、413名の外国人および帰国者等が在籍し、第一言語の数は20以上にも及ぶという（川村 2013）。

このようなNPOや自治体・学校による支援の一方で忘れてはならないのは、教員個人による支援である。筆者はこれまでの調査において、移民・難民の子どもたちに対して献身的に関わっている多くの教員の方々のお話しをうかがってきた。それは単に学習指導や進路相談に限らず、生徒指導もあれば、日常的な話し相手になることもあり、また特に経済的事情や家庭の事情により朝食を食べていない子どもたちに対しては食べさせるということも含まれていた（Tokunaga, Nukaga, & Takahashi 2018）。

移民・難民の子どもたちの就学支援の取り組みは確かに存在するが、先述の高い不就学率をみると、さらなる支援が必要であることが指摘できる。佐久間

(2006)は,「日本の教育界には,外国人児童・生徒を本人の意思とかかわらないところで不就学に導く「構造」が存在している」(佐久間 2006, p. 70)と述べている。その「構造」には,外国人の子どもの就学を義務としていない制度と,それを背景とした学校・自治体への支援不足が含まれるだろう。制度上,外国人の子どもの教育が義務とされていないという事態が,一部の自治体や学校による支援を制限し,教員個人に負担が偏ったり,地域ボランティアやNPO等の学校外の支援に頼ったりせざるを得ないという結果を生み出していると考えられる。ボランティアやNPOに頼る支援はもちろん重要である。しかし,地域の実情にあわせて対処する自治体や学校を支える仕組みを充実させなければ,資金面や運営面での安定性に欠けることは否めず,また教員個人の支援は時間や体力等の面でそれを可能にする人が限られてしまう点で持続可能性が低いと言える。

### 2-3 参加論的解釈

参加論的解釈による教育機会の平等とは,何を学ぶべき「知識」とし,何を習得すべき「スキル」とするかという教育内容の決定過程に誰が参加しているか,という観点からその教育機会が多様な人々にとって平等なものであるか,を問う考え方である。

教育社会学ではカリキュラムの形成過程を政治過程と捉えてきた。カリキュラムをその時代・その社会の支配的なイデオロギーが反映されているものと考え,学校内で行われる教育活動がカリキュラムの内容に知識としての正当性を与えるという見方をとる(Apple 2004, 2013)。また,教育のさまざまな側面で人種・民族・社会階層・ジェンダー的観点から平等が推進されることを目標としている多文化教育のアプローチの中には,潜在的な見方や文化的バイアスなどが知識構築過程に影響を与えているということを生徒に理解させるアプローチや,教員がさまざまな文化に沿った例や内容を使いながら基本的概念や原則・理論等を教えるというアプローチがある(Banks 2004)。

こうした議論を踏まえ,日本の学習指導要領で定められるカリキュラムの形成過程に移民・難民が参加しているか,あるいは文化的多様性が反映されているかを考えると,これまではほとんど考えられてきていないと言えるだろう。

教科書の内容，またそれを説明するための例，描かれている人や物のイラスト等，また教える側にマイノリティ教員がいるかどうか，のいずれの点においても国内の民族的・文化的多様性はほぼ反映されていないと言える。ただし，総合学習や特別活動，課外活動などでは，人権教育や多文化共生教育の取り組みを通じて，文化的差異により生じる生活上・教育上の困難に対する理解が目指されている場合があり，これらの積極的な取り組みは参加論的解釈による教育機会の平等を目指すものと言ってもよいだろう。

それでは，少し問いをずらして，現行の日本のカリキュラムを学ぶことは移民・難民の子どもたちにとって，どの程度平等な教育となっているだろうか。

移民・難民の子どもにとって，日本語を学び，日本のカリキュラム（特に社会・歴史などの知識）のみを学ぶということは，現在の日本の教育システムで進学し，就職していくために必要なことであり，日本社会における地位達成に必要な資源獲得の機会という意味で「平等」と言える。一方で，家庭内の言語や習慣・文化からすれば日本のカリキュラムは馴染みのないものであり，民族的・文化的マイノリティである移民・難民の子どもにとってはしばしば理解・習得が難しいものである。つまり，日本において現行のカリキュラムを学習することは，マイノリティにとって日本社会での資源の獲得機会（平等の促進）であると同時に，文化的な同化の過程でもある。

さらに，移民・難民の家庭では日本が最終目的地ではなく他の国にさらに移住することがあったり，また出身国やその他親戚等のいる国に移住する可能性があったりするなど，移動の可能性が高い。そのような家庭および子どもにとって，日本語能力は（英語などの国際公用語能力と比べて）国際的な進学や就職のための資源としての魅力は低く，子どもが日本語学習に対するモチベーションを保ちにくかったり，教師が長期的な教育方針を持ちづらかったりするという難しさがある。

今後，文化的多様性を考慮・反映したカリキュラム開発や指導法，教育システムの構築が重要であり，また第一言語や家庭の文化，国際的な移動可能性を理解した教育支援の在り方についての議論も重要であろう。

## 第3節　日本の移民・難民の子どもたちに対する教育の質保証

ここでは，移民・難民の子どもにとって教育の質がどの程度保証されているかについて，学力や進学状況に関するこれまでの研究を基に考察する。

### 3-1　学　力

永吉・中室（2012）は，2006年のPISAデータを用いて，移民の子どもの学力（数学・文章読解・科学）がマジョリティの子どもの学力を下回っていることを指摘し，調査対象者の数は少ないものの，特に移民の子どものなかに出身階層による顕著な学力格差があることを示している。

### 3-2　日本語能力

また，外国人集住都市会議によれば，2012年3月に公立中学校を卒業した外国人生徒（家庭内の言語が日本語以外の者）を対象に行った調査で，中学3年時の日本語能力について49.9%の生徒が「通常授業が理解できない」と報告されている[注6]。同様に，高校進学した外国人生徒について，「通常授業の理解に課題」がある生徒が45.2%（全日制で34.1%，定時制で66.4%）という結果であった（外国人集住都市会議 2013）。

ただし，移民・難民の子どもにとって日本語能力を直ちに「学力」に含めることは難しい。第一言語で問題が出されれば答えられる，あるいは第一言語では作文ができるが，日本語では解けない，作文が書けないということはよくあることである。算数や数学の問題では，計算はできるが文章題の意味がわからないため答えられないということもある。本人の知識や思考力はある水準を超えていても，それを表現する術（ここでは日本語）を持たないため，学校の試験や受験では評価を受けにくいという場合がある。しかし，日本語能力が高い者ほど，日本の教育システムでは，「学力」が高いと評価されることは事実であり，また日本国内の就職でも日本語能力が高い方が有利となる場合が多いのも事実である。

### 3-3 進学率

永吉・中室（2012）はそれまでの調査・研究を取りまとめた上で，一部の地域では高校進学率における日本人と移民の子どもの格差が徐々に改善してきているが，一方で，高校卒業や進学を可能とする学力の格差・経済的条件等の格差は依然として存在し，移民の子どもの教育達成が困難であると述べている[注7]。

その後の調査についてみると，外国人が多く在住する都市に限定されたデータではあるが，2012年に公立中学から高校や専門・専修学校等へ進学した者の割合は82.7％であった（外国人集住都市会議 2013）。また，静岡県のブラジル人と浜松市の南米出身者を対象に行われた調査では，ブラジル人の高校進学率は71％であった（Takenoshita et al. 2014）。日本国籍の生徒の高校進学率がほぼ100％であることを踏まえると，外国籍の生徒の高校進学率は低いと言わざるをえない。

以上を総じて考えると，日本語能力を含め現行のカリキュラムに則った学力・進学率については日本人生徒と外国人生徒には大きな差があり，教育成果の平等は充分に保証されていない状況にある。地方自治体や学校，地域のNPOやボランティア団体などによりさまざまな取り組みがなされているが，そのような教育支援が周りに存在するかどうか，支援を受けることができるかできないかの差は大きく，学力向上や教育達成に必要な資源獲得に格差が生じていることも指摘でき，一定程度の教育成果を出すための教育の質が保証されているとは言い難い。

## 第4節　新しい「学力」観と教育の平等——今後の課題

最後に，第3節でまとめた学力や進学率に関連して，近年の新しい能力観の与える影響と研究課題について述べた上で，日本の移民・難民の子どもたちに対する教育保障に向けた今後の課題と意義についてまとめ，本章の結びとしたい。

### 4-1　新しい「学力」観

　新しい課題として，OECDによるキー・コンピテンシーにみられるような新しい「能力」観の導入が移民・難民の子どもたちの「学力」評価および選抜にどのような影響を与えるのかという視点も重要である。

　まずは，移民・難民に限らず，「多様な資質や能力の何を評価の対象とし評価の結果をどのように用いるのか，評価は人間の内面の形成にどこまで及びうるのかについて，慎重な検討が必要となる」（大桃 2016, p. 124）という点である。例えば，コミュニケーション「能力」とは，どこからが「能力」でどこからが「人格・性格」と呼べるものだろうか。それまで「人格・性格」と呼んでいたものを「能力」や「スキル」と呼ぶようになったとき，それは何を意味するのだろうか。その背景にはどのような社会の変化があるのだろうか。この問いに答えるには多くの研究が必要であるが，現時点で推察できるのは，「能力」や「スキル」と呼ぶことですべての人がそれを「伸ばすことができるもの」「伸ばすべきもの」という前提を与えられるということである。「人格・性格」について「個性」と捉えず，「能力・スキル」と捉えるようになることで，多様な個性が評価や序列化の対象となり肯定的に捉えられにくくなることはないだろうか。

　次に，評価される「コミュニケーション能力」や「協働性」が果たして文化的多様性を反映できるのかどうか，という点である。特に日本の学校文化は集団的な規律を重視する傾向にあるが，移民・難民の子どもたちにも公の場では集団重視の文化に適応することを期待する傾向にある（高橋 2016）。このような社会や学校では，「コミュニケーション能力」や「協働性」の解釈が極めて集団主義的なものになり，非認知的スキルを重視する「能力」観が文化的な同化を正当化する役割を果たしてしまう可能性がある。

　このように，非認知的スキルの重視が，移民や難民というエスニックマイノリティの「学力」評価および選抜にどのような影響を与えるかは，今後実証的に検討すべき課題である。

4-2　日本における移民・難民の子どもたちに対する教育保障
　　──根本的な受け入れ策の必要性

　本章では，日本の移民・難民の子どもにとって教育はどの程度保障されているか，について教育機会と成果の両面から考察した。

　日本における移民・難民の子どもの教育機会については，制度的には在日韓国・朝鮮の人々への差別的な施策が，1970年代以降に増えたいわゆる「ニューカマー」の子どもたちの施策にも影響を残しており，「日本人」を対象とする憲法・教育基本法では「外国人」の子どもに対する教育義務が保護者に発生していないと解釈され，「日本人」と「外国人」の間に形式論的な平等が保障されていない。そして，こうした制度的な不平等も手伝って移民・難民の子どもの不就学率は日本人のそれと比べて極めて高い。就学支援のさまざまな取り組みが自治体・学校・教員個人・NPO等により行われている一方で，より制度的・構造的に移民・難民の子どもの不就学を減らす対策を考えなければ，教育機会の保障はなされないと言える。さらに今後は，多文化を反映したカリキュラムや教育システム作り，そしてその作成過程に移民・難民の人々が参加することが重要である。

　また，移民・難民の子どもの教育成果については，いわゆる「日本人」マジョリティの生徒と移民・難民の生徒との間には同程度の教育の成果が保証されておらず，平等な質の教育が与えられているとは言えないことがわかった。

　移民・難民の子どもの教育機会の平等促進は，成果と質の平等を促進するものである。国内の民族的・文化的多様化にともなって，民族・文化による学力格差を生じさせず，一定水準の学力を保証していくことは社会的公正の実現であるだけでなく，国内の民族・文化による階層化や格差の拡大，ひいては社会の不安定化を避けることにもつながる重要な課題である。日本では正式な受け入れを行っていない「移民」であるが，民族・文化による階層化が見えにくくされたまま進んでしまうことを避けるためにも，根本的な受け入れ策の導入が必要ではないだろうか。

［注1］文部科学省「学校基本調査（平成28年度）」
［注2］文部科学省「日本語指導が必要な児童生徒の受入状況等に関する調査（平成

28年度」
［注3］文部科学省「日本語指導が必要な児童生徒の受入状況等に関する調査（平成28年度」
［注4］ただし，この可児市の調査では，「不就学」に途中退学や30日間以上の欠席，一条校や外国人学校以外の託児所や私塾に通う場合も含まれている。不就学の子どもの多くは就労していることもわかったという（小島 2016）。
［注5］南米系日系人集住地域の調査結果であり，この結果を直ちに日本全国に一般化することはできない。さらに，「不登校」もこの数字には含まれていないことに注意すべきである。自治体別のデータや不就学の理由等の詳細は，文部科学省のウェブサイトを参照。
［注6］外国人集住都市会議の会員都市は29都市で，韓国・朝鮮籍の特別永住者を除き「家庭内で日本語以外の言語を使用している」または「日本語のネイティブスピーカーではない」ことを学校が把握している生徒を対象に行われた。
［注7］NPOや自治体，研究者による外国籍児童への進路に関するアンケート調査結果，全日制・定時制高校それぞれへの進学率・退学率に関するデータをまとめている。詳細については永吉・中室（2012）を参照。

**参考文献**

太田晴雄・坪谷美欧子（2005）「学校に通わない子どもたち――「不就学」の現状」，宮島喬・太田晴夫（編）『外国人の子どもと日本の教育――不就学問題と多文化共生の課題』東京大学出版会，pp. 17-36.

大桃敏行（2016）「ガバナンス改革と教育の質保証」,小玉重夫（編著）『岩波講座　教育　変革への展望6　学校のポリティクス』岩波書店

外国人集住都市会議（2013）『外国人集住都市会議東京2012報告書』

川村千鶴子（2013）「あらゆる子どもの教育権――NPOと夜間中学の取り組み」『環境創造』17, 1-23.

小島祥美（2016）『外国人の就学と不就学――社会で「見えない」子どもたち』大阪大学出版会

佐久間孝正（2005）「多文化に開かれた教育に向けて」,宮島喬・太田晴夫（編）『外国人の子どもと日本の教育――不就学問題と多文化共生の課題』東京大学出版会, pp. 217-238.

佐久間孝正（2006）『外国人の子どもの不就学――異文化に開かれた教育とは』勁草書房

髙橋史子（2016）「「文化」の適応と維持から見る日本型多文化共生社会――ニューカ

マー児童・生徒を教える教師へのインタビュー調査」『異文化間教育』44, 33-46.

永吉希久子・中室牧子（2012）「移民の子どもの教育に関する一考察――なぜ日本に住む移民の子どもの教育達成は困難なのか」大西仁・吉原直樹（監修）『移動の時代を生きる――人・権力・コミュニティ』東信堂, pp. 43-90.

ハウ, K., 大桃敏行ほか訳（2004）『教育の平等と正義』東信堂（Howe, K.（1997）. *Understanding Equal Educational Opportunity*. Teachers College Press.）

文部科学省　「学校基本調査（平成 28 年度）」

文部科学省　「日本語指導が必要な児童生徒の受入状況等に関する調査（平成 28 年度）」

文部科学省　「外国人の子どもの不就学実態調査の結果について」　最終アクセス日：2017 年 3 月 30 日［http://www.mext.go.jp/a_menu/shotou/clarinet/003/001/012.htm］


Apple, M. W.（2004）. *Ideology and Curriculum*. Routledge.

Apple, M. W.（2013）. *Education and Power*. Routledge.

Banks, J. A. ed.（2004）. *Handbook of Research on Multicultural Education*. Jossey-Bass.

Takenoshita, H., Chitose, Y., Ikegami, S., & Ishikawa, E. A.（2014）. "Segmented Assimilation, Transnationalism, and Educational Attainment of Brazilian Migrant Children in Japan," *International Migration*, 52(2), 84-99.

Tsuneyoshi, R., Takahashi, F., Ito, H., Seulbi, L., Sumino, M., Kihara, T., Kubodera, S., & Ishiwata H.（2017）. "Japanese Schooling and the Global and Multicultural Challenge," in R. Tsuneyoshi（Ed.）, *Globalization and Japanese "Exceptionalism" in Education: Insider's Views into a Changing System*, Routledge.

Tokunaga, T., Nukaga, M., & Takahashi, F.（2018）. "Growing up in Multicultural Japan: Diversifying the Educational Experiences of Immigrant Students," in A. Yonezawa, Y. Kitamura, B. Yamamoto, & T. Tokunaga（Eds.）, *Education in Japan in a Global Age*. Springer.

# 5 インドネシアの教育の質をめぐる改革と現場の課題

ジャワの中学校の授業研究実践の再文脈化

草彅佳奈子

## 第1節 グローバリゼーションとインドネシアの教育改革

### 1-1 グローバリゼーションと途上国における教育の質の改革

近年グローバリゼーションの波を受け，「開発途上国」と呼ばれる国々の教育改革はスピードが増し，特に教育の質の向上を目指し多様な取り組みが行われている。この背景に，開発援助の文脈において教育の量（就学率の改善）から質（教育の内容）へと開発目標と援助の潮流がシフトしたこと（Kuroda 2014；北村他 2017），2015 年以降の開発目標において教育の質の確保が強調されたこと，また国際学力調査の影響により国際的な教育の質保証の議論が高まったことがある。

2015 年以前の途上国を対象とした開発目標では，貧困から抜け出す手段として教育が捉えられていた。たとえば2000 年に設定されたミレニアム開発教育目標（MDGs）では，「初等教育の完全普及の達成」が掲げられ，途上国の就学率は順調に伸びた。しかし急速な生徒数の増加は，教員や施設・設備不足を引き起こし，教育の質の確保がより重要な課題となった（北村他 2017）。

これを受け，2015 年に設定された「持続可能な開発目標（SDGs）2030 アジェンダ」では，教育のアクセス（就学率の向上）に加え，教育の質の確保が強調された。また，SDGs では開発目標がこれまでの貧困削減から「持続可能な開発」にシフトし，先進国・途上国に普遍的な課題の1つとして，教育の質確保が目指されている。2000 年に開始した，経済協力開発機構（OECD）による生徒の学習到達度調査（PISA）では，各国の生徒の学力がランキング化され，途上国と先進国の学力格差がより明確となった。

インドネシアの教育改革は，正に量から質への転換期を迎えている。インドネシアは中国，インド，アメリカに続き世界で4番目の約2億6400万人の人口を持ち，そのうち43％は25歳の人口が占め，5000万人の学生，260万人の教師，25万校の学校から成り立つ，巨大な教育システムを有する（Schleicher 2015；World Bank 2014）。またインドネシアは350以上の民族を抱え，700種以上の言語が使用される多民族・多言語国家である（Embassy of the Republic of Indonesia 2016）。順調な経済発展により，過去20年間で貧困率は半分に削減された一方，経済格差の拡大が指摘されている（OECD & ADB 2015）。格差の広がりは教育も同様で，義務教育制度が1994年に導入されてわずか15年で初等教育純就学率95％を達成した一方，州別の就学率の差は広がっている（Chang, et al. 2013；OECD & ADB 2015）。

　グローバル化時代の教育改革の特徴として，教育の多様化と成果を重視した画一化・標準化の同時進行がある（Kuroda 2014；大桃 2005）。インドネシアも，地方分権化が進む中，地方の教育局に権限が委譲され，全国統一試験の点数により義務教育の卒業基準が定められるなど，教育の結果に対するアカウンタビリティが強化されている。その一方で，毎年全国統一試験の時期になると，試験問題の流出やカンニング事件が起こるなど，制度的な問題も指摘されている。また，教育の質の地域格差が是正されない中，画一的に生徒が評価され，開発の遅れている地域で卒業できない生徒が多数出ることに対し批判も集まっている。

　途上国では教員の不足，施設やリソースの不備など，厳しい条件のもと，教育改革が行われている。そのうえ，先進国では長期間にわたり段階的に実施されてきた改革を，一気に推し進めようとしている。たとえば，日本では政府主導で集権的なシステムを通じて「普遍的で共通の教育」の保証が達成されたのち，画一的な制度と知識偏重主義などへの批判から，地方分権改革や新しい学力観などの改革が進められた（大桃 2015）。しかし，インドネシアでは「教育現場では矢継ぎ早に出される改革に対し，量的拡大と教育の質向上に関わる諸課題と同時に，分権化による各地域・学校の自立性・多様性の尊重への動きが推進されており，多方面での改革を同時に進める必要性が生じている」（服部 2008, p. 221）。

## 1-2　インドネシアの教員改革と課題

インドネシアでは2003年の国家教育制度法で国家予算の2割を教育に使うことが定められ，それ以降大胆な教育改革が進められてきた。量から質に改革が移行するにあたり，教員にかかわる深刻な問題に直面している。2008年のデータでは全国平均で19%の教師が常習的に無断欠勤し，また教員免許に必要な要件を満たしたのは4割程度だった（World Bank 2010）。このため，教育の質の改革の中心に教員改革が位置づけられ，教員の専門性を向上する取り組みが進められてきた。

2005年の「教員・大学教員法」では，教師の「専門家」としての地位を確立し，教師の待遇改善を行うことでより優れた人材を確保しようと，大規模な施策が実行された（服部 2012）。ポートフォリオ評価と研修を組み合わせた教員認定プログラムでは，現行の教員も含めて査定を受け，要件を満たすと，教員免許が付与された（World Bank 2010）。この評価では，専門家として教師に必要とされるコンピテンシーとして，ペダゴジー，人格，社会性，専門性の能力が挙げられており，「新しい学力観」が反映されていることがわかる（Chang et al. 2013）。しかし，教員免許がある教師とない教師の間に，コンピテンシー，生徒の学力成果，勤務態度面（欠勤の多さ）でほとんど差がなかったとの報告もある（Chang et al. 2013; De Ree 2016; Fahmi, et al. 2011）。このようにどのような教員改革が教育の質の改善につながるのか明らかにならないまま，様々な教育改革が進められている。

教育改革と教師の実践の変容に関して，インドネシアの地方分権化政策がなぜ教師の実践に変化をもたらさなかったかを検証したビョーク（Bjork 2005）の研究がある。ローカル・コンテンツ・カリキュラム（地域のニーズに合わせたカリキュラム）の施行では，学校や教師に裁量権が与えられ，教師は自律的な専門家として行動することが求められた。しかし，これまで官僚的な命令系統に従い業務をこなしてきた教師には，新カリキュラムで求められている専門家として自律的に行動するインセンティブがなかった。このように教育の質と関わる改革は，状況に応じて現場の教師により取捨選択された上で実践されるため，その社会文化的背景も含めて実践への影響を理解する必要がある。

本章では，ジャワの官僚的な学校文化も含め社会文化的な背景が，どのよう

に教師の専門性と，教室の中の教師と生徒のやりとりに影響を及ぼしているのか，授業研究の実践を通じて検証したい。

## 第2節　サリ中学校の社会文化的背景

### 2-1　授業研究の導入

　日本が発祥の授業研究は，国際学力調査における日本の生徒の学力の高さにより注目され，教師の専門性を高める協働的な学び合いとして，世界中で実践されている。途上国では国際協力機構（JICA）の支援により授業研究が導入され，27か国以上で実践されている（又地・菊池 2015）。インドネシアでは，2006年から2013年まで初中等学校の教育の質の改善を目指した教員研修プロジェクトの一環として，JICAとインドネシア国家教育省（現教育文化省）の支援により，実施された（MONE 2007）。インドネシアでは，授業研究は主に，Plan（授業計画），Do（公開授業），See（リフレクションと呼ばれる授業の協議）の授業改善のサイクルと捉えられている（MONE 2007）。

　国内ではあまり意識されることはないが授業研究には，日本特有の「授業観」や「子ども観」が埋め込まれている。たとえば日本では教師が，授業研究の利点として「子どもを見る目」を養うことを挙げているが（Lewis 2002），これは日本では学校の教育活動が子どもの長期的で全人的な発達を目的として構成されており（恒吉 2008），子ども理解が教師の責任と強く関連しているためである。しかし，インドネシアを含む多くの途上国において，教育の目的は狭義の学力をつけることと理解され，教師の役割はカリキュラムの伝達者であると限定に捉えられている（Kusanagi 2014）。この教師の責任と役割の違いは，授業研究の実践にも現れており，日本では教科を横断した全校型研修が一般的なのに対し，インドネシアも含めた海外では，教科研修として取り入れられていることが多い。

　このように，特定の文脈で有効な教授法や研修も，海外（もしくは異なる社会文化的背景）に持ち込まれた時，その社会文化的文脈において意味付け・解釈がなされ，必然的に教育実践の「再文脈化」が起きる。このことからも，日常の授業実践の延長線上に授業研究のような研修を位置づけ，学校の置かれた文

脈に照らし合わせながら実践を理解することが重要である。

## 2-2　調査・分析手法

　サリ中学校（仮名）は，ジャワ島のジョグジャカルタ特別州ジョグジャカルタ市近郊にある公立中学校で，生徒約 700 名，教師 49 名が在籍する。同校は，県の学力ランキングで上位 5 位に入る人気校であり，リソースや設備が整った「ナショナル・スタンダード・スクール（国家基準を満たす学校）」として認証されている。JICA プロジェクトが実施されていた 2007 年に，当時数少ない（全国に 9 校）全校型授業研究のパイロット校として選定された。フィールドワーク当時は，JICA の支援は終了していたが，日本で研修を受けた経験のある校長とカリキュラム担当主任（教務主任）の強いリーダーシップのもと，県教育局の財政的な支援を受けて，授業研究が継続されていた。

　本章で扱うデータは，「授業研究の再文脈化」をテーマに，エスノグラフィック・アプローチを用い行った調査をもとにしている。2009 年 12 月から 2010 年 6 月までの 7 か月間，63 回サリ中学校を訪問し，主に参与観察によるデータ収集を行い，フィールドノーツ，インタビュー調査，質問表調査，関連文書を，グラウンデッド・セオリー・アプローチを用いて分析したものである。

　本章で目的とするのは，「教育の質」の定義が，いかに社会文化的背景と密接に関連しているかを示すこと，また教員改革の現場における課題を明らかにすることであり，多民族・多言語国家で地域により学校の状況が著しく異なるインドネシアを，一般化しようとするものではない。同様に，サリ中学校やインドネシアの授業研究実践を評価する意図もなく，実践の事例を示すことで，教育改革の課題の根底に，現場の教師の力量や努力を超えた要因があることを提示したい。

## 2-3　サリ中学校の文脈における学校の役割と教師の専門性

　次節で授業研究実践について述べる前に，サリ中学校の社会文化的背景を理解するため，教師コミュニティーの特徴，学校の役割，教師の役割について触れておきたい。

**教師コミュニティーにおける「官僚組織と家族主義」** サリ中学校の教員は、「公務員」としてのアイデンティティーを強く持ち、官僚的組織の一員として命令系統に従い協力して業務をこなす。その一方で、副校長は、教師のコミュニティーを「家族のような存在だ」と言い、職員室は教員の社交場の役割を果たしていた。多少の遅刻や欠勤も「家族なので」大目に見られていた。

このような教員コミュニティーの特性を理解するのに、白石（1992）による、インドネシアは「官僚国家のイデオロギー」と、「家族国家の精神」が併存する、二重の仕組みで成り立つパターナリスティックな国家との解釈が当てはまる。教育局の評価対象となる「官僚的な」もしくは「公的」な業務は優先的に対応されたが、直接の評価対象にならない業務（教えることを含む）では、教員間（家族の構成員）の社会規範が優先されていた（例：遅刻や欠勤が許されること）。

二重（官僚的・社会的）のヒエラルキー構造により社会的な調和が保たれているジャワの文化では、争い事は極力避けられる。サリ中学校の教師は、年配の教師に対して内輪で愚痴を言うことはあっても、対立を決して表面化させなかった。命令系統に従い分担して業務が遂行される一方、教師の間で話し合いの場がもたれることはなく、授業や生徒に関する意見の交換や相談も見られなかった。

**学校の役割「競争と学力の序列化」** インドネシアの学校では、教育の目的はすなわち全国統一試験で高得点を取ることと認識されていた。競争原理を取り入れることで、教育の質を高められると考えられているため、政府の認定による格付けで上位に位置する学校に、より多く補助金が配分される仕組みとなっている（田中 2011）。

県の教育局が発表する学校別ランキング表が、学校の人気に影響し、上位になればより優秀な生徒の獲得が可能となる。このため、学校主導で放課後に試験対策のための補習が行われるなど、学校間競争が激化している。サリ中学校でも、保護者の費用負担のもと、試験対策のための補習が実施されていた。

サリ中学校は地域の人気校のため、小学校時の全国統一試験で優秀な成績を収めた生徒が在籍している。このため、授業についていくために必要な学力は既に有しており、授業についていけるかは、本人の努力次第と理解されていた。

同様に，学校内でも生徒間の競争が推奨されている。一例を挙げると，年度末の成績表には学年別の生徒の試験結果がランキング形式で添付され，上位3位の生徒には全校生徒の前で賞金が与えられた。普段の授業でも宿題やドリルの採点を授業中に生徒同士で行い，この点数が読み上げられるなど，能力の序列が可視化されている。この競争原理は教師の授業観にも反映されている。能力差は当たり前と捉えられているため，試験で落第点をとった生徒に対する特別な支援はなく，同じテスト内容で追試が行われていた。

**教師の役割と専門性「カリキュラムの伝達者」** サリ中学校の教師は，教師の役割をどのように捉えているのか。日常の語りや，アンケートから教師は自らの役割を「カリキュラムの伝達者」として捉え，日々カリキュラムに追われていると感じていた。しかし，アンケートの回答で，悪い教師は「カリキュラムを伝達するだけで，生徒が理解していない」と記述されたように「生徒の理解」が教師の責任に必ずしも含まれなかった。一方，優れた教師は「生徒を支援できる教師」とされ，具体例として数学教師のE先生は，「成績が良くない生徒にも授業の内容を理解させることができる」「優れた生徒にはチャンスを与え，できない子も辛抱強く面倒を見る」と評価されていた。

優れた教師が「いない」と回答した教師もいて，その理由として「教師は皆カリキュラムに追われ生徒に関心を持っていない」ことが挙げられた。つまり教師の役割は，一斉授業で知識を伝達することにあり，個々の生徒の理解は責任の範疇に含まれていないことがうかがえた。また授業の様子からも個別の生徒に対する支援は行われていないことが確認できた。

以上の3点をまとめると，サリ中学校では，教師コミュニティーにおいて，社会的序列を維持する力が強く働いており，業務を分担して効率的に遂行することが可能な半面，授業や学校運営に関する話し合いや共同的な意思決定は見られなかった。また，学力や能力による序列化が自明視されているため，その差を埋めるための支援は教師の責任として共有されていなかった。以上の社会文化的背景の違いを踏まえた上で，サリ中学校の教師にとって授業研究の実践がどのような意味を持つのか，次節で考察したい。

## 第3節　サリ中学校の授業研究実践

本節では，日常の授業との比較を通じて，授業研究の実践がどのような意味を持つのか，教師の日々の実践や役割と連続性があるのかを検証する。2009～2010年に行われた授業研究の公開授業（①インドネシア語，②数学，③数学，④英語）とその後の協議会の内容を分析した。

### 3-1　公開授業の意味

サリ中学校の日常の授業と公開授業を比較し，表5-1にまとめた。日常の授業は教科書に沿って教える一斉授業の形式がとられていた。大多数の教師は授業準備の必要性を感じておらず，個々の生徒との関わりも少なく，教師は生徒の名前を把握していなかった。しかし，公開授業では，グループ活動が導入され，また授業観察シート（後出）に則り，個々の生徒に関して観察・コメントをすることが求められた。このため教師は，（名前がわかるように）生徒の名札，ワークシート，グループ活動の教材を準備することとなり，授業準備の負担を感じていた。

またそれ以上に，サリ中学校の教師にとって，同僚に授業を見せるのは初めての経験であり，授業公開は精神的な負担が大きいことがうかがえた。これまで教育局の視察や教員評価を目的として，授業が公開されていたため，教師にとって授業を見られることとは，授業者が評価されることを意味した。このため，自信のない教師ほど授業公開を避けようとした。また，こうした教師ほど，同僚の教師に相談できず1人で準備を進め，協議会で批判されるという悪循環が起きていた。

### 3-2　授業のデザイン

普段の授業は，①教師が一斉講義を行う，②生徒が練習課題に取り組む，③答え合わせを行う，という3段階構造で，教科書とドリルをもとに進められることが多い。一方，公開授業では，グループ活動と，教材・モノを使った活動が積極的に取り入れられていた。たとえば，中学2年生の数学の公開授業

**表 5-1　サリ中学校における日常の授業と公開授業の比較**

|  | 日常の授業 | 公開授業 |
|---|---|---|
| 目的 | 知識の伝達（全国統一試験の準備） | 生徒の活発な活動 |
| 授業の流れ | 講義，ドリルで練習問題を解く，答え合わせ | 教師によるグループ活動の指示，生徒のグループ活動と発表 |
| 授業準備 | ほとんどなし（年間の授業計画はあるが使われていない） | 教材，ワークシート，指導案の準備 |
| 授業の評価 | 教師の問いへの解答，点数での評価 | 教師の指導と，生徒の活動への評価 |
| 使われた教材 | （教科書），市販のワークブック | ワークシート，活動のための教材 |
| 生徒との関わり | 一斉型<br>講義と評価（限定的） | グループへの評価<br>指示と評価（限定的） |

（2010年2月19日）では，立方体の展開図を理解するために，箱を分解して広げる，正方形の厚紙を貼り合わせて立方体の展開図を作成する，という2種類のグループ活動が展開され，グループ発表が行われた。

　公開授業では，モノを使った活動の導入と，生徒が活発に参加することが目的として捉えられていた。一方，普段の授業は，試験対策を目的としており，教師にとって知識の伝達が授業の目的と捉えられていた。このためグループ活動は生徒を活発にする「楽しい活動」として，カリキュラムの伝達と区別された。

　グループ活動でも，話し合いへの参加自体が目的のため，協議会では活動の成果や誰が話し合いに参加していたかという個々のグループや生徒に対する評価が行われた。たとえば，「図形を8個作ることができた」，「Aくんはグループ活動に貢献していなかった」などである。しかし生徒間の会話の内容については触れられなかった。

　授業の内容に関しては，教師の指導案と指導方法に対する評価が述べられた。たとえば，「授業のペース配分が適当だったか」，「生徒たちが授業についていけたのか」，「教師は適切な指示を与えたか」，「生徒は課題を理解したか」，「グループ内で協力して作業ができたか」，といったコメントがあった。

### 3-3 教師と生徒との関わり

　授業研究では以下の「授業観察シート」を利用して，生徒の学びに焦点を置いて授業観察が行われ，それに基づき協議会が行われた。

【授業観察シート】
1) 生徒が学習内容をその時点で学んでいたか。
2) その時学んでいなかった生徒は誰か。
3) どうして学んでいなかったのか。
4) どうすれば生徒が学べるようになるか。どのようにすればよいか，教材は適切だったか。うまくいっていたか。

　公開授業では，「Aくんは授業についていけていなかった」，「B子さんは正しい答えを導き出せていた」，「90％の生徒が理解していた」，という生徒に対する評価の観点から発言があった。日頃の授業では，生徒が回答用紙を交換して採点し，教師は生徒の宿題やドリルを採点しない。このため生徒が教師から受けるフィードバックは，試験の点数の評価に限られていた。つまり，教師にとって「生徒の学び」とは，生徒が「正しい解答を自分で導き出すこと」と解釈されていた。

　グループ活動においても，教師の役割は指導者，生徒の役割は教師の指示に従うこと，と固定化されていた。一例を挙げると，数学の授業でグループ活動の際，「何をすればよいですか」と生徒が質問した際，教師はワークシートを指差し，書いてある指示を読むよう指導した。教師は生徒の活動に介入せず，「協力してやりましょう」「早く終わらせましょう」などの指示を出すのみであった。これは，日常の授業において，指示を出すこと，評価を行うことが教師の役割であり，生徒の学習のプロセスを支援するファシリテーターの役割は担っていないことを表している。

　このため，生徒が教師の話を聞いていなかったという観察や，それに対して教師が注意すべきだというコメントはある一方，なぜ理解できない生徒がいたのか，どのように解答にたどり着けるよう支援できるのか等，学習のプロセスについてのコメントは一切なかった。

　このようにサリ中学校の教師にとって授業研究は，教員評価の場として機能

し，日常の授業と区別された研修として実践された。公開授業では生徒の活動と関連した教材（モノ）が使われ，同僚の教師が「教師の指導」と「生徒の活動の成果」について評価を行った。しかし，意図されていたような，学習のプロセスについて，もしくはどう生徒の学びを支援するかについて話し合われる場にはならなかった。職員室でも日頃授業や生徒について話し合うことがない中，公開授業でお互いの悩みを共有したり，授業の工夫を交換することは難しい。

これは，決してサリ中学校の授業研究が失敗だったという結論ではなく，サリ中学校の教師にとっては，指示された業務を滞りなく実行することが教師の責任と強く結びついているため，「官僚的なプロトコル（手続き）」に則って研修が実施されたということである。一部の教師は，官僚的な責任が優先され，生徒の支援が後回しになっていることに対し，ジレンマを感じていた。これは，前節で示した，生徒の学びを支援できる教師が望ましいが，実際の授業ではカリキュラムに追われているとのアンケート記述と関連している。

このように，社会文化的背景と照らし合わせ，教師が日常どのような役割を担い，どのような授業実践を行っているかを考察することで，なぜサリ中学校では授業研究が形式的な導入にとどまったのかを理解することができる。ジャワの中学校では，教師のアカウンタビリティは円滑な業務遂行と強く結びつき，生徒を理解することや学びのプロセスを支援することは，共通の責任として共有されていないことが明らかになった。

## 第4節　教育の質をめぐる改革の課題

ここまでジャワの社会文化的背景に鑑みた上で，サリ中学校の授業研究の実践とその再文脈化について考察した。日本でも分権化のもと官僚主義的統制が強化されたことで，学校と教師の自律性が制限され，教師は専門家としての危機に直面しているとの指摘もある（佐藤 2016）。最後に，サリ中学校の事例から見えた，教育の質改革の課題について言及したい。

① 成果主義と個々の生徒の学びの保障

インドネシアでは，学校間の競争を促すことで，教育の質の向上が図られようとしている。しかし，設備不足や教員不足の問題が解決されず，地域格差の是正が行われないまま，全国統一試験の成果のみで学校の序列化が行われれば，更なる格差の拡大につながることは間違いない。また，こうした学力の序列化は教室の中にも持ち込まれており，学力差が当たり前のものとして受け入れられることで，授業で困難を抱える生徒が必要な支援を得られない状況が生じている。

② 形式的な実践の変化

国家統一試験での成功が教育の目的とされている中，授業は，教師によるインプット（カリキュラムの伝達）と生徒によるアウトプット（生徒の学力）に分けて考えられるため，生徒がどのように学ぶかに対する責任が問われにくい。このため，新しい手法やスキルも，形式的な導入に留まり，なぜ，何のために，どのように用いられるかは検討されなかった。これは授業研究に限られたことではなく，プレゼンテーション，ICTスキル，理科の実験等でも，「生徒の活動を導入すること」自体が目的となり，教科理解と結びついた授業デザインになっていなかった。

③ 社会的ヒエラルキーと同僚性

官僚体制と家族（＝社会）的なヒエラルキーにもとづき，業務が分担され学校運営がなされていたが，日々の会話で，生徒や授業に関する話し合いはほぼなかった。また，「年配の教師は威圧的で生徒が怖がる」，「若い教師は向上心がある」と語られるなど，教師の専門性が，社会的ヒエラルキーとは別のものとして捉えられていた。特に，優れた教師として認められている教師は，生徒の利益を優先することで，社会的規範を乱すため，他の教員からは評価されなかった。このようにわかりやすい授業を行う教師が優れた教師と認識されていても，個人の熱意によるものとして捉えられ，生徒の学びを支援することは教師全体の責任として共有されていないため，協働的な学びにはつながらなかった。

④ 学びのプロセスへの介入の必要性

　テスト対策のための一斉指導型の授業が主流であることから，「優れた教師」は生徒を支援できる教師と認識されながらも，個々の生徒の学習のプロセスに介入する教師はほとんどいなかった。このことは，②の生徒の活動の形式的な導入とも関連している。生徒の個々の学びやニーズに対応することが教師の責任でない以上，生徒の活動を取り入れても，教師の指示に従うことが重視されてしまい，主体的な活動にならない。また教科書に沿って教えることが重視されているため，専門家として自律的判断に則って授業を進める必要性もなかった。

　以上，グローバル時代の教育の質の改革と現場での課題として，サリ中学校の授業研究実践を事例に，現場を取り巻く成果主義，学校間（内）競争，官僚的構造等，社会文化的背景が教室の中の教師の関わりと生徒の学びに与える影響を考察した。

　サリ中学校では，教育の質が試験結果で評価されており，教師と生徒の責任がカリキュラムの伝達と習得に分けられていた。また，学校の中でも生徒間の競争が推奨され，カリキュラム習得の責任が個々の生徒にゆだねられることで，生徒の学力の序列が自明のものとされていた。官僚的な学校文化の中で重要視されていたのは，チェックリストと照らし合わせて外部の評価基準が満たされているかであり，生徒の学習のプロセスに寄り添うことは，教員コミュニティーの責任として共有されていなかった。このため，授業研究は，新しい教授法を実験的に試す機会を提供した一方，生徒の学びのプロセスを振り返ったり，その学びの質を深めたりすることにはつながらなかった。

　インドネシアでは，新しい学力観のもと今まで以上に多様な学びの実現が求められている。しかし，佐藤（2016）が指摘した日本の状況と同様に，成果主義のもと官僚的統制が強化されることは，教師が専門家として自律的な判断を行うことを難しくしている。教室の中の関わり合いや学びの質に変化がもたらされなければ，新しい学力観で示されている資質，能力，スキルの育成が困難であることは明らかである。教師の責任と専門性が個々の生徒の学びやプロセスを支えることに関連づけられなければ，たとえ新しい学力観や教授法が持ち

込まれても，授業の質の改善にはつながりにくい。

そのためにも，教師が子どもの学びに寄り添い同僚とともに成長できるような，外向きではなく内側からの改革が必要とされている。授業研究はそのようなアプローチとしての可能性も秘めている。インドネシアでも，政府のプログラムの枠を超えた，自発的な授業研究ネットワークや，少規模な地域の授業研究サークルも発足している（Kusanagi, 2019; Suzuki, 2016）。教師にも生徒にも意味ある学びを実現させるため，現場の文脈を考慮し社会的な変容を可能にするアプローチが必要とされている。

謝辞　文献収集にあたり，ジョグジャカルタ在住のピトリアワティさんにご協力いただきました。心より御礼申し上げます。

**参考文献**
大桃敏行（2005）「地方分権改革と義務教育——危機と多様性保障の前提（〈緊急特集〉義務教育の危機）」『教育学研究』72(4)，444-454.
大桃敏行（2015）「地方発のカリキュラム改革の可能性と課題」，東京大学教育学部カリキュラム・イノベーション研究会（編著）『カリキュラム・イノベーション』，東京大学出版会，pp. 265-276.
北村友人・興津妙子・山﨑瑛莉（2017）「教育における SDGs——「量」から「質」への転換と課題」，蟹江憲一（編）『持続可能な世界をめざして——2030 年の世界に向けた国連目標』ミネルヴァ書房，pp. 106-127.
佐藤学（2016）「序論：学びの専門家としての教師」，佐藤学，秋田喜代美，志水宏吉，小玉重夫，北村友人（編集）『学びの専門家としての教師（岩波講座 教育 変革への展望 第 6 巻）』岩波書店，pp. 1-9.
白石隆（1992）『インドネシア——国家と政治』リブロポート
田中義隆（2011）『インドネシアの教育——レッスン・スタディは授業の質的向上を可能にしたのか』明石書店
恒吉僚子（2008）『子どもたちの三つの「危機」——国際比較から見る日本の模索』勁草書房
服部美奈（2008）「インドネシア——地方分権化のなかの基礎教育支援」，廣里恭史・北村友人（編著）『途上国における基礎教育支援 下——国際的なアプローチと実践』，学文社，pp. 217-250.

服部美奈（2012）「インドネシア勲章のない英雄から専門職としての教員へ」，小川佳万・服部美奈（編著）『アジアの教員——変貌する役割と専門職への挑戦』ジアース教育新社，pp. 280-308.

又地淳・菊池亜有実（2015）「「授業研究」支援プロジェクトの現状および課題についての考察」『国際教育協力論集』18(1), 91-104.

Bjork, C. (2005). *Indonesian Education: Teachers, Schools, and Central Bureaucracy.* Routledge.

Chang, M. C., Shaeffer, S., Al-Samarrai, S., Ragatz, A. B., Ree, J., & Stevenson, R. (2013). *Teacher Reform in Indonesia: The Role of Politics and Evidence in Policy Making.* The World Bank.

De Ree, J. J. (2016). *Indonesia Teacher Certification and Beyond: An Empirical Evaluation of the Teacher Certification Program and Education Quality Improvements in Indonesia* (English). World Bank. (http://documents.worldbank.org/curated/en/129551468196175672/pdf/104599-WP-P102259-PUBLIC-Teacher-Certification-and-beyoun-final.pdf) [Retrieved March 31, 2018]

Embassy of the Republic of Indonesia (2016). "People & Cultures." (http://www.indonesia-dhaka.org/people-cultures/) [Retrieved March 31, 2018]

Fahmi, M., Maulana, A., & Yusuf, A. (2011). "Teacher Certification in Indonesia: A Confusion of Means and Ends." (http://EconPapers.repec.org/RePEc:unp:wpaper:201107)

Kuroda, K. (2014, February 19). "Globalization and Development of Global Governance in Education: Implications for Educational Development of Developing Countries and for Japan's International Cooperation." Paper presented at the Japan Education Forum XI. (http://home.hiroshima-u.ac.jp/cice/wp-content/uploads/2015/09/JEF-E11-8.pdf) [Retrieved March 10, 2017]

Kusanagi, K. N. (2014). "The Bureaucratising of Lesson Study: A Javanese Case." *Mathematics Teacher Education and Development*, 16(1), 1-17.

Kusanagi, K. N. (2019). "Transformation of Lesson Study in Indonesia: From Government-assisted Projects to Sustainable Professional Learning," in Tsuneyoshi, R., Sugita, H., Kusanagi, K. N., & Takahashi, F. (Eds.), *The Japanese Educational Model of Holistic Education: TOKKATSU.* World Scientific.

Lewis, C. C. (2002). "Does Lesson Study Have a Future in the United States?" *Nagoya Journal of Education and Human Development*, 1, 1-23.

MONE (Ministry of National Education, Republic of Indonesia) (2007). *Reforming Teachers: Towards Educational Equality and Quality.* Jakarta: Ministry of National Education, Republic of Indonesia.

OECD & ADB (2015). "Education in Indonesia: Rising to the Challenge, Reviews of National Policies for Education." OECD Publishing, Paris (http://dx.doi.org/10.1787/9789264230750-en.)

Schleicher, A. (2015). "Education & Skills Today: Education Will Fortify Indonesia's Future" (http://oecdeducationtoday.blogspot.jp/2015/03/education-will-fortify-indonesias-future.html) [Retrieved March 3, 2017]

Suzuki, R. (2016). *Lesson Study Learning Community: Mari Membuat Learning Community.* Jakarta, Indonesia: Benesse.

World Bank (2010). "Transforming Indonesia's Teaching Force: From Pre-service Training to Retirement — Producing and Maintaining a High-quality, Efficient, and Motivated Workforce." (http://EconPapers.repec.org/RePEc:wbk:wboper:2853) [Retrieved March 16, 2018]

World Bank (2014). "World Bank and Education in Indonesia." (http://www.worldbank.org/en/country/indonesia/brief/world-bank-and-education-in-indonesia) [Retrieved March 16, 2018]

# 6 教育の質の変化・転換と市民性

小玉重夫

## 第1節　グローバル化の加速と教育の質の変容

　グローバル化が加速するなかで，日本の教育の質は大きな変化，転換を遂げようとしている。カリキュラムの内容についていえば，経済協力開発機構（OECD）のDeSeCoプロジェクトが2003年に示した「キー・コンピテンシー」の概念や，それにもとづくテスト（PISA）が，日本の学校教育全体に影響を与え，後に見るように，「資質・能力」に基づく新しい学習指導要領のあり方を規定している。

　このようなグローバル化の加速による教育の質の変容は，以下の2つのジレンマを浮上させる。

　第一は，国民国家を単位として制度化されてきた公教育のあり方が，グローバル化する世界の中で大きく問い直されようとしていることに関わる。具体的には，公教育において育成される市民像が，国民国家を構成する国民を基調とするものと，移民や難民の増大をふまえたより多文化的で複数的なものとの間で大きく揺れ動いていることに関わるジレンマである。

　たとえば，2015年に韓国の仁川で，日本を含む約160か国，約110名の閣僚級を含む1500名程度が参加して開催された世界教育フォーラムは「仁川宣言」を採択したが，そこでは，教育の質を担保するものとして，グローバルな市民性（シティズンシップ）教育（地球市民教育）の重要性を位置づけている。また，その翌年の2016年にG7の会合の中で日本の文部科学大臣が中心になって「倉敷宣言」を取りまとめ，ここでも「仁川宣言」と同じように，グローバル・シティズンシップの教育が重視されている。このことは，日本政府として

も「仁川宣言」、「倉敷宣言」のグローバルな市民性教育に責任を負っていることを意味する。

しかし、そこでいわれている市民性が、これまで日本政府が取ってきた国家・社会の形成者という視点とどのようにつながるのか、あるいは、国民国家を構成する国民と、移民や難民の増大をふまえたより多文化的で複数的なものとの間に存在するジレンマをどのように扱うのかについて、まだ十分議論が掘り下げられていない。これを、国民化と複数性の間のジレンマと呼びたい。

第二に、OECD の PISA に象徴されるように、経済のグローバル化が学校教育の評価基準のグローバル化を促進し、日本でも全国学力学習状況調査などにその評価指標が反映されている。こうした評価基準のグローバル化は、格差問題を解決し、より多くの市民を社会に包摂していくための手段として機能する可能性があるが、他方では、国際競争に生き残る人材を選別し基準に乗れない層を排除していくための手段としても機能していく可能性がある。このような評価基準のグローバル化がもたらすジレンマを排除と包摂の間のジレンマと呼びたい。

この 2 つのジレンマの関係については後述するとして、その前にまず、キー・コンピテンシーの考え方が日本の教育改革、とりわけそこでのカリキュラム改革にどのように影響したかを見ていくことにする。

## 第 2 節　学力のポスト戦後体制——内容ベースから資質・能力ベースへ

2015 年の 6 月 17 日、選挙権年齢を 20 歳から「18 歳以上」に引き下げる改正公職選挙法が成立した。これにより、2016 年夏の参議院議員選挙から高校 3 年生が投票することになった。18 歳選挙権の実現は日本の戦後史におけるきわめて大きな制度変更であり、これまでタブー視されてきた政治と教育の関係を問い直す大きな契機となる可能性がある（小玉 2016）。そして、グローバル化によって OECD のコンピテンシー概念が導入されていくのも、こうした戦後の日本の社会構造再構築への動きと、深いところで関係していることが重要である。それはどういうことかを確認しておくことにする。

高度成長期の日本は、学校での学習成果としての学力が選抜システムにおけ

るシグナルとして機能してきた社会であった。これを学力の戦後体制と呼びたい（小玉 2013）。たとえば数学で 90 点を取れば，それ自体がその生徒の学力のシグナルとして評価されてきた。これに対して，学力のポスト戦後体制に突入した今日は，学習成果が単なるシグナルではなくてそれ自体実質的な意義（レリバンス）を持つものとして期待されるようになる社会であり，数学で 90 点を取ったならば，そのことでどういう資質や能力が身についたのかについての説明責任を教師や学校，場合によっては生徒自身が負うようになる。

　このような背景のもと，OECD のコンピテンシー概念を導入して，内容（コンテンツ）重視型から，資質・能力（コンピテンス）重視型へのカリキュラムの構造転換が，日本でも議論されるようになり，学習指導要領改訂の方向にも影響をおよぼすこととなった。具体的には，センター試験廃止に代表される大学入試制度の改革と，それに伴うアクティブラーニングを介した高大接続の重視である。たとえば中央教育審議会が 2012 年 8 月 28 日に出した答申「新たな未来を築くための大学教育の質的転換に向けて——生涯学び続け，主体的に考える力を育成する大学へ」では，「教員と学生が意思疎通を図りつつ，一緒になって切磋琢磨し，相互に刺激を与えながら知的に成長する場を創り，学生が主体的に問題を発見し解を見いだしていく能動的学修（アクティブラーニング）への転換」が唱われている。また，2014 年 3 月 31 日に文部科学省は，「育成すべき資質・能力を踏まえた教育目標・内容と評価の在り方に関する検討会——論点整理」を発表し，学習指導要領の構造を内容ベースの構造から資質・能力育成ベースの構造に転換させる方針を打ち出した。

　これらをうけて，中央審議会が 2014 年 12 月 22 日に出した答申「新しい時代にふさわしい高大接続の実現に向けた高等学校教育，大学教育，大学入学者選抜の一体的改革について」では，この質的転換の視点を学校教育全体に拡大し，「主体的・協働的な学習・指導方法であるアクティブラーニングへの飛躍的充実」が説かれている。

　つまり，学習成果を単なるシグナルとしてではなく，それ自体実質的な意義（レリバンス）を持つものとして評価するために，アクティブラーニングが重視され，それを評価しうるような新しい入試システムの改革が追求されているといえる（松下 2015；中原 2016）。

以前筆者らが行った共同研究では，学力のポスト戦後体制を画するそうしたカリキュラムの構造転換をカリキュラム・イノベーションとして位置づけた（小玉 2015）。

## 第3節　カリキュラム・イノベーションと学力の市民化

カリキュラム・イノベーションには3つの側面がある。

1つ目は，誰がカリキュラムを決めるのかという問題である。従来は，国とアカデミズムであった。これらは今後も重要なカリキュラムの決定主体になるだろう。しかし同時に，カリキュラム・マネジメントということばに見られるように，地域や学校という，より教育現場に近いところでカリキュラムの決定を行うようなシステムが重要視される。

2つ目は，どのようにして教えるのかという問題である。従来のカリキュラム論においては，学習者は，あらかじめ自立的に存在することを前提としてきた。しかし，アクティブラーニングを通じ自律的な学習者の育成自体を課題にする中で，従来の教科学習のカリキュラムの構造そのものを組み替えていくことが必要ではないかという課題が浮上する。

3つ目は，何を教えるかという問題である。前述のように，学力の戦後体制においては，教科で学ばれる学習が，ともすれば個人の能力のシグナルとしての意味を非常に強く持ってきたのに対して，学力のポスト戦後体制においては，社会や政治とのつながりを実質的に有する学力の社会的意義（レリバンス）の側面が重視されるようになる。

以上の3つの側面，すなわち，教育現場に近いところでカリキュラムの決定，自立的な学習者の育成，社会的意義（レリバンス）を有する学力という側面は，日本のみならず，OECDを含む，21世紀の世界のカリキュラム改革の動向とも軌を一にするものである。たとえばガート・ビースタらは，近年のカリキュラム改革の動向を，カリキュラムの決定における教師の主導性，構成主義的学習理論にもとづく学習者中心のアプローチ，内容ではなく結果を重視したカリキュラムの形成の3点に求めているが（Biesta, & Priestley 2013, pp. 229-230），これはまさしくここでの3つの側面と重なるものである（詳細は，小玉 2017を

参照されたい)。

　このようなカリキュラムの政治的・社会的レリバンスを追求していくうえで，特に重要となるのは，どのような資質・能力を市民性（シティズンシップ）のコアにおくかという点である。公教育においてそれは，学力の市民化として概念化されうるものになるのではないだろうか。たとえば，医者にならなくても医療問題を考えること，大工にならなくても建築問題を考えること，プロのサッカー選手にならなくてもサッカーについて考え批評すること，そして官僚にならなくても行政について考え批評すること。つまり，職業と結びついた専門的知識や技能を，市民化された批判的知識へと組みかえていくこと，ここに学力の市民化のポイントがある。バーナード・クリックらのいう論争的問題を中心に据えた政治的リテラシーの教育がその一環をなす。そうした意味において，アマチュアリズムと政治参加を学力のコアにおくことを，カリキュラムの政治的・社会的レリバンスのひとつとして提案したい。それが，18歳選挙権の時代において教育の再政治化と向き合うカリキュラムにつながると考える。

　カリキュラム・イノベーションによる学力の市民化のひとつの実践例として私たちの共同研究が位置づけてきたのが，東京大学教育学部附属中等教育学校（以下，東大附属）での「探究的市民科」の取り組みである。

　学力の戦後体制の時代は，学校のカリキュラムは，アカデミズムから下降してきたそれぞれの専門性にもとづいて教科ごとに領域化されてきた。これに対して，カリキュラム・イノベーションによってカリキュラムの社会的レリバンスを創り出していくためには，アカデミズムに閉ざされてきた専門知の世界を市民社会へと架橋し，学校を市民的批評空間の場にする仕掛けが必要となる。教科横断的な性格を有する「総合的な学習の時間」と「特別活動」（学校行事や生徒会など）はそうした仕掛けを担保するコアカリキュラムになる可能性がある。特に，「総合的な学習の時間」は，新学習指導要領での高等学校におけるそれが「総合的な探究の時間」と名称変更されたことにも示されているように，そこでの探究活動が各教科の活動とリンクし，総合学習と教科の学習の連携がはかられれば，教科のなかにある市民性の部分が解放されて，カリキュラム全体が市民性の内実を帯びたものになっていく可能性が開かれる。

　しかし，中等教育，特に高等学校における総合学習はまだまだそうした内実

を備えているとは言い難い現状がある。そうしたなかにあって，東大附属は，中等教育の学校としてはきわめて突出して，総合学習をカリキュラムの中心に据えて実践を行ってきた[注1]。具体的には，1，2年（中1と中2）の「総合学習入門」で探究的な学びの基礎を培い，それにもとづいて，3，4年（中3と高1）の「課題別学習」では，教員と生徒が1年間をかけて協働してひとつのテーマを掘り下げていく。そしてそれが，5，6年（高2と高3）での「卒業研究」につながっていく。このように，東大附属では，「総合学習入門（1，2年）→課題別学習（3，4年）→卒業研究（5，6年）」という形で，総合学習を学校のカリキュラムの中心（コア）に位置づけて，教育活動を行ってきた。

　以上の成果と蓄積をふまえて，2016年度からは，文部科学省の研究開発学校指定を受け，この「総合学習入門（1，2年）→課題別学習（3，4年）→卒業研究（5，6年）」を「探究的市民科」という新教科とし，総合学習と教科の学習の連携をより緊密にすることによって，市民性を育てる中等教育カリキュラムの開発に取り組んでいる[注2]。「探究的市民科」のねらいは，「教科を超えた学びを教員も一緒になって作り上げる」ことと，「素人でも，市民として世の中の様々な事象や問題に関心を持ち，学び，考え，意見を持つ」ことであるとされている（沖濱・石橋 2016）。その意味で，アカデミズムに閉ざされてきた専門知の世界を市民社会へと架橋し，学校を市民的批評空間の場にしていく実験例として位置づけることができる（福島 2015）。

　以上，資質・能力のコアに市民性をおくことの意義を，実践事例をふまえつつ見てきた。それは，資質・能力が閉ざされた固定的なものではなく，可変的なものであることを示すものでもあるが，このことは，近年のOECDの動きにおいても確認できる。つまりOECD自身が，コンピテンシーのコアに市民性をおく方向へと議論をシフトさせてきているのである。以下ではその点を確認する。

## 第4節　資質・能力の可変性——キー・コンピテンシーからエージェンシーへ

　OECDは，キー・コンピテンシーの次の段階，新しい教育改革の方向性をエデュケーション2030プロジェクトという形で示している。2018年にその中

間報告をなすポジション・ペーパーが公表された（文部科学省 2018）。そこでは，キー・コンピテンシーの概念に立脚しつつも，それを「エージェンシー」（変革を生み出す行為遂行性）という概念で一般化し，以下のように，コンピテンシーのコアに市民性をおいて，それ自体の可変性をより強調する方向へと議論の舵を切っている。

> 若者を教育するのは，働くための準備をすることだけが目的ではない。前向きで，責任ある行動をとることができる，積極的な社会参画ができる市民となっていくためのスキルを付けなければならないのである。……将来に向けて準備ができている生徒は，自らの教育や生活全体を通して，エージェンシーを発揮していく必要がある。エージェンシーは，社会参画を通じて人々や物事，環境がより良いものとなるように影響を与えるという責任感を持っていることを含意する。……将来に向けて最も準備ができている生徒は，変革の主体となる生徒である。（文部科学省 2018, pp. 99-100）

エージェンシーを以上のように位置づけたうえで，同ポジション・ペーパーでは「変革を起こす力のあるコンピテンシー」として，「新たな価値を創造する力」「対立やジレンマを克服する力」「責任ある行動をとる力」の3つを位置づける（文部科学省 2018, p. 101）。

2003年にOECDが出したDeSeCoプロジェクトのキー・コンピテンシーでは，教育によって育成すべきコンピテンシーが列挙されるという枠組みが強かったのに対して，このエデュケーション2030プロジェクトでは，まず生徒のエージェンシーを変革主体性として位置づけ，そのうえで，「変革を起こす力のあるコンピテンシー」を特定するという枠組みに変わっている点がここでの特徴である。

これまでの学校教育が，どちらかといえば社会に対する適応や，秩序や社会の規範を受け入れていくというところに焦点を当てた形で主体の育成が語られてきたとすれば，エデュケーション2030プロジェクトでは，社会の激変期にあって，むしろ自らが社会の変革を促していく主体になっていくことに焦点化して，エージェンシーを位置づけている。そうしたエージェンシーとしての変革主体の育成に学校教育が，より進んで関わっていくべきであるという方向性がOECDの中でも示されていることがうかがえる。

エージェンシー概念を変革主体の行為遂行性として位置づけた先駆的な論者である哲学者のジュディス・バトラーは，エージェンシーが「主権目的を混乱させる可能性」であるとして，以下のように述べる。

> 以前，私はジェンダーの行為遂行性の中に非意図的なエージェンシーの形式を位置づけようとした。この形式は，あらゆる文化，権力，言説の外部にあるわけではないが，重要なことに，それらの諸関係，その予測不可能な逸れの内部から生じるものであり，それらの制度的体制すべての主権目的を混乱させる文化的可能性を確立するものである。(Butler 2015, p. 32 = 2018, pp. 45-46)

つまりここでバトラーは，エージェンシーが，既存の「制度的体制」の内部にありながら，その予測不可能な逸れによって生み出され，制度の混乱，攪乱をもたらし，変革する可能性をやどすもの，そういうものとしての変革主体の行為遂行性であるととらえている。さらにバトラーによれば，そうしたエージェンシーは，たとえば難民や失業者などのような，公的領域から排除され権利を剥奪されている人々を，政治の外側の存在としてではなく，内部にある存在としてとらえるうえでも重要な概念であるとして，以下のように述べる。

> 私たちは，複数的なものから排除されたこれらの存在の行動と状態を，どのように記述すればよいのだろうか。……賭けられているのは，剥奪された者が政治と権力の外部にいるのか，それとも，特定の形式の政治的剥奪と，特定の形式の政治的エージェンシーと抵抗を生きているのか，という問いである。……権利は，それが行使されるときに，また，協調して，連携して行動する人々によってそれが行使されるときに存在するようになる。現存の政治体から排除された人々，いかなる国民国家あるいは他の現代の国家形成体にも属していない人々は，現実の諸関係を独占しようとする人々によってのみ「非現実的」と見なされるだろう。しかしながら，公的領域が彼らの排除を通じて定義された後も，彼らは行動している。(Butler 2015, pp. 77-81 = 2018, pp. 104-108)。

すなわちバトラーによれば，公的領域から排除され，権利を剥奪されている人々もまた，変革する行為遂行性を宿す主体であり，そうした人々の行為によって，公的領域は常に再定義され，組みかえられ得るのである。

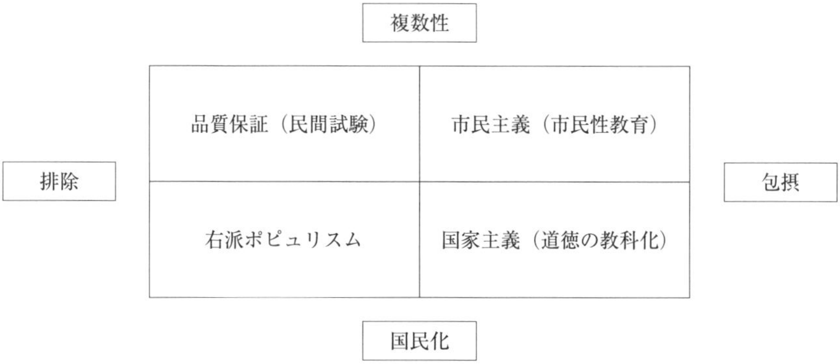

```
                複数性
    ┌─────────────┬─────────────┐
    │ 品質保証     │ 市民主義     │
    │ (民間試験)   │ (市民性教育) │
排除├─────────────┼─────────────┤包摂
    │ 右派ポピュリズム │ 国家主義   │
    │              │ (道徳の教科化)│
    └─────────────┴─────────────┘
                国民化
```

**図 6-1　グローバル化と教育の質の変容をめぐる 2 つのジレンマとそのマトリクス**

　OECD のエージェンシーと，バトラーが提起するエージェンシーは共に，既存の制度や秩序の内部に存在しつつも，その制度を組みかえていく変革主体の行為性をさす概念であるという点で共通している。とはいえ，両者のエージェンシー概念の間には，同じ変革主体といってもイメージにかなりの開きがあることも事実である。ただ，グローバリゼーションの加速によって，OECD のエージェンシーが当初の射程を踏み越えて，バトラー的なエージェンシーをも組み込むようになることが十分想定されうるのであり，テクノロジーの発展を加速させることでそれを達成しようといういわゆる加速主義の立場も，その点では傾聴に値するものであるように思われる。この点は稿をあらためて論じたい（Mackay, & Avanessian 2014）。

　以上をふまえれば，冒頭で指摘したグローバル化と教育の質の変容をめぐる 2 つのジレンマは，国民化から複数性へというベクトルと，排除から包摂へというベクトルの 2 つの交点に市民性教育を位置づけることによって，のりこえ可能となることが示唆される（図 6-1 を参照）。エージェンシーをめぐる OECD の動きはその一例ととらえることができる。そうだとすれば，前述した選挙権年齢の 20 歳から「18 歳以上」への引き下げは，市民性教育への方向性を促す動きとして，まさに 2 つのジレンマを克服していくうえでの枢要な位置を占めるものであるということができるのである。

［注1］東大附属における「探究的市民科」の実践と研究については，より詳しくは，小玉（2017）を参照されたい。

［注2］文部科学省研究開発学校（2016年度指定）『「総合的な学習」と教科学習を，「市民性」「探究」「協働」の視点で見直し結びつけ，そこでの「ディープ・アクティブ・ラーニング」を可能にするカリキュラムの開発と，その指導・評価方法の研究』（http://www.mext.go.jp/a_menu/shotou/kenkyu/htm/02_resch/0203_tbl/1376055.htm）

**参考文献**

沖濱真治・石橋太加志（2016）「東大附属での研究開発校としての実践事例」，東京大学大学院教育学研究科附属学校教育高度化センター主催シンポジウム「国際的な学力論争に日本はどう向き合おうとしているのか──標準化と多様性をめぐるダイナミズム」報告資料，2016年11月5日

小玉重夫（2013）『学力幻想』ちくま新書

小玉重夫（2015）「なぜカリキュラム・イノベーションか」，東京大学教育学部カリキュラム・イノベーション研究会（編）『カリキュラム・イノベーション──新しい学びの創造へ向けて』東京大学出版会

小玉重夫（2016）『教育政治学を拓く──18歳選挙権の時代を見すえて』勁草書房

小玉重夫（2017）「民主的市民の育成と教育カリキュラム」，秋田喜代美（編）『岩波講座・教育　変革への展望5　学びとカリキュラム』岩波書店

中原淳（2016）「アクティブ・ラーナーを育てる高校──なぜ，今，高校でアクティブ・ラーニングなのか」，中原淳・日本教育研究イノベーションセンター（編）『アクティブ・ラーナーを育てる高校』学事出版

日本学術会議（2016）「18歳を市民に──市民性の涵養をめざす高等学校公民科の改革」（http://www.scj.go.jp/ja/info/kohyo/pdf/kohyo-23-t228-3.pdf）

日本シティズンシップ教育フォーラム（編）（2015）『シティズンシップ教育で創る学校の未来』東洋館出版社

福島昌子（2015）「境界を越える探究的学習とアクティブラーニングの実践」『ガバナンス改革と教育の質保証に関する理論的実証的研究──平成26年度報告書』（研究代表者：大桃敏行　課題番号：26245075），東京大学大学院教育学研究科大桃研究室

松下佳代（2015）「ディープ・アクティブラーニングへの誘い」，松下佳代・京都大学高等教育研究開発推進センター（編）『ディープ・アクティブラーニング』勁草書房

文部科学省（初等中等教育局教育課程課教育課程企画室）(2018)「OECD EDUCATION 2030　プロジェクトについて」『初等教育資料』967 号

Biesta, G., & Priestley, M. (2013). "A Curriculum for the Twenty-first Century?," in Priestley, M. & Biesta, G. (Eds), *Reinventing the Curriculum*, London: Bloomsbury.

Butler, J. (2015). *Notes toward a Performative Theory of Assembly*, Cambridge, MA: Harvard University Press.（＝佐藤嘉幸・清水知子（訳）(2018)『アセンブリ』青土社）

Mackay, R., & Avanessian, A. (2014). *#ACCELERATE,* Falmouth, UK: Urbanomic.

# 第Ⅱ部　グローバル化と教育のガバナンス

概　　要
勝野正章


　第Ⅱ部では，教育のガバナンス改革と質保証について，現状把握，政策分析，理論的検討，国際比較という多様な視点から考察する。初等・中等教育だけでなく，高等教育も分析の対象にしている。
　第7章（村上裕介ほか）では，筆者たちが行った全国調査の結果に基づき，教育委員会と学校の関係について考察する。NPM型ガバナンス改革は，「現場」への権限移譲と評価や説明責任の要求を通じての管理強化という二面性を有する。分析からは，学校への予算に関する権限移譲は学校裁量の拡大が唱えられはじめた2000年代初頭と比べて，さほど拡大していないことが明らかになった。一方，教育振興基本計画で学力テストの数値目標が設定されている自治体ほど，指導の内容や方法に関する「授業スタンダード」が策定されており，教育委員会が共通評価項目を設定するトップダウン型の学校評価が行われる傾向が見られた。ここからは，自治体の教育ガバナンスにおいて，学力テストの位置づけが教育委員会と学校の関係に少なからぬ影響を与えていることが示唆される。
　続く第8章（勝野正章ほか）では，学校現場で行われている学力向上の施策や取り組みと全国学力・学習状況調査に対する教員の受けとめ方を全国調査から明らかにする。教員が学力向上のために最も有効な取り組みとしてあげたのは少人数学習であった。TT（チーム・ティーチング）や指導補助員，習熟度別授業なども効果的であると認識されていた。全国学力・学習状況調査については，国が学習指導要領などを通じて進めようとしている授業改革に教員の意識と実践を方向づけていることが示された。日本の教員は，全国学力・学習状況調査に対して概して肯定的であるが，自由記述回答にみられた問題点を指摘する声にも耳を傾ける必要がある。
　第9章（恒吉僚子）では，アメリカに視点を転じて，メリーランド州X郡のR校（小学校）における20年来の定点観測的調査に基づいて，「テス

トによる統制」の実態を明らかにする。R 校は，マイノリティ貧困人口が多い X 郡のなかでも州テストの成績がふるわず，1990 年代後半に校長をはじめ教職員を強制的に入れ替える学校再編（reconstitution）の対象となった。しかし，その後も今日に至るまでテスト結果を基準とするならば R 校が「失敗」し続けていることは変わらない。R 校の事例は，人種，言語，貧困などの背景的要因への十分な手当を講じずに「テストによる統制」という手段で学力向上を図ろうとする改革の限界と問題点を浮き彫りにする。

第 10 章からは，大学のガバナンス改革に焦点をあてる。まず第 10 章（山本清）では，大学ガバナンスの概念モデルに基づいて，欧州各国と中国，日本における高等教育ガバナンスの変容を跡付けるとともに，成果主義（個人から機関レベルまでの業績を測定した結果を報酬や財源に結びつけること）の運用実態を比較分析している。各国では法制度や歴史的経緯に根差した違いはあるものの，概して 1980 年代以降に影響力を持ち始めた法人型ガバナンスが現在も支配的であることが示される。そうしたなかで，NPM の影響を受けた市場機構を通じての統治と学術の自己統治の両立が大きな課題であることが指摘される。

第 11 章（両角亜希子）では，2000 年代以降の日本の高等教育政策を分析している。当初は NPM からの影響を受け（競争と評価を重視しつつ），政府による直接統制を弱め，大学の裁量や自律性を高めることが高等教育政策の目的に据えられていた。2004 年の国立大学法人化も，そのように理解できるものであった。しかし，2011 年頃から政府の成長戦略としての大学の側面が強調されるようになるにつれ，政府がグランドデザインを欠いた思いつき的な提案を矢継ぎ早に打ち出し，大学が翻弄されるという状況を呈している。なかでも補助金政策における数値目標，達成目標の濫用は，大学の個性，自主性を弱めかねない。

最後に第 12 章（福留東土）では，米国のアクレディテーションを歴史的視点から分析する。アクレディテーションは，大学関係者が自主的に結成した民間団体による個別大学の教育改善支援を目的として始まった。第二次世界大戦後は，連邦政府がアクレディテーション団体の認証を開始したり，アクレディテーション団体を統括・調整する団体が設置されるなど，

もともとのボランタリズムや独自性（分権性）が変容を迫られた。近年も，社会や学生のニーズのアクレディテーションへの反映が不十分であると批判されたり，学習成果に関する指標が重視されるようになるなどの変化がある。こうした分析からは，公的な枠組みの中でアカウンタビリティを果たすことと自律的な質保証の両立という課題を共有する日本の高等教育にも示唆が得られる。

# 7 地方自治体における教育の ガバナンス改革

市区町村への全国調査の結果から

村上祐介・佐々木織恵・高木加奈絵・澤田俊也

## 第1節　教育委員会と学校との関係はどのようになっているのか

　本章では，市区町村への全国調査の結果から，教育委員会と学校との関係が現在どのようになっているのか，どう変化しているのかを検証する。

　近年の学校教育をめぐるガバナンスは，中央集権対地方分権，あるいは保守対革新といった二分法的な視点で理解することが難しくなっている。1990年代後半以降，地方分権化，学校の自主性・自律性の拡大が目指されてきた一方で，数値目標の設定など説明責任の強化や学校評価・教員評価の導入・普及なども進んできている。

　こうした裁量拡大と統制強化の同時並行的な動きは，ここ20〜30年ほどで世界的に広まった，NPM（New Public Management，新しい公共管理）とよばれる公共経営改革の考え方とも近い（NPMの概要については本書の序を参照していただきたい）。NPM的な発想が教育現場にも波及する中で，教育委員会（教委）と学校との関係がどのようになっているのかに関しては，事例研究や個別の施策に関する実証研究はあるものの，全国調査を通じて複数の施策を横断的に検討する研究が未だ少ない。そこで本章では，(1) 学校予算の裁量権限，(2) 教育委員会が学校現場での指導方法・内容について定めた授業スタンダードの策定状況，(3) 学校評価制度における目標管理，の3つの分析から，教委と学校との関係についてその現状を明らかにする。教委と学校との関係はさまざまな側面があるが，学校予算については過去の調査との比較が可能であること，また教科指導（授業スタンダード）や学校評価は学力テストの実施による教委—学校間への影響が具体的に現れる施策であると考えられることから，本章では上

記の3点について検討を行う。

　本章で取り上げる調査の概要については以下の通りである。なお，本調査は科学研究費補助金（基盤研究（A））「ガバナンス改革と教育の質保証に関する理論的実証的研究」を用いて実施した。

- 調査対象：指定都市（20），特別区（23），全ての市（770），町村の半数（町：361，村：101，その他2）の教育委員会（計1277か所）
- 調査時期及び方法：2015年10月～12月に郵送による自記式質問紙調査を実施。

　施策ごとに質問項目を分けた4票（A票：教育振興基本計画について，B票：予算・人事について，C票：学校評価等について，D票は学力テスト・教育課程について）をまとめて教育長宛てに郵送し，各教育委員会内で回答に最も適切な担当部局を選んで回答していただいた。

- 有効回答数：A票 580件（回収率45.4％），B票 557件（回収率43.6％），C票 559件（回収率43.7％），D票 561件（回収率43.9％）。

　あらかじめ本章での知見を述べると，第1に，学校予算に関していえば，地方分権や学校の自律性・自主性の向上が推進されはじめた2000年代初頭と比べて，学校の裁量は若干拡大しているものの，大きな変化はなく，学校への分権や裁量拡大はそれほど進行していないことが推察される。第2に，自治体の教育振興基本計画で学力テストの数値目標が設定されている自治体では，授業スタンダードの導入割合や，自治体の教育振興基本計画と学校評価が連動している割合が高く，自治体での学力テストの取り扱いが教委―学校の関係に少なからず影響を与えていることがうかがえる。第3に，規模の大きな自治体では学校予算の裁量拡大が相対的に進んでいる一方，教育振興基本計画と学校評価が連動する例も多くみられるなど，学校の裁量拡大と自治体による学校管理の標準化が同時並行的に進行している傾向がある。

　以下本章では，先に挙げた3つの施策について順に調査結果を検討し，最後に改めて本章の知見から得られる示唆や課題を考える[注1]。

## 第 2 節　2001 年と 2015 年の学校予算に関わる裁量権限の比較

### 2-1　課題の設定

　自律的学校経営と学校予算に関する研究としては，河野ら（2004）の研究があげられる。河野らの研究はいわゆる平成の大合併以前の 2001 年に行われた調査をもとに分析されているが，本研究での調査では類似した項目を調査したため，時系列的な比較を行ううえでは最適な先行研究といえる。そこで本節においては，河野（2004）と本調査を比較することで，学校予算に関わる裁量権限の動向を把握する[注2]。

### 2-2　学校予算に関わる裁量権限の比較

　河野（2004）では，校長の予算に関する専決権の項目（本調査の B 票「Q1-4」）のみで人口規模との相関がみられたが，本調査においては校長の専決権の項目はもちろん，人口規模と細節間流用[注3]，年度途中の個別の予算要求への対応の項目でも統計的に有意な差[注4]がみられた。では各項目を単純比較した場合，学校予算の状況が 2001 年からどのように変化しているのだろうか。
　図 7-1 は，「細節間・節間流用」の回答の割合を単純比較したものである。図 7-1 からは，節間・細節間流用共に 2001 年の調査時点よりも「認めている」の割合が減少していることが見て取れる。
　図 7-2 は，「個別の予算要求への対応」の回答の割合を単純比較したものである。「個別の要望には応じられない」の割合がやや増加し，「首長部局の予算枠で考慮」が大きく減少，「教育委員会の予算枠で考慮」が大きく増えていることがわかる。
　各自治体が年度途中に個別の要望に応じる場合，首長部局の予算で対応するのではなく，教育委員会の予算で対応するように変化してきたということがいえよう。
　図 7-3 は，「校長の専決権」が認められているか否かの回答の割合を単純比較したものである。先にも述べた通り本項目に関しては，河野（2004）においても人口規模との相関がみられている。

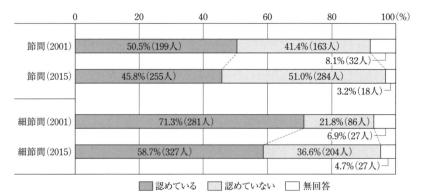

図 7-1 「細節間・節間流用」の比較

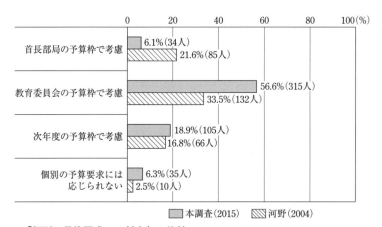

図 7-2 「個別の予算要求への対応」の比較

　図 7-3 からわかるように，河野（2004）と本調査を比較したが，人口規模が大きいほど「認められている」と回答するという傾向に大きな変化は見られなかった。中規模自治体[注5]に関しては，「校長の専決権」が認められていると回答する割合が，2001 年時点より少し増加しており，大規模自治体，小規模自治体でも認められていると回答する割合が微増していることが読み取れる。

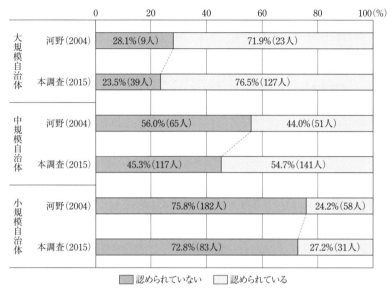

図 7-3 「校長の専決権」の比較

## 2-3 小括

　以上述べてきたように，①節間・細節間流用共に 2001 年の調査時点よりも「認めている」の割合が減少しており，②年度途中の個別の予算要求への対応に関しては，「首長部局の予算枠で考慮」が大きく減少，「教育委員会の予算枠で考慮」が大きく増えており，③校長の専決権に関しては，人口規模が大きいほど「認められている」と回答するという傾向に大きな変化は見られなかったものの，全体としては「認められている」と回答する割合がやや増えていることが明らかとなった。

## 第 3 節　市区町村教育委員会における授業スタンダードの動向

### 3-1　課題の設定

　カリキュラム・マネジメントの必要性が近年指摘されていることからもわかるように，教育課程編成のあり方をめぐって教育委員会と学校の関係性をいか

に構築するかが問われている。その一方で、勝野（2016a）によれば、近年では、教育委員会が指導方法・内容についてのスタンダード（以下、授業スタンダード）を作成する傾向が見られるという。授業スタンダードは、これまで教育委員会で策定されてきた教育課程編成の基準などの手引きよりも、強い規範性を持つことが指摘されている。こうした授業スタンダードの作成（または使用）の動きは、これまで多くの部分が学校に任されてきた指導方法・内容について教育委員会が関与することで、教育委員会と学校の関係を変容させ得ると思われる。しかしながら、教育委員会によって作成される手引きについての全国的な調査研究は、管見の限りでは中留（2005）以降行われていない。そのため、どのくらいの自治体で授業スタンダードが使用・作成されているのか、授業スタンダードの持つ内容は従来の手引きとはどのような差異が確認されるのか、授業スタンダードを作成する自治体にはどのような特徴が見られるのかを実証的に検討する必要がある。

### 3-2　授業スタンダードの使用・作成の状況と内容的検討

　中留（2005）は、1998年の改訂以降、学習指導要領が大綱化・弾力化されたことによって、都道府県教育委員会が「教育課程の基準」や「学習指導上の手引き」を活発に作成するようになったと論じている。中留の言う「教育課程の基準」は、「教育課程編成の原則的方針」や「各教科等の指導計画作成のための基本的事項・方針」など、学校が教育課程を編成する上での枠組みと指導上の解説を記したものである。「学習指導上の手引き」は、個別の教科領域についての教材や「個性を生かす教育」などについての解説が想定されている。これらは、学校における教育課程編成の枠組みを示したものか、ある教育内容について解説したものであるため、学校や教師の弾力的な運用が可能であると考えられる。本節では、授業スタンダードに焦点を当てて、依然として教育委員会は大綱的な性格を持つ資料を示しているのか、あるいは従来とは異なる動きが見られるのかを明らかにする。

　本調査は市区町村教育委員会を対象としたため、市区町村教育委員会が各学校に向けて「教育課程編成の参考資料」を作成、あるいは都道府県のものを使用しているか否かを問うた。回答した445自治体のうち、183自治体が参考資

料を使用あるいは作成している。人口規模の大きい自治体ほど「教育課程編成の参考資料」を使用・作成している傾向にある。さらに，183自治体のうち，99自治体（54%）が授業スタンダードを作成・使用していることがわかった。回答自治体のうち22.2%の自治体が，授業スタンダードを使用あるいは作成していることになる。なお，市区町村教育委員会が授業スタンダードを使用・作成するのか，その他の「教育課程編成の参考資料（自治体独自の学習指導要領や学習評価の手引き，その他）」を使用・作成するのかについて，人口規模との相関は見られなかった。

　授業スタンダードの内容についての特徴を明らかにするため，授業スタンダードを使用・作成している場合の内容と，その他の教育課程編成の参考資料を使用・作成している場合の内容に違いがあるのかについて，カイ2乗検定を行った。その結果，「各教科等の指導計画の展開ないし指導方法」という教科指導に関わる点については，授業スタンダードを使用・作成している自治体では59自治体（60.2%），他の参考資料を使用・作成している自治体では39自治体（39.8%）において，教育課程編成の参考資料の内容に位置づけられており，この差は統計的に有意であった（$p<0.05$）。加えて，授業スタンダードを使用・作成している自治体では，「実際の授業の展開ないし指導方法」（74.7%，$p<0.01$）や「学習規律の確立」（67.3%，$p<0.05$）などといった，授業で教師がいかに教え，子どもがいかに学ぶのかという授業方法・内容を定めているという回答が有意に高い。反対に，「教育課程編成のための原則的方針」（44.8%，$p<0.01$）や「時間割の弾力的な編成と運用方法の解説」（35.7%，$p<0.05$）といった，教育課程編成の枠組みについての指針については，授業スタンダードを使用・作成している場合には，他の「教育課程編成の参考資料」の場合と比較して有意に低い。なお，「各学校における教育課程編成の方針」についても，有意ではないが同様の傾向が見られる（44.4%，$p=0.160$）。すなわち，授業スタンダードは，その内容として，学校教育活動のプロセスを含む一方で，学校の教育活動の裁量を担保し得る大綱的・弾力的な発想をそれほど持ち合わせていないと考えられる。

### 3-3　授業スタンダードを使用・作成する自治体の特徴

　さらに，授業スタンダードはどのような自治体で使用・作成される傾向にあ

るのかについて検討する。各市区町村の教育振興基本計画における「学力の向上」の成果指標として、全国学力・学習状況調査や都道府県独自の学力テストを設定しているかどうかが、授業スタンダードの使用・作成といかなる関係にあるのかについて、カイ2乗検定によって分析した。その結果、全国学力・学習状況調査の結果が自治体の教育振興基本計画における「学力の向上」の成果指標として位置づけられている場合、A問題については24自治体61.5％（$p<0.10$）において、B問題については25自治体62.5％（$p<0.05$）において、自治体独自の学習指導要領や学習評価の手引きなどの資料よりも授業スタンダードを使用・作成するという傾向が有意に高かった。また、都道府県の学力テストの結果を成果指標として設定している場合にも、同様の傾向が見られた（12自治体75.0％, $p<0.05$）。

### 3-4　小括

　授業スタンダードの作成と普及は、近年、文部科学省が全国の都道府県・指定都市教育委員会に対して行った、全国学力・学習状況調査の結果に基づいた「継続的な検証改善サイクル」についての委託事業の流れに位置づけられる（勝野 2016a, b）。授業スタンダードを使用・作成している自治体の特徴として、自治体の教育振興基本計画に学力調査の成果に関わる数値目標が設定されている傾向が確認されたことは、国の設定する教育目標と国によって測定された教育の結果が、自治体の教育政策に無視できない影響を与えていることを示唆している。河野（2017）の調査によれば、81.9％の市町村教育委員会が学力調査の分析と検証に基づいた授業改善による学力向上施策を行っている。このことから、今後さらに授業スタンダードの使用・作成が拡大することが予測される。ただし、授業スタンダードを使用・作成していても学力調査に関わる数値目標を設定していない自治体や、反対に数値目標を設定していても授業スタンダードを使用・作成していない自治体、あるいは授業スタンダードも数値目標もない自治体も存在する。したがって、それぞれの分類に位置づけられる自治体の特徴や、数値目標の有無による授業スタンダードの性格の差異などについて、引き続き検討する必要がある。

　また、学校現場では、ある指導方法が目標の達成にとって役立つかどうかに

ついて強い関心を示す傾向がある一方で，目標が目の前にいる子どもによって良いものかどうかはそれほど意識されていない（勝野 2016b）ために，授業スタンダードに「自発的」に依存する傾向が強まっているという（勝野 2016a）。本節では少なくない自治体において授業スタンダードが使用・作成されていることが確認されたが，実際に教育活動が行われる学校現場ではどのように授業スタンダードを捉え，教育実践を展開しているのかを明らかにすることも今後の検討課題である。

## 第4節　自治体の学校評価制度における目標管理の志向性

### 4-1　課題の設定

近年，NPM 型の教育改革が進行する中で，学校評価，教員評価において目標管理手法が用いられていることが指摘されている。目標管理は経営学の本来の定義ではボトムアップの目標設定を志向するが，新制度派経済学によって持ち込まれた目標管理はトップダウンを志向する。

学校評価におけるトップダウン型の目標管理には，「価値内面化機能」（福嶋 2010）と呼ばれるものがあり，学校評価に共通評価項目を設定し，更にそれを教育振興基本計画と連動させるような学校評価制度とも捉えられる。一方，ボトムアップ型の目標管理とは，学校の教育目標や学校評価の評価項目の策定への「教職員参加」を指す（木岡 2006）。

目標管理の意図する効能としては，省察の促進や内発的インセンティブの喚起が挙げられるが，一方，目標管理の負の効果としては，トップダウンの目標管理が教師の動機づけや職務達成感の点でマイナスの影響を及ぼす点が指摘されている（勝野 2005）。

地方学校評価制度においてトップダウンの目標管理が用いられているのか，ボトムアップなのかに関する全国的な調査はこれまで行われていない。本節では，こうした学校評価における目標管理の手法の全国的傾向を明らかにするとともに，その影響要因を探ることを目的とする。

### 4-2　地方自治体の学校評価制度における目標管理の全国的傾向と影響要因

　本調査では，「教育振興基本計画」と共通評価項目の連動が有りであれば「自治体トップダウン（TD）型」，重点目標や学校評価の評価項目・評価指標の設定で「一般教職員」に回答があれば「教職員ボトムアップ（BU）型」とした。その結果，「自治体TD」については，全体の20.2％であった。具体的には，自己評価の共通評価項目を策定している自治体は162自治体（欠損値を除く481自治体の33.7％），そのうち欠損値を除く150自治体中90自治体（60％）の自治体で共通評価項目が教育振興基本計画と連動して作成されていた。「教職員BU型」については，全体の6.8％であった。具体的には，学校評価の手引きを作成していると回答したのは128自治体（26.8％），このうち自己評価への教職員参加を明示的に自己評価手引きの中で示している自治体は，欠損値を除く120自治体中40自治体（33.3％）であった。以上から，自治体TD，教職員BUとも，明確に意識されて学校評価制度を構築している自治体は限定的であることが分かる。

　また，教育振興基本計画と共通評価項目の連動によって教育委員会から学校へ実現が求められる価値の内容を確認したところ，図7-4の通りとなった。

　図7-4の結果からは，学力向上に関する評価項目，地域との連携に関わる評価項目，道徳教育やいじめ問題など生徒指導に関わる評価項目，が大多数を占める状況が分かる。また，それ以外の項目についても学校安全や特別支援など，網羅的に策定されている状況が示された。学力向上が最も多いとはいえ，生徒指導，地域との連携，いじめ・暴力問題への対処など日本の教職員に求められる価値は多面的であることが分かる。ここからは，学校評価を通した教職員への負担増加が懸念される。

　また，人口規模が大きい自治体に自治体TD型が見られる傾向も明らかとなった。自治体TD型の自治体は，50％が10万人以上都市，44.4％が1万5000人以上10万人未満，5.6％が1万5000人未満であるのに対し，自治体TD型でない自治体は順に，26.7％，56.7％，16.7％でありその差は統計的に有意であった（$p<0.01$）。また自治体TDは，教育長が一般行政部局出身の場合，より起こりやすい傾向があることが示された。自治体TD型の自治体では24.1％の自治体で教育長が元一般行政部局行政職，75.9％が元教員または教育委員会行

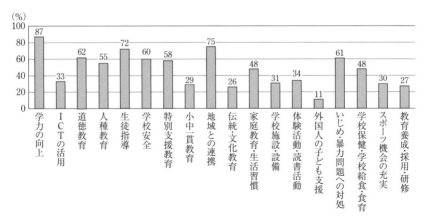

**図7-4 教育振興基本計画と内容が重複する共通評価項目**

政職であるのに対し、自治体TD型でない自治体では順に8.6%、91.4%であり、その差は統計的に有意であった（$p<0.05$）。さらに自治体TDの自治体では、教育振興基本計画において成果指標が数値で設定される傾向があることが分かった。自治体TD型の自治体では61.4%で数値目標が設定または設定予定、38.6%で数値目標が設定されていないのに対し、価値内面化無しの自治体では順に31.3%、68.7%でありその差は統計的に有意であった（$p<0.05$）。

### 4-3 小括

ここまでで得られた知見及び今後の課題をまとめると以下の通りとなる。自治体TD、教職員BUとも明確に意識している自治体は全国的には限定的である。また自治体TDで、教職員に求められる価値は網羅的・多面的である。さらに価値内面化は人口規模が大きい自治体、教育長が一般行政部局出身である自治体、教育振興基本計画において成果指標が数値で設定されている自治体により起こりやすい傾向があることが示された。なお本章では検討していないが、日本の学校評価の目標管理において、校長の役割、位置付けを含めた目標管理の志向性が、学校現場にいかなる影響を与えるのかについて検証を行うことが、今後の課題である。

## 第5節　地方自治体の教育ガバナンスの今後

　教育の質を保障していくうえで，いかなる教委と学校の関係が望ましいのかは必ずしも一通りの答えがあるわけではない。学校への分権や権限の移譲で全てが解決するわけではないことも事実である。一方で本章の検討からは，自治体の規模，換言すれば教委が所管する学校の数によって，学校の裁量や自治体による学校管理の実態は異なる傾向があることがみえてきた。加えて一部では，自治体共通の学力テストの成果目標を通じた学校目標の管理や，さらには授業の標準化が強まっている面が観察された。

　教委と学校との関係は，教育現場や日々の実践に大きな影響を与える。その点に関して本章の知見から示唆されることは，教委と学校との関係を分析するうえで，教委による学力テストの活用の在り方と，それが学校の教育活動に与える影響，および自治体の規模による教育ガバナンスの在り方の違いについて検証を深めることが重要ではないかということである。教育の質保障にとって望ましい教委と学校の関係とは何か，また自治体によって違いがあるとするならば，どのような自治体でいかなる在り方が望ましいのか，学力テストの活用はそうした点にどう関連してくるのか，といった点を明らかにしていくことが求められる。

［注1］本章は1節・5節を村上，2節を高木，3節を澤田，4節を佐々木がそれぞれ分担して執筆した。

［注2］より詳細な分析については高木（2017）を参照のこと。なお本節の内容の一部は同論文と重複していることをお断りしておく。

［注3］節間流用に関しては，人口規模をそのまま投入した場合は統計的に有意な差がみられなかったが，自治体規模をコントロールした場合に限って，統計的に有意な差（$p<0.05$）がみられた。

［注4］人口規模をコントロールせずに投入した場合，細節間流用は $p<0.05$，年度途中の個別の予算要求への対応と校長の予算に関する専決権は $p<0.01$ で統計的に有意であった。

［注5］本節においては，人口規模が10万人以上の自治体を大規模自治体，1.5万人以

上 10 万人未満の自治体を中規模自治体，1.5 万人未満の自治体を小規模自治体と定義し，分析を行った。大規模自治体については中都市（10 万人以上）を，小規模自治体については町の上限である 1.5 万人を考慮したためこのような区分となった。

**参考文献**
勝野正章（2005）「自己申告による目標管理の進め方」『教職研修』34(2)，42-45.
勝野正章（2016a）「自治体教育政策が教育実践に及ぼす影響──授業スタンダードを事例として」日本教育政策学会編『日本教育政策学会年報』23，95-103.
勝野正章（2016b）「9 教師の職務の公共性と専門家としての責任」，佐藤学他（編）『学びの専門家としての教師』岩波書店，pp. 227-243.
木岡一明（2006）「学校事務から見た「新しい学校づくり」の考え方と進め方（中）目標管理と学校評価」『学校事務』57(2)，31-37.
河野和清（編）（2004）『地方分権改革下における自律的学校経営の構築に関する総合的研究』多賀出版，pp. 205-235.
河野和清（2017）『市町村教育委員会制度に関する研究──制度改革と学力政策の現状と課題』福村出版
中留武昭（2005）『カリキュラムマネジメントの定着過程──教育課程行政の裁量とかかわって』教育開発研究所
高木加奈絵（2017）「地方分権改革下の教育振興基本計画・学校予算・教員人事──2015 年全国質問紙調査の結果から」『「ガバナンス改革と教育の質保証に関する理論的実証的研究」平成 28 年度報告書』東京大学大学院教育学研究科
福嶋尚子（2010）「"価値内面化機能"の視点から見た地方における学校評価制度の分析」『日本教育行政学会年報』36，123-140.

# 8 学力向上の取り組み・施策と全国学力調査に対する教員の意識

勝野正章・木場裕紀・津田昌宏・福嶋尚子・盛藤陽子

## 第1節　全国学力調査と教育の質保証

　文部科学省が全国学力・学習状況調査（以下，単に「全国学力調査」）を開始したのは2007年であるが，その滑り出しは必ずしも順風満帆とは言えないものだった。たとえば，愛知県犬山市教育委員会は，全国学力調査は競争原理を学校に持ち込むことで学力の向上を図ろうとするものであり，豊かな人間関係の中で人格の形成と学力の保障を目指す同市の教育理念に合わないとして，不参加を決め，注目された（犬山市教育委員会2007）。公立学校に限れば，犬山市が2009年に参加を決定したことで「全国」学力調査となったものの，私立学校の参加率は開始年度において61.5％にとどまった（文部科学省2007）。この数字は，その後も年々低下して，2016年には49.4％と半分を切っている（文部科学省2016）。不参加の私立学校にとってみれば，自校の児童・生徒の学力は十分に把握できているので，通常の教育活動を犠牲にしてまで全国学力調査に参加する意義は薄いということであろう。全国学力調査は，文部科学大臣による協力要請に学校設置者（教育委員会，学校法人）が応えることで実施されるものであり，参加が法的に義務付けられているものではない。また，2010年には当時の民主党政権によって，全国レベルでの教育水準の把握と教育施策の改善という目的であれば悉皆調査である必要はないとされ，30％の抽出調査に変更されたが，2013年には自公政権の下で悉皆調査（「きめ細かい調査」）が再開された。このように全国学力調査の目的に照らして，実施方法が適切・妥当であるかどうかも議論を呼んだ。

　一方，保護者はといえば，子どもたちの客観的な学力データを得られる方法

として，全国学力テストの導入前の時点で賛成が71.2％であった（ベネッセ未来教育センター 2004）。さらに近年の調査では，保護者の58.6％は全国学力調査の学校別結果公開に賛成しているという結果も報告されている（ベネッセ教育研究開発センター 2013）。文部科学省は全国学力調査の開始以来，「学校の序列化や過度の競争」を招くという理由から，学校別結果の非公表を教育委員会に求めてきたが，単なる結果の公表ではなく，指導改善の方策を付すことを条件として方針転換を行った。これを受けて，2014年に学校ごとに教科別平均点を公表した市町村教育委員会は，1756中114（6.5％）であった（文部科学省 2014）。また，都道府県教育委員会が市町村単位で結果の公表を行うことも，当該市町村教育委員会の同意を条件に可能となった。2014年の全国学力調査では，47都道府県教育委員会のうち14（30％）が結果を公表した（文部科学省 2014）。現状では，市町村別・学校別に全国学力調査の結果が公表されているのは一部だが，公表が同調査に対する教育委員会，学校教職員の意識や取り組みに影響を与えるであろうことは想像に難くない。

　文部科学省が市町村別・学校別成績公表を解禁する以前であるが，志水・高田編（2012）は，全国学力調査の都道府県別結果公表の影響に注目して，下位県が様々な対策を精力的に講じているだけでなく，上位県も全国学力調査を強く意識した取組を行っていることを明らかにしている。上位の結果を保持するには安穏としてはいられないということである。志水・高田編（2012）のほかにも，全国学力調査の導入を受けて，自治体や学校単位で行われている対策についての調査・研究が行われている（木田 2014；浅野 2014；嘉納・宮城・森本 2013など）。自治体独自の学力調査の実施，成績上位県や市町村への調査訪問や教員の出向，学力調査結果の分析方法の提示，モデル授業プランや教材の作成と普及など，種々の取組が行われているが，授業中に過去問を解かせることに多くの時間を費やすという事態も一部では生じている。2016年4月，文部科学省は点数をあげることを主な目的とした，行き過ぎた取り組みは全国学力調査の趣旨を損なうものであり，しないよう求める通知を全国の教育委員会宛てに発出した（文部科学省初等中等教育局長 2016）。しかし，都道府県別に加えて市町村別・学校別の平均点公表を解禁することが，全国学力調査の結果に対する意識をさらに強め，過去問を集中的に解かせるような本来の趣旨に反する取

り組みを助長させる可能性は否定しきれない。ここには政策の一貫性・整合性についての疑問が残る。

　全国学力調査が競争を激化させ，成績の向上というプレッシャーを教育の場に過剰に与えるのではないかという懸念が払拭しきれない一方，全国学力調査の結果をきめ細かく分析して，教育指導と教育施策の改善に役立てようとする取り組みも行われている。たとえば，国立教育政策研究所の分析によれば，ノートに学習の目標とまとめを書くように指導している学校の方が，全ての教科で平均正答率が高い傾向が見られた。また，山森・奥田（2014）は，習熟度別少人数指導，チーム・ティーチングの効果を比較して，少人数学級を実施した学校が最も算数の平均点が高いことを明らかにした。特に就学援助を受けている児童の割合が10％以上20％未満の学校において，追加的に教員を配置して教員1人当たりの生徒比率を少なくすることによる効果があがっていた。山本・井上（2015）も少人数学級の有用性が「国語数学ともに……得点率に大変有効に作用する」と報告している。さらに，このような指導方法や教育施策以外に，全国学力調査の成績には児童・生徒の家庭的背景，特に収入が強く関係していることも報告されている（お茶の水女子大学2014）。

　ここで改めて全国学力調査の目的を確認しておくならば，それはまず，義務教育の機会均等と水準の維持向上に責任を負う国が，全国的な児童・生徒の学力や学習状況を把握・分析し，教育施策の成果と課題を検証し，その改善を図ることである（文部科学省2015）。同時に，学校は設置管理者（教育委員会等）とともに，全国学力調査の結果を児童生徒への教育指導の充実や学習状況の改善等に役立てることを強く求められる。つまり，全国学力調査は，全国的な学力の把握だけにとどまらない，教育指導と教育施策の効果を検証し，改善するための方法であり，日本の教育システムに「効果検証サイクル」を根づかせる手段として実施されているのである。これは義務教育国庫負担制度改革を直接のきっかけとして，2005年に中央教育審議会と文部科学省が唱えた「義務教育の構造改革」において，教育の質保証という名のもとに明確に打ち出されたものであった。同時にそこでは，保証されるべき教育の質の定義が，グローバル化やIT化などの急激な社会変動への教育的対応を強く意識した国による主導のもと，学校教育法の改正や学習指導要領を通じて進められた。そうしたなか

で，全国学力調査は，どのような方向で教育指導の充実・改善が行われるべきかを教育の場に提示する指示・伝達機能を学習指導要領とともに担っていることが予想される。

「効果検証サイクル」とは，保証すべき教育の質を国主導で定義し，学校と教育委員会には取り組み・実践に関する一定の裁量を与えることでその実現を図ろうとする，トップダウンとボトムアップが混成した教育ガバナンスの形態であると言える。全国学力調査は，この「効果検証サイクル」の要の位置にあるわけだが，教員はそれをどのように受け止めているのだろうか。あわせて，全国学力調査に限らず，学力の向上に関わって，どのような取り組みや施策が行われていて，それらの効果や影響についてはどのような見解を持っているのだろうか。既に同様の問いに答えようとした調査や研究はあるものの，今日の日本の教育ガバナンスにおいて全国学力調査が担う重要性に鑑みれば，筆者らが実施した全国調査の結果の一部を報告することには一定の意義があるだろう。

## 第2節　教員調査

### 2-1　調査の概要

　筆者らは，2015年11月から12月にかけて，全国からランダムに抽出された公立小学校1000校，公立中学校500校を対象に質問紙調査を実施した。全国学力調査の実施学年と教科を考慮して，小学校では第6学年の担任から学年主任を含め5名（5名以下の場合は全員），中学校では第3学年の国語，数学，理科，その他教科の担当から2名ずつの8名（教科担当が学年に1名の場合には1名）を任意に選び，郵送により回答するよう各学校長に依頼した。有効回答数は2497件（回答率27.7％）であった。質問紙は3部から構成され，第1部では，自治体独自の学力調査や習熟度別学習などの取り組みや冷房設備といった条件整備について，それぞれ学力向上に資すると思うか否かについて尋ねた。続く第2部では，全国学力調査の効果や調査に向けた取り組みについて尋ねた。最後に第3部では，勤務する学校の教職員間の連携や時間的・財政的ゆとりといった実態について尋ねるとともに，回答者の在職年数，校歴，性別，職位，職責，担当する教科などについて回答を求めた。以上に加えて，勤務する学校の

児童・生徒数，学級数，教職員数なども尋ねたほか，学力向上に関する取り組みや施策，そして全国学力調査の影響について自由記述で回答を依頼した。

　紙幅の制約から，本調査のすべての結果や筆者らが行った分析を提示することはできないので，以下では，(1) 教員から見た学力向上に資する取り組みや施策 (2-2項)，(2) 全国学力調査の影響や取り組みについての調査結果 (2-3項) を概観する。

### 2-2　学力向上に資する取り組みや施策

　図8-1は，諸々の取り組みや施策について，それらが学力向上に効果があると思うかという問いに対する「とてもそう思う」「どちらかと言えばそう思う」「あまりそう思わない」「まったくそう思わない」という回答に，順に4点から1点までの点数を付けて平均を算出した結果を示している。

　この図が示すように，教員から見て，最も学力向上に有効であるのは少人数学習であり，TT（チーム・ティーチング）や指導補助員，習熟度別学習も学力向上に資すると評価されている。児童・生徒の学び方や個性に応じた，きめ細かな指導・支援を可能にする施策や取り組みが学力向上には有効であると考えられていることがわかる。それらに続くのは，冷房設備やICT教育設備であり，教育条件の整備が学力向上につながるとの教員の認識がうかがえる。読書活動の効果への評価も高い。

　一方で，教員から見て評価が低いのは，授業時数を増やすことで学力向上に資するとされることもある土曜授業や2学期制，そして学校を競争的環境に置くことで家庭に選択される教育を提供しているかどうか意識させ，教育の質的改善に向けた動機づけを与える効果があると言われる学校選択制である。また，県独自の学力調査と市町村独自の学力調査も，それほど学力向上に資するとは思われていないことがわかる。自治体独自の学力調査の在り方は多様であり，一概に述べることはできないが，学力向上に資するものとなっているかどうかという点では，教員からはやや厳しい視線が投げかけられていると言うことができる。

　この結果で興味深いのは，補習や学習支援ボランティア（学ボラ）に対する評価が比較的高いことである。後述するように，教育の場では学力格差に対す

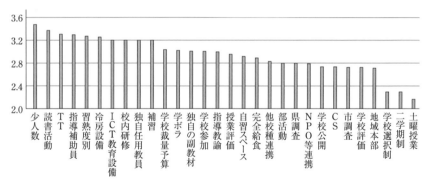

**図 8-1　学力向上に有効な取り組み・施策**

る意識が強まっており，そのためにこうした本来の授業外で行われる補完的な学力保障の取り組みが進み，その意義が認識されるようになっていることがうかがえる。しかし，裏を返せば，このことは本来の学校教育活動における人的・時間的余裕のなさを物語るものである。TTや指導補助員，独自任用教員の効果に対する評価は高いが，既に学校に配置されている教員が授業中に行えることはやり尽くしており，それ以上に何かに取り組む余裕はほとんど残されていない。特に低学力の克服のためには，地域住民や保護者の手助けが不可欠になっているが，そうした外部人材に頼った取り組みは，どの地域，どの学校でも十分に実施できるという保証はないことを考えれば，まずは本来の学校教育活動で学力格差や低学力に対応可能な教員配置をはじめとする条件整備の必要性を示唆する結果であると読み解くことも可能である。

### 2-3　全国学力調査の影響と取り組み

　教育の現場では，全国学力調査の結果を指導改善の向上に役立てることが求められている。本調査に参加した教員の回答からは，このねらいがおおむね浸透し，実現されていることが示された。すなわち，82.2%の教員が全国学力調査は児童・生徒の学力を把握するのに役立っていると答え，64%が自分の授業の改善に役立っていると回答している。図 8-2 が示すとおり，全国学力調査によって「思考力・判断力を伸ばす実践をより意識」するようになったが 75%，「表現力を伸ばす実践をより意識」するようになったが 71.7%，「知識の活用力

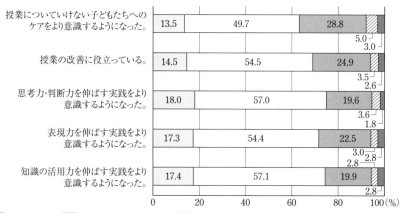

図8-2 全国学力調査の影響

を伸ばす実践をより意識」するようになったが74.5％であり，教員は国が目指す学力を意識し，それに合わせて指導内容・方法を実施するようになっていることがうかがえる。実際，「ほとんどいつも全国学力調査を意識しながら授業をしている」と回答した教員は65.5％に上った。

一方，教員個人への影響と比較すると，学校レベルでの影響については，全国学力調査が学校の教育課程の改善に貢献しているという回答は46.7％と半分に届かず，やや明確さを欠いている。しかし，それにもかかわらず，60％の教員が学校の目標と計画は全国学力調査に即したものになっていると答えており，全国学力調査が学校単位でも，単なる学力の把握に留まらず，教育活動を方向づける影響を与えていることは間違いないと言えるだろう。

以下の自由記述回答は，こうした個々の教員，並びに学校での全国学力調査の影響を肯定的にとらえているものである。

「全国学力調査は，いま求められている力の達成状況や自校の課題の洗い出し等，全国と本県との比較等も交えて検討できる等，有意義な調査であると思う。児童質問紙調査の結果もたいへん参考になる。」

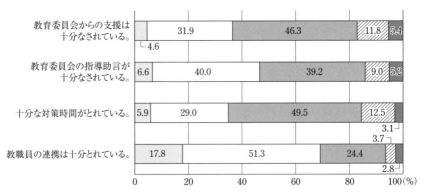

**図8-3 学校での全国学力調査への取り組み状況と教育委員会からの支援**

「国で考える『学力』と，諸調査の内容が同じ方向をめざしているものと考え，現場では実践しています。日本の未来を託す子どもたちにつけるべき力をこれからも示唆して欲しいと思います。」

「学力向上に向けて校内で授業改善に取り組んでいる。今年度，自校の学習スタンダードを作成し，全校で取り組み始めた。教師の指導力向上のために，校内研修で指導案検討→実践→授業検討会をやっている。」

全国学力調査による影響で，同時に注目すべきは，「授業についていけない子どもたちへのケアを意識」するようになったと69％の教員が回答していることである。諸外国では，学力テストの結果が学校の教育活動の結果責任（アカウンタビリティ）を問う手段として強調された結果，成績をあげることに教員の意識が集中して，授業についていけない子どもの切り捨てが生じているとの報告（ラビッチ2013など）があり，日本でも同様の懸念が表明されてきた（藤田2005など）が，この回答を見る限り，教員の意識は低学力の児童・生徒へのケアに向かっているものと言える。

ただし，国が示す学力に即した教育の実現であれ，あるいは低学力の子どもに対するケアであれ，全国学力調査を契機として浮かび上がった課題に取り組んでいくための条件が現在の教育現場に満足に備わっているかと言えば，教員はかなり懐疑的である。図8-3に示すとおり，「教職員間の連携は十分にとれ

ている」は69.1％に上ったものの，「十分な対策時間がとれている」は34.1％，「教育委員会の指導助言が十分になされている」は46.6％，「教育委員会からの支援が十分になされている」は36.5％にとどまる。自由記述回答として寄せられた「現行の教育課程の中で，学力テスト実施の時間を設けるのに精一杯で事前に対策や事後の解説等を十分に行う時間の確保が難しい」という意見や，「1学級の人数が多い（30人学級くらいがよい）。施設，設備，備品が古く，数が少ない（理科）。最先端とまではいかないまでも新しい機器（タブレット等）が一人1台使える状況にしたい。個々に対応することで一人ひとりの進度に合わせられることが学力向上につながる」という意見に表れているように，教員は，教育活動を進めていくうえで必要な時間，人的・物的な資源不足を訴えている。この点は，2-2で全国学力調査に直接関わる取り組みに限らず，児童・生徒の学力向上のために必要なものとして，学級の小規模化や教員増などの条件整備があげられていたことと対応している。

さらに，自由記述回答では，全国学力調査自体の問題点をはっきりと指摘する意見が少なくない。以下の自由記述回答は，学力向上のためには，教員のゆとりや30人学級などの条件整備が優先されるべきであると訴えるものである。

「各教員がしっかり授業に向き合える時間が確保できれば自然に学力は上がってくる。実際の現場は全く違う。雑務の合間を縫って授業しているようなものである。いろいろな要請を断る勇気，いろいろな取り組みを削る決断，そして，討論する時間がない。効率化のもとに目まぐるしく走らされている現状では，真の学力保障は難しいと思う。」

「最も効果があがるのは30人学級などの少人数学級実現とそれに伴う人員配置だと思います。すでに様々な研究で明らかになっていますが，予算等の都合で，全国，全地域で十分な人員配置がなされているとは思えません。まずは，少人数学級，定数見直しで教員一人当たりの子ども数を国際的な水準まで引き下げて欲しいと思います。」

これまで見てきたとおり，本調査に回答した教員はおおむね全国学力調査に対して肯定的な意見を持っていると言えるが，自由記述回答に限ると，全部で378件のうち肯定的な意見が11件であるのに対し，それ以外は何らかの改善

要求を含む，どちらかと言えば批判的な意見である。以下は，その例である。

　「『学力』というものの捉え方が多様であり，今，現場におりてきている状況から考えると，『学力』＝『点数』と理解せざるを得ない。点数も必要であると考えるが，それは子どもたちの意欲や集団の高まり，さらには，教師と子どもの信頼関係を土台に育まれた点数が意味のあるものと考えている。したがって，今の『学力向上』は，将来的に役立つようなものには一切なりえないと思う。」

　「教育課程の時間を削って，学力調査の過去問をして学力調査対策をしており，本末転倒である。特に6年生の4月は，学校を動かす組織づくりなどで忙しく，隙間時間に授業を進めているところへ過去の学力調査問題を解き，解説していると，授業が全く進まない現状で，教員も子どもたちも辟易している。」

　「全国学力調査は，弊害が多いと感じる。いつの間にか，平均点を競うようになり，点数を上げることが目的になっている。過去問や練習で点数を上げても子どもの学力が向上するものではない。思考力や判断力が向上すれば点数があがると思うが，思考力や判断力を向上させずに手っとりばやく点数を上げる方向になってしまっている。本当に調査が必要であれば，抽出で十分だし，平均点を公表して競わせることにならないよう十分な手立てが必要だと思う。」

　点数が学力を示すものとして独り歩きし，競争に煽られるかのように過去問対策に追われ，本来の授業がおろそかになっているというのは，2016年4月に文部科学省が全国学力調査本来の目的に反することであると戒めた事態である。全国学力調査を悉皆調査を行う必要があるかどうかは，政権交替時に盛んに議論され，その後は「きめ細かな調査」として実施することによって，政策問題としては収束しているように見えるが，教育の現場で弊害を引き起こしてはいないか，それは許容できる範囲内かどうかという観点から，再び議論の土俵に上げてもよいのではないだろうか。同様に，結果の公表についても，一部ではあれ，競争を助長し，全国学力調査本来の目的に反する事態を引き起こしているという教育の現場からの指摘を軽んじるべきではない。

## 第3節　全国学力調査を問い直す

　全国学力調査は，21世紀に入り，まさに「ゆとり教育」が本格実施されようかという頃，日本の児童・生徒の学力は低下しているのではないかという不安の広がりに応答するとともに，急速にグローバル化，IT化が進む世界で求められる能力やスキル（コンピテンシー）を児童・生徒に身につけさせることをねらいとする教育ガバナンス改革の重要な一角として始まった。この能力やスキルは，2007年の学校教育法改正によって，学力の法的な定義としてトップダウン式に示されたが，より具体的には学習指導要領に記述されているものである。学習指導要領が「知識・技能」「思考力・判断力・表現力」「学びに向かう姿勢」という学力の3つの要素に従って，児童・生徒を評価することを求めるなかで，全国学力調査は，このような学力の育成へと教員の意識と取り組みを方向づける役割を果たしている。本調査が明らかにしたのは，まずもって，このことである。

　全体的に見て，教員は，全国学力調査を児童・生徒の学力をよりよく理解する手段として，また授業改善につながるものとして，肯定的に受けとめている。しかし，本調査の結果を受けて，いくつかの問題を改めて検討する必要があると考える。

　第一に，結果の公表と悉皆／抽出調査に関する問題である。教育評価で最も重要なことは，児童・生徒と教職員へのフィードバックであり，学校や市町村や都道府県単位で平均点などの結果を公表することではない。そのような成績公表は，教育の現場で競争を助長し，児童・生徒と教職員に過剰なプレッシャーを与え，結果として，授業と学びの改善という本来の目的が単なる成績の向上に取って代わられることになりかねない。これは文部科学省自体が全国の教育委員会と学校に対して戒めていることである。また，全国学力調査の主たる目的が，施策の効果を検証して，改善を図ることにあるのであれば，もう一度抽出調査の形式が検討されてもよいだろう。全国学力調査の目的は，一見明らかになっているようだが，実際には曖昧さを含んでいる。一部ではあっても，深刻な弊害が生じているのであれば，それらを考慮に入れて，改めて何のため

に全国学力調査を実施するのかを明確にすることが求められる。

　第二に，文部科学省が求める能力やスキルとは何かということを教育の現場に伝達し，浸透させる手段として全国学力調査は有効であるが，教育条件に対してより多くの注意がはらわれなければ，持続的な学力向上は望めない。この教育条件には，教員の労働環境という側面が当然含まれる。人的・物的・財的な資源が不足するなかで，教員から指導の改善に取り組むためのゆとりが失われているのが実情である。教育条件が改善されないまま，指導改善の要求に絶えず曝される教員は出来合いの指導案や教材にいよいよ頼るほかなくなるだろう。言うなれば教員の「認知的魂（cognitive soul）」（Meng 2009）はますます点数によって占拠されるようになり，他の本質的に重要な教育の目標を認識できなくなるかもしれない。自分で思考し，決定し，自分の意見をまとめて表現することができる子どもたちを育てることが求められている教員自身が，そういった能力を失っていくとすれば，皮肉だとしか言いようがない。

　第三に，一部ではあるが，全国学力調査が教育現場に伝達し，浸透を図っている学習の目的と質と，その結果としての学力の捉え方自体に異議をとなえている教員の存在を無視すべきではない。変動する現代社会において求められる学力を大所高所から確定し，トップダウンで示すことも必要かもしれないが，学力とは何か，何のための学力かという，より開かれた議論の場もあって然るべきだろう。全国学力調査が「教育の質保証」に関する社会的対話を進める契機となることが望まれる。

**参考文献**

浅野信彦（2014）「「全国学力・学習状況調査」は授業改善にどのように活かされているか（特集「学力テスト」についての結果を基にした考察と提言）」『教育研究所紀要』（文教大学）23, 23-32.

犬山市教育委員会（2007）『学力テスト，参加しません』明石書店

お茶の水女子大学（2014）「平成 25 年度全国学力・学習状況調査（きめ細かい調査）の結果を利用した学力に影響を与える要因分析に関する調査結果」（https://www.nier.go.jp/13chousakekkahoukoku/ kannren_chousa/pdf/hogosha_summary.pdf)

嘉納英明・宮城信夫・森本雅人ほか（2013）「教師の授業力と学力保障」『名桜大学紀

要』18, 141-154.
木田真貴子（2014）「学力調査の結果を活かした越谷市の学力向上の取り組み（特集「学力テスト」についての結果を基にした考察と提言）」『教育研究所紀要』（文教大学）23, 33-42.
志水宏吉・高田一宏（編）（2012）『学力政策の比較社会学【国内編】全国学力テストは都道府県に何をもたらしたか』明石書店
藤田英典（2005）『義務教育を問い直す』ちくま新書
ベネッセ未来教育センター（2004）『ベネッセ未来教育センター・朝日新聞社共同調査 学校教育に関する保護者の意識調査』（https://berd.benesse.jp/shotouchutou/research/detail1.php?id=3274）
Benesse 教育研究開発センター（2013）『Benesse 教育研究開発センター・朝日新聞社共同調査 学校教育に関する保護者の意識調査 2012』（https://berd.benesse.jp/shotouchutou/research/detail1.php?id=3267）
文部科学省（2007）「平成 19 年度全国学力・学習状況調査の参加学校数等について」（http://warp.da.ndl.go.jp/info:ndljp/pid/286184/www.mext.go.jp/b_menu/houdou/19/04/07042415.htm）
文部科学省（2014）「平成 26 年度全国学力・学習状況調査の結果公表に関する調査結果」（http://www.mext.go.jp/a_menu/shotou/gakuryoku-chousa/detail/__icsFiles/afieldfile/2014/12/10/1353969_01.pdf）
文部科学省（2015）「平成 28 年度全国学力・学習状況調査に関する実施要領」（http://www.mext.go.jp/a_menu/shotou/gakuryoku-chousa/zenkoku/1365022.htm）
文部科学省（2016）「平成 28 年度全国学力・学習状況調査の参加学校数等について」（http://www.mext.go.jp/a_menu/shotou/gakuryoku-chousa/zenkoku/__icsFiles/afieldfile/2016/04/15/1368934_01_1.pdf）
文部科学省初等中等教育局長（2016）「全国学力・学習状況調査に係る適切な取組の推進について（通知）」（28 文科初第 197 号，平成 28 年 4 月 28 日）
山森光陽・奥田麻衣（2014）「児童生徒――教師比の縮減を目的とした追加的教員配置の有無による小学校算数学力調査正答率の学校平均の比較 全国学力・学習状況調査データを用いて」『国立教育政策研究所紀要』143, 197-207.
山本信一・井上麻央（2015）「学級規模と学力――47 都道府県のパネルデータ分析」『生活経済学研究』41, 55-64.
ラビッチ，D., 本図愛美（監訳）（2013）『偉大なるアメリカ公立学校の死と生――テストと学校選択がいかに教育をだめにしてきたのか』協同出版

Meng, J. C. S. (2009). "Saving the Teacher's Soul: Exorcising the Terrors of Performativity," *London Review of Education*, 7(2), 159-167.

# 9 スタンダードとテスト改革の20年

アメリカのメリーランド州X郡R小学校の事例を通して

恒吉僚子

## 第1節 テストによる統制の時代

　アメリカは移民の国として，多くの民族・人種を受け入れてきた。その過程において，「学校」は社会の多様性とそれをめぐる社会の懸念や理想の双方を反映してきた。学校は一体だれのためのものなのか。支配的な人種である白人，中産階級のためのものなのか。それとも，様々な人種の教育への機会均等を保障すべきところなのか。学校は何のためのものなのか。国家の人材を育成する場なのか，民主主義社会の担い手を育てるところなのか。アメリカの学校はこうした様々な社会原理をめぐる争点が目に見える形で対立，統合される舞台であり続けた。

　今日，アメリカだけでなく，日本を含めて世界的に教育におけるガバナンスが問題になっている。学校は構造として，教師が授業を担当し，そこに「見張り」がついているわけではない。教育改革は，日本においても「生きる力」「確かな学力」等の抽象度の高い理念を用い，それが具体的に教室においてどのように展開されるかは，直接統制することが難しい（Weick 1976; Meyer & Rowan 1977）。アメリカは分権的な教育制度を持つ国であり，学習指導要領を持つ日本に比べると，教室の中で何が行なわれるかは直接統治するのはさらに難しい。

　しかし，ここ何十年間のアメリカでは，教師をミクロレベルで管理する道具として，到達基準を示すスタンダードとそれに合わせたテストが，「スタンダードとテスト」として猛威を振るってきた。日本においても，こうしたテストの使い方は，東京都のテストで最下位になった区が学力向上政策に力を入れた

ことや，国の全国学力・学習状況調査等の使われ方を思い起こせば他人事でないことがわかる。もともと受験社会日本においては，各段階の入試が，こうしたテストによる統制として働いている。偏差値の高い大学，高校への合格率は保護者にとってもその学校での「教育」の評価となって，その学校自体の評価と結びついている。さらには，国際的にも，OECDのPISAのように国際学力テストによってランキングされ，それが各国の教育政策を影響している。

こうした，テストによる統制が隆盛を迎えている時代を考える一つの例として，本章では筆者が1990年代から追ってきた，メリーランド州のR小学校の事例に注目する。

## 第2節　R小学校

R小学校は，メリーランド州の，マイノリティが大多数（95％以上）の，低所得者層の地域にある学校である。R校が位置するX郡自体が近隣のY都市部の郡と共に，州の教育困難校が多い郡として知られている。メリーランド州は全米のスタンダードやテストを用いて教育の質を向上しようとした先駆的な州の一つであり，X郡はそうした州の中でも，学力の低さから最も改革のターゲットとなってきた郡の一つなのである。

さて，R小学校のスタンダードとテストによる改革は既に1997年，学業不振の指標とされた州の学力テストの結果が継続的に低いことから，州による郡への介入を恐れたX郡が，当時の教育長主導で「リコンスティテューション（reconstitution，再編）」という学校の「破綻宣告」にあたる改革を行なったことから始まる。本改革は教職員の入れ替え，転校を希望する児童にはその道を開く等，厳しいものであり，教職員は残るためには審査を経ることを求められ，多くのベテラン教師は去っていった（恒吉 2000）。当時，学校の「破綻」度を判断する材料として用いられていた州テストの結果はネットでも公表され，それを見れば，マイノリティ人口が多い地域の学校の点数が低く，集中的にリコンスティテューションの対象となっていったことがうかがわれた。州の中で，X郡は都市貧困地帯の学区と共に，テストの点数が下位の学校が多い学区であった。

## 第3節　テスト，テスト，テスト

それから20年，アメリカ，そしてメリーランド州は，スタンダードとテストの改革を継続的に展開してきた。州テストは名称を変えながら，メリーランド学校パフォーマンス・アセスメント・プログラム（Maryland School Performance Assessment Program: MSPAP），2001年「どの子どもも置き去りにしない法」（筆者訳，No Child Left Behind Act, 以後NCLB法）に対応して個人の成績が明らかになった州テスト（Maryland School Assessment: MSA, High School Assessments; HAS）から2014－2015年の統一テスト（Partnership for Assessment of Readiness for College and Careers; PARCC）（Koretz, et al., 1996）へと進んできている。

PARCCへの移行について，州教育省は保護者に以下のように説明している。

　メリーランド州は，2013年に，州全域のすべての学校における生徒の学習に対し，よりハイレベルの新しい基準を導入しました。メリーランド州進学・就職準備度基準（Maryland College and Career Ready Standards）は，メリーランド州および40以上の州ですでに採用されている各州共通コア・スタンダード（Common Core State Standards）をベースにしたもので，大学や就職先で成功を収めるために必要な実社会の適切な知識やスキルを生徒に提供するものです。この新しい基準に沿って生徒の習熟度を測定するため，メリーランド州は今年，従来のメリーランド州学校学力テスト（Maryland School Assessment/MSA）に代わり，州全域で実施する新しいテスト「進学・就職準備度評価パートナーシップ（Partnership for Assessment of Readiness for College and Careers/PARCC）学力テスト」を導入します。「英語10」と「代数」では，高校学力テスト（High School Assessment/HSA）のテストに代わって，今年はPARCCテストが実施されます。一方「政府」と「生物」では引き続きHSAが実施されます。PARCC学力テストへの移行にあたって，メリーランド州教育局は学力テストについて保護者の皆様が知っておくべき最も重要な10項目のリストをまとめました。

　("Top 10 Things Parents Need to Know about Testing in Maryland", Nov. 2014, http://archives.marylandpublicschools.org/MSDE/programs/parcc/docs/Top10Testing.pdf, retrieved Nov. 2017)

全米で議論を呼んだ州共通コア・スタンダード（Common Core State Standards: CCSS）に合わせた新メリーランド州テスト（Maryland College and Career Readiness Standards）が2013年に採用され，このスタンダードの習得度を評価するために，新テスト（PARCC）が2014-2015年度に導入されたのである。高校でそれまで使われていた評価（High School Assessment: HSA）は順次本PARCCに移行してゆくことになった。本テストは従来の州テストMSAと比して問題解決能力や現実生活との「リアル」な関わりが強調され，スタンダードとテストの変更に合わせ，新カリキュラムも導入されていった。
　こうした，テストに次ぐテストが導入されてゆく中で，テストとスタンダードを用いて教育の質を統制しようとするこうした流れを，筆者が1990年代から追ってきたR小学校を通して見てみよう[注1]。

## 第4節　テストによる統制？　人種・階層による統制？

　それ以前からテストによる教育の統制は存在していたものの，2002年に制定された前述のNCLB法はアメリカにおいてテスト統制時代への道を開くにあたって大きな役割を果たした。テストによって教育の質が問われ，学校が説明責任を追及されるテスト統制隆盛時代の幕上げである。
　R小学校が位置するX郡は，こうしたテストによる統制が台頭する中で，その学力テストの得点の低さが問題になっていった。人種と階層の問題が絡まる中，アフリカ系アメリカ人，ヒスパニック等のマイノリティ貧困人口が多いX郡は，同様の条件を持つ近隣の都市貧困地帯同様，スタンダードとテスト改革の中では，州テスト他の点数が低い，いわゆる「失敗している学校」（failing schools）が多い地域とされ，後述するような厳しい半ば強制的な教育改革の対象となってきたのである。R小学校はX郡の中でも，学力問題を抱えるとして，改革対象として特定されてきた学校の一つである。
　筆者は何度か1990年代の終わりにR小学校を訪れているが，メリーランド州のテスト（MSPP）等を用いてR小学校が集積したデータによると，R小学校を調査し始めた1996年当初から，R小学校が属しているX郡（121の小学校）と近隣都市貧困地帯の学区は共にその構成の大半がアフリカ系アメリカ人

等のマイノリティ（人口過半数）であった。それ以前は，R小学校の地区は白人地区であった時期もあったが，既にテストによる統制時代に入る頃にはマイノリティ校だったのである。

　R小学校資料によると，1998-99の学校年度，学校のわずか1％が白人，55％がアフリカ系アメリカ人，40％がヒスパニック，3％がアジア系，1％が先住アメリカ人児童であった（Profile of X Elementary School, undated, p. 34）。さらに，R校は英語が母語でない人口のESOL（English for Speakers of Other Languages）センターであり，1997年時点ではESOL人口が郡全体では3.2％であるのに，R小学校では25.7％が該当していた。郡の構成を反映し，アフリカ系アメリカ人とヒスパニックの児童が大半であり，70.5％が無料または減額した昼食を受けていた（学区全体では41.2％が該当する）。本校では，朝の7時35分から貧困対策として朝食も提供していた。

　メリーランド州の当時のテスト（MSPAP）の1996-97年版では，95％レベルという州が求めるレベルを下回る児童の割合は，3学年と5学年の最も課題があるとされる学年の国語では，例えば，州は55.4％，X郡では66.8％，R小では82.0％であった。この，州から郡，R小学校へと学力が低下する傾向はすべての教科で繰り返されていた[注2]。さらに，1998-99年度のESOLの割合は36％となっていた。無料及び減額された学校給食対象者は81％であった（校長から提供されたR小学校プロフィールという内部資料）。

　一方，児童1人当たりの予算は，メリーランドの中産階級の上位層（upper middle class）の地域として知られ，全米でも教育の質の高さで知られるM郡では1996年に7697ドル，メリーランド州平均は6337ドルであったのに対して，X郡は6272ドルであった[注3]。

　つまり，一連の州テストとスタンダードによる教育の統制は単独で成り立っているわけではない。既にそこには，公立学校における経済的格差，公立と私立の格差とそこに階層と絡まった人種問題が関連することや，X郡の教師が，M郡に異動すれば，給料が一瞬であがること等も絡まっている。また，R小学校のような学校が上記のように貧困層を多く抱えているため，州テストのような統一的条件のテストでは点数が低く出，点数を「教育の質」の主たる指標として用いる場合，こうした学校が下位に集中的にランクインし，それを生み

出している主たる社会条件である貧困等が解決されない中，こうした学校が下位ランクから抜け出せないという傾向が見られるのである。

## 第5節　テストによる教育改革——再編改革（reconstitution）

　こうした州の統一的テストの採用とそれによって学校を序列化し，顕在化（例　インターネットでの公表）させ，競争をさせるという流れは，メリーランド州においては，1990年代の後半に一つの象徴的な改革に帰結する。それが前述の「リコンスティテューション」（以後「再編」と記す）改革である。
　1997年12月31日付けに「すべての雇用者」あてで，「件名：21世紀学校の設立」と記した通知がX郡の教育長（Superintendent of Schools）の名前で出された。その翻訳が資料9-1である。
　特定されてしまった学校のイメージに配慮してか，「21世紀」の学校という未来志向の言い方をしている。だが，その語は，いわば，学力指標（MSPAP），貧困指標，多様性要因や他の児童・生徒パフォーマンスデータ，外部貧困関連補助金を含む指標等から見た時に恒常的に進歩が見られない「失敗しつつ」（failing）ある学校であることを意味していたわけであり，これらの学校に「失敗」のレッテルが貼られることは避けられなかった。そして，再編改革はそれらの学校をターゲットした荒療治であったのである。
　この通知を受けて，教育長と新しい校長達が再編対象校に乗り込んだ。R小学校では，こうしたことが起きることは，当時（引退を迎えた）校長さえも知らされていなかったという。それまでR小学校に勤めていた教職員は，新しく上から任命された校長のもと，面接を受けて許可を受けた者だけが学校に残ることを許された。こうして，多くのR小学校の「ベテラン」教師達は，学校の「失敗」の責任を問われ，去って行った（恒吉，2000）。本再編改革は，教育困難校を「ひっくり返す＝立て直す」（turnaround）方法として，サンフランシスコを初め，メリーランドでもX郡をはじめとしていくつかの郡で採用された。しかし，テストを軸にした組織の再編改革は，「失敗」の原因とされる既存の教職員に去ることを求め，必要な人材プールをも排除してしまって組織の力を結果的に削いでしまうとの批判も受けてきた（Rice & Malen 2010）。R小

**資料 9-1　X 郡，教育長による従業員への再編の通知**

宛先：全従業員
差出人：教育長
件名：21 世紀学校の創設

1. **目的**：X 郡公立学校制度に属する一部の学校を 21 世紀学校にするための再構成および再設計に関する情報を提供すること。
2. **情報**：1997 年 5 月 28 日，教育長として，私は 6 校を「21 世紀学校」とすることを発表しました。これら 6 校は，成功につながる積極的な学習環境を整えるために再設計され，これらの学校に登録されたすべての生徒の学習成果の大幅な向上につなげます。

21 世紀学校に指定された小学校は，G，R，R2，T 小学校です。また，D，B 中学校も 21 世紀学校に指定されました。これら 6 校の選定プロセスでは，貧困指数，多様性要因，MSPAP，その他生徒成績データなどの基準が使用され，タイトル I（Title I）やチャレンジおよび貧困ターゲット化（Challenge and Targeted Poverty）の補助金の資金を含め，これらの学校に投入できる資金があるかどうか，考慮されました。

これらの学校コミュニティのメンバーに 21 世紀学校として選出されたことを通知するプロセスが開始され，私は局内の管理職員と一緒に，学校の管理者，教員，職員や，保護者を含むコミュニティ内の人々とミーティングを行っています。加えて，労働組合のメンバーとも協議を行い，21 世紀学校の職員配置計画を見直すとともに，この取り組みに対して組合の協力が得られるよう模索しています。

新たに設計された 21 世紀学校の特徴は，専門能力の発展と職員の育成に重点を置いていることにあります。職員は……（略）

(R 小学校教師に送られた通知文から（通知文，R 小学校から入手))

学校における再編改革も，多くのベテラン教師を去らせ，教師を傷つける改革として，筆者も外部協力者として参加した調査で批判的に報告している (Finkelstein, et al. 2000)。

## 第 6 節　テストの常態化

今回，2015 年に筆者が R 小学校を訪問した時には，R 校はすでに 1 度 1990 年代の終わりに再編を経験し，その後，校長も交代し，その当時の教師も一部は残っていたものの，多くの教師はその後に採用されていた。しかし，再編の

資料9-2　2014-15年度X郡・メリーランド教育省　州学力テストスケジュール（一部）

| X郡学力テスト局 テストの名称 | レベル E/M/H | テスト実施日 |
|---|---|---|
| 8月 | | |
| KRA（幼稚園準備度評価）　MMSRから変更 | E | 8月26日〜11月8日 |
| SLO事前テスト期間 | E/M/H | 8月26日〜9月30日 |
| 9月 | | |
| SLO事前テスト期間 | E/M/H | 8月26日〜9月30日 |
| KRA（幼稚園準備度評価）　MMSRから変更（続き） | E | 8月26日〜11月8日 |
| ESOL基準記述テスト#1　K〜12学年（ESOL課程の生徒） | E/M/H | 9月2日〜18日 |
| ALT-MSA（代替メリーランド州学力テスト）テスト期間 | E/M/H | 9月2日〜3月2日 |
| （中略） | | |
| PARCC学力テストPBA（紙版テスト，テスト期間の最初の2週間） | E/M/H | 3月2日〜13日 |
| 4月第3学期終了（45日） | | |
| 高校向けPARCC学力テスト　ブロックスケジュール—PBAオンライン（ELA10，代数1，代数2） | H | 4月13日〜5月8日 |
| 高校向けPARCC学力テスト　ブロックスケジュール—PBAオンライン（紙版，最初の2週間のみ） | H | 4月13日〜4月24日 |

記憶は組織の記憶として残り，「いつまた再編されるかわからない」（校長，2015年2月18日）という形で，記憶が薄れながらも，トラウマのように複数の教師がふとした時に口にするものとなっていた。

　再編以後からすでにテストは日常になっていた。X郡教育委員会テスト担当のテストリストで，R小学校教師が参照していた「メリーランド州教育省（MSDE）テストの日程」の配布物によると，ちょうど，コアカリキュラムによる新テストPARCへの移行年である2015年のもののため，PARCCとともに，一部の教科ではHSAが記載されている。事細かに幼稚園から高校にいたるまで，テストの網が張り巡らされていた。例えば，「3-8学年，ELA（Early Learning Assessment，就学前の診断）や算数・数学，以下の教科をとっている生徒はPARCCテストを受ける：ELA10，代数1，代数Ⅱ……生物，政府，代数1（再試験のみ），英語10（再試験のみ），MOD-HSA（修正MOD）生物，政府，

代数1,英語10 再試験のみ,はHSAを受ける……学区全体で,2,7学年と高校地理の生徒はオンラインで算数Ⅰを3回受けるSRI/SMI (Scholastic Reading/Math) ロールアウト……21のパイロットスクールが（小‐高校）SRI/SMIロールアウトに参加する……幼稚園準備アセスメント（Kindergarten Readiness Assessment: KRA) ……」という具合である[注4]。その一部を翻訳したものが資料9-2である。

こうしたテストは，与えられたものとして教師に降ってくる形になっているため,教師が自律性を発揮できる場面は少ない。テストの日常化に対しては,教員組合等からも問題提起されてる（Nelson 2013）。

## 第7節　失敗し続ける学校の仕組み

1997年の再編の当時は，去って行った教師にインタビューすると，集まって「泣いた」，傷つけられたという趣旨の発言が多く，新しく着任した校長は，何がどこにあるのかもわからずに，「失敗した」とされた学校の点数を向上させることを求められていた。R小学校では，起きないと思っていた再編改革が起きたという記憶が一種のトラウマとなって，その年度の達成目標（AYP）がまた達成できなければ，また再編になるかもしれないと，塾的指導光景が展開されていた（恒吉 2000; Finkelstein, et al. 2000）。

2015年の調査においては，1990年代に比べると，前の州テストがフェーズアウトされ，PARCCに移行する年度であったことが関係している状況が見られた。2つのテスト内容が一致せず，テスト施行の進行も違い，政治的な論争になっている中で，何をすべきかの混乱が見られた。しかし，テストが日常化していることには基本的に変化はなく，時折，再編された過去の組織の記憶が，亡霊のように現れて教師の行動に影響していた。再編によって約束された，2014年までに決められたスタンダードを100％の児童が越えるという，「そもそも達成不可能な」目標はやはり達成されていない（2015年2月18日インタビュー，X校校長）。1997年に州テストによって測られた「失敗した」とされたテストを軸とした指標を基準とする限り，R小学校は当時も「失敗」し，そして，今も「失敗」し続けている学校なのである。

## 第8節　「失敗」の論理の再検討

　テストとスタンダードを用いた改革を続けてきたメリーランド州のマイノリティ郡区のマイノリティ（人口過半数）校の小学校 R 小学校の例を通して，アメリカにおけるスタンダードとテストによる統制について考えてきた。
　R 小学校の在籍児童は 1990 年代後半のアフリカ系アメリカ人が多数いた学校から 2015 年にはヒスパニックがさらに増えた学校となり，母語が英語でない層が増えている。だが，マイノリティの貧困層が大体数を占める学校であることには変わりはない。
　マイノリティが多い中，貧困の問題，さらにヒスパニックの場合は言語の問題が R 小学校の学力テストの点数を引き下げている。この根本的な背後要因が改善されない中，測定に用いられるテストは次々と変遷し，それぞれのテストは異なるものを測定していると謳っているものの，いずれにおいても R 小学校は「失敗」し続けていることになる。
　筆者は以前の論文で，テストという，一見客観的な数値指標による統制において，条件が厳しいマイノリティ校が「失敗」とされているにもかかわらず，テストの点数が教育の質の指標として用いられ，教師が罰せられてゆく構造を指摘したが，その構造は基本的には 20 年後も変化していない。何らかの説明責任を求めること自体が問題なのではなかろう。しかし，テストという間接的な道具によって厳しい罰則を伴って教室の実践を統制しようとした時に陥りやすい問題について警鐘を鳴らす必要がある。

［注1］本調査はガバナンス改革と教育の質保証に関する理論的実証的研究（代表：大桃敏行）科学研究費基盤（A）26245075 による。
［注2］1997 年訪問当時，R 小学校，校長により提供された内部資料と，*Maryland School Performance Report 1996: State and School Systems*, Maryland State Department of Education, Dec. 1996 より作成。
［注3］同上。
［注4］http://pd.kready.org/105957，2017 年 1 月入手，就学前診断。

**参考文献**

恒吉僚子（2000）「公教育におけるハイ・ステークス（high-stakes）な教育改革（〈特集〉公教育再考）」『教育学研究』67(4), 417-426.

Daniel K., Mitchell, K., Barron, S., & Keith, S. (1996). *Final Report: Perceived Effects of the Maryland School Performance Assessment Program, CSE Technical Report 409*, from the National Center for Research on Evaluation, Standards, and Student Testing, Graduate School of Education & Information Studies, University of California, Los Angeles. (http://www.cse.ucla.edu/products/Reports/TECH409.pdf.)

Finkelstein, B., Malen, B., Muncey, D. E., Rice, J. K., Croninger, R. G., Briggs, L. Jones, D. R., & Thrasher, K., with the assistance of Tsuneyoshi, R., & Hopkins, R. (2000). *Caught in Contradictions: The First Two Years of a School Reconstitution Initiative*. Issued by the Interdisciplinary Education Policy Study Team, Department of Education Policy and Leadership, the University of Maryland.

Meyer, J., & Rowan, B. (1977). "Institutionalized Organizations: Formal Structure as Myth and Ceremony," *American Journal of Sociology*, 83, 340-363.

Nelson, H. (2013). *Teaching More, Teaching Less: What America's Obsession with Student Testing Costs in Money and Lost Instructional Time*. Washington, DC: American Federation of Teachers.

Rice, J. K., & Malen, B. (2010). *School Reconstitution as an Education Reform Strategy: A Synopsis of Evidence*. Washington, DC: National Education Association.

Weick, K. E. (1976, March). "Educational Organizations as Loosely Coupled Systems," *Administrative Science Quarterly*, 21(1), 1-19.

# 10 大学のガバナンスと成果主義

高等教育政策の国際比較の観点から

山本　清

## 第1節　高等教育の政策とガバナンス

　大学のガバナンス改革は，国の競争力の基盤となる側面に大学を位置付ける政策が国際的に浸透した結果，大学自体のグローバライゼーションと同時並行的に進展している。より，社会経済的インパクトを効率的に生み出す機構として，大学と政府のマクロな関係としてのガバナンスおよび大学の機関としてのミクロなガバナンス（いわゆる「コーポレート・ガバナンス」（英国の大学の統治方式）または「大学のガバナンス」（中央教育審議会大学分科会））の構築および運用の改革を行おうとする。グローバライゼーションは必然的に市場機構を通じた財・サービスの国際移動を促すため，高等教育のガバナンスも企業と同じく統治や国際標準化への対処が求められる。しかし，高等教育機関としての大学特性としての学術の自己統治，つまり教育研究の自律性・自主性と市場原理を支える交換性とは矛盾・衝突をきたすことになる。市場では需要があって供給が意味あるものとなり需給調整されるものの，学術活動の需要や社会的意義が低いということで活動が決まるならば，基礎科学の多くは存続し得ないからである。

　1980年代からの高等教育政策やそれに伴うガバナンス改革が「アカデミック・キャピタリズム」（Slaughter & Leslie 1997）と称され大学の企業化・産業化による問題点が指摘されて久しい。我々に今必要なことは，その解決策，つまり大学組織の現代化や社会的な存在価値・説明責任（アカウンタビリティ）に向けた改革と学術の自己統治の両立・調和化を探りだすことである。

　そこで本章では我が国を含め世界的に進展するグローバル化とガバナンス強

化の高等教育政策のうち，象徴的な成果主義の考え方と制度の運用を日本，米国，英国，フランス，ドイツ，イタリア，中国の7か国につき国際比較する。具体的には次節でガバナンス改革の背景を概説し，シマンクら（Schimank & Lange 2009）のガバナンス・モデル（外的規制，外的指針，競争，学術自己統治，管理自己統治の5次元）を大学の組織特性を考慮し，資源管理と学術活動の2領域に区分して適用する。これは，資源管理には公共政策や行政管理の改革モデルの影響を直接受けるものの，学術活動には伝統的な自己統治の枠組みを基盤に持つことから間接的な影響に留まること，および学長はじめ大学管理層は教員出身者が支配的である組織特性を踏まえる必要があることによる。3節ではガバナンス改革と大学のマネジメントの関係を成果主義に焦点をおいて検討する。成果主義は学術活動と資源管理を包括的に連動させることになり，従来の個人レベルの同僚評価と研究費配分の成果主義と異なる側面から，ガバナンス次元の違いをどう克服するかの課題を有することを述べる。4節は各国の動きをガバナンス・モデルの変化の観点から分析し，1980年代以降は伝統型から法人型モデル，ガバナンス・モデルに移行していると整理できること，外的規制としての政府と高等教育システムの関係性が歴史的経緯もあり機関レベルのガバナンスだけの分析には注意が必要であることを述べる。最後に得られた結論と残された課題について述べる。

## 第2節　ガバナンス改革の背景

　我が国では近年，大学の機関レベルのガバナンス強化が学校教育法や国立大学法人法および私立学校法の改正を通じて制度化されている。学長のリーダーシップや副学長の職務権限さらには教授会の機能と執行部の機能の区分の明確化などである。これらの改正背景には大学という組織が経営体として環境変化に迅速かつ適切に戦略的な意思決定と行動を十分できないでいるのではないか，国際化する高等教育市場で我が国の大学の競争力を高めるにも企業と同様，国際標準のガバナンス体制の構築が求められているという政策当局や外部からの要請があると思われる。しかしながら，個々の大学は所在する国の法令・制度の枠内で活動を行っており，大学の機関レベルのガバナンスは，大学の外部に

|  | 〈法人化 (corporatization)〉 | | 〈ポスト法人化〉 |
|---|---|---|---|
| タイプ | I<br>(伝統型) | II<br>(法人型) | III<br>(ガバナンス型) |
| 機関ガバナンスの経営原理 | 同僚制／官僚制 | NPM | NWS, NPG, Layeringなど |
| 主たる資源管理の統治原理 | 外的規制又は自己統治 | 外的指針，管理自己統治（自律性），競争 | 外的規制，外的指針，管理自己統治，競争 |
| 主たる学術活動の統治原理 | 学術自己統治 | 管理自己統治，学術自己統治 | 管理自己統治，学術自己統治 |

図10-1　大学ガバナンスの概念モデル

ある制度と環境の影響を受け，その範囲で大学の自主性・自律性を維持する構造が構築されているとみなせる。シマンクら（Schimank & Lange 2009）は5つの要素からなるガバナンス均衡モデルを提唱しドイツの高等教育機関に適用している。そこでは，制度として外的規制，外的指針，環境として競争，組織内部の要素として学術的自己統治，経営的自己統治が示されており，政府や国際機関からの影響と，内部統治としての機関ガバナンスの特性が織り込まれている。したがって，大学ガバナンスのモデルとして有用と認められる。しかしながら，本章の課題は機関ガバナンスの規定要因のみならず，どのように動的に変化しているかをマネジメントの関係性についても考察するものである。そこで，ガバナンス均衡モデルを大学のマネジメントの基本である学術管理と資源管理と対応させ，機関モデルの変化を探る。大学と政府や社会との関係が大学の装置・有用性や政府・社会へのアカウンタビリティが強調されるようになった1980年代以降は，私立大学を含め政府の行政改革やコーポレート・ガバナンスの政策の影響を受けることになった背景がある。

図10-1は，ガバナンス均衡モデルを大学ガバナンスの変化の類型化と組み合わせたモデルである。Iの伝統型の大学ガバナンス・モデルは，機関の経営原理としては同僚制あるいは同僚制と官僚制の複合体である。資源管理の統治原理は大学の消費的経済活動のため政府あるいは慈善・寄附者からの拠出・資金に依存することになり，財源拠出者の意向と性格により外部規制（拠出側の規則遵守）と自己統治（大学側の裁量管理）に区分される。一般的には現代国家で公金（税）による大学への拠出であれば，予算なり法律による規制を受ける

のに対し，純然たる慈善なり支援・後援目的ならば資源管理についても大学側に使途を委ねることもある（もちろん一定の制約をつける場合もある）。そして，学術活動の統治原理は大学の自己統治であり，主として同僚主義による意思決定である。

Ⅱの法人型の大学ガバナンス・モデルは，機関の経営原理としては企業に近く，個々の専門職の集合体という側面よりも組織としての法人の経営に力点をおく。ここには，大学（特に国公立大学）も経営体として効率的・効果的に運営され，出資者（納税者や寄附者等）や利害関係者に対して的確なアカウンタビリティを果たさねばならないとみなされる。大学もその成果は何かを明らかにし，経営効率をたかめる組織運営をする必要があるとされ，官僚機構よりも企業経営の方法が推奨され競争環境が形成される。いわゆるニュー・パブリック・マネジメント（New Public Management: NPM）の大学版である。したがって，内部の資源管理の統治原理は，出資者との成果契約的な関係（出資者をプリンシパル，大学をエージェント）により，外部指針に基づく成果の目標達成や他の大学との相対的な業績評価によって財源管理がなされる。伝統型と異なり，投入管理や過程管理よりも成果管理に焦点がおかれるため，付与された財源の執行・使用に関しては自己統治（裁量管理）とされる。他方，学術活動の統治原理については，伝統型のように全てが教員（専門職）による自己統治とはならず，企業のトップマネジメントやリーダーシップが参照され，学長らの執行部によるプロジェクト型の教育研究事業が学術スタッフによる自主的・自発的な活動と並行して推進される。その意味で大学組織としての自己管理ではあるが学術活動は管理自己統治と学術自己管理の複合形態となる。

Ⅲのガバナンス型の大学モデルは，機関の経営管理としてNPM的な企業モデルが公的部門において個別利益追求から全体の利益達成にならなかったり，構成員や利害関係者の参加よりも執行部の経営を重視したことの反省から生まれたものである。NPMの後継という意味でポストNPMと総称される（大学組織としては「ポスト法人化」といえる）こともあるが，その内容は近代的な官僚制を基盤にしつつ市民参加や効率的・効果的な運営を目指す新ウェーバー主義国家（New Weberian State: NWS），組織以外に関係する企業や地域社会及び他の関連団体等とのネットワークにより問題を解決しようとするNew Public

Governance（NPG），さらにはネットワークの重要性を認識しつつ伝統型やNPMの基盤層を持つ堆積主義（layering）理論など多様である（Pollitt & Bouckaert 2011; 山本 2016）。大学に照らして述べれば，地域社会や企業・団体との協働（地域連携・社会連携）や大学間のコンソーシアム等を通じたネットワーク形成による活動を従来の教育研究活動に付加するものである。この場合の資源管理に関しては，NPM 型と比較して収益的活動を行う場合に外的規制が追加されることが特徴である。また，NWS 的な政府関与の強化が NPM 的経営管理で裁量性が高まっていた領域になされることもある。たとえば，旅費におけるビジネスクラスの利用制限といったものである。なお，資源管理および学術活動の統治原理は基本的に NPM も同じであるものの，協働やネットワークの原理は大学という経営組織を超えて相手側との関係性で生じるものであるため，自己統治というもののその実態は相手の行動や資源に依存することになることに注意が必要である。共同研究や共同事業で大学側の資金や人材が揃っても相手企業や団体あるいは大学の資金や人材または設備が予定通り確保されなければ，自己統治は名前だけで機能しない原理になり，機関ガバナンスの経営原理のネットワークの力量に成否はかかってくるからである。

## 第3節　成果主義とマネジメント

　成果主義とは，個人であれ作業単位や組織全体であれ，その業績を測定し，報酬や予算等に関連付ける考え方である。教育分野においては，教育の成果とは何か自体が大きな論争点であり，成果に至る過程こそ教育活動の本筋であるという意見も少なくない。また，大学においては，長く教育と研究の一体的活動（結合生産性）にその特質を求めてきたことから，教育研究の成果をどのように区分して測定するかが課題になってきた。こうした教育組織の特性から，成果主義は伝統型の大学ガバナンス・モデルでは組織管理として明示的なものとされてこなかった。しかしながら，NPM 的な考え方が行政部門から大学セクターにも及ぶようになってくると，NPM の成果志向，顧客志向，分権化および市場原理の4要素が大学ガバナンスや経営管理に適用されるようになった。成果志向では資源の投入や過程よりも教育研究で何を産み出したのかに着目す

ることになり，顧客志向は教育研究サービスの受け手である顧客は誰に相当し，何を期待しているかが問われるようになる。分権化では，成果管理とセットで戦略目標を達成するために資源管理の裁量性を大学側に付与するかわり，その達成度のアカウンタビリティが徹底され，大学は共通のガバナンスの枠組みの下で競争環境におかれることになる。国立大学の法人化はまさにこの典型例であるといえる。客観的測定が難しい教育研究活動についても，中期目標・中期計画に書き込み，達成度に応じて次期の中期目標期間の運営交付金に反映されることになった，加えて，外形的に基盤的な交付金の中に競争的な要素を導入し，国立大学セクター内部で市場原理を働かそうとしている。これは，私立大学に対する経常助成補助金の特別補助項目において成果志向の要素に先行して見られたものが国立大学セクターに拡大されたとみてよい。

　ただ，成果主義には多様な考え方があり，①成果をどの局面・時点で把握するか，②成果を認識する単位をどうするか，③成果に何をもって報いるか，の3つの主要な論点がある。

### 3-1　成果の把握

　①については，大学の教育研究活動を資源の投入から産出の流れで位置づけ，インプット（投入），プロセス（過程），アウトプット（産出），アウトカム（効果），インパクト（社会的影響）の5段階がある。伝統的な大学ガバナンスでは，教職員の人材，設備・施設，財源をもって学生に対する教育活動と研究活動を行うことに重点をおくため，資源投入の質と量が十分かどうかに測定の関心がおかれる。大学設置基準等のインプット基準を満たさない場合には負の報酬たるペナルティが課される。同時に，学生は教員とならぶ教育活動の協働主体（学習の共同体）であり，その確保は教育活動の需要を満たしている点で学生数・在籍数自体を成果指標とみることも可能である。いくつかの国（オーストラリアやデンマークなど）において大学に対する交付金の成果算定基準として入学生・登録学生数を使用しているのは，高等教育サービスの需要測定を通じてサービスの成果を測定しているものである。プロセスは活動であり，1単位あたり何時間の学習活動をしているか等が基準になり，これも伝統型モデルで使用されている。アウトプットである学位授与数や修了生あるいは論文数などは

教育活動の産出そのものであり，法人型のNPMモデルではこのアウトプット管理に焦点をおき成果志向の尺度とする。米国州立大学の業績主義ファンディングで使用されているものはこのタイプが多い。アウトカムはアウトプットによる成果であり，修了生が社会においてどの程度活躍しているか，研究活動が学術的に指導的な役割を果たしているかなどに着目する。具体的には，卒業後の平均所得とか論文の被引用度などが指標として使用されるが，教育研究活動とアウトカムの関係には時間の経過と同時に外部要因の影響もあり，成果に連動させる場合の測定誤差や信頼性も問題もある。インパクトはアウトカムよりもさらに時間が経過して人類社会への貢献や影響であり，本来的な大学活動の使命であるものの客観的成果測定の困難性を伴う（ノーベル賞等の代理指標は一部存在するが）。特に，成果主義がNPMで強調されるのは，教育研究活動の生産性分析の視点から効率性の向上と成果特定化による業績契約的管理が導入できる利点にある。投入や活動では資源を付与し，活動状況の自主的なモニタリングであるものが，外部から可視的な尺度で成果を定義し報告させることによりアカウンタビリティの枠組みの中で自主的・自律的な学術活動を監視・統制できるからである。

### 3-2 認識単位

②の認識単位については，個人，集団および組織の成果を認識・測定することになる。成果主義という場合には，どのレベル・単位かが重要であり，大学ガバナンスの場合でも，教職員の個人レベルの給与や処遇に関するものなのか，プロジェクトチームや教育研究組織の予算や組織改編にかかるものか，あるいは大学単位または大学間連携組織（コンソーシアム）の予算や認定にかかるものかによって影響範囲が異なる。個人単位の成果主義は狭義の人事管理の領域であり，賃金なり給与・賞与と仕事の成果を連動させようとするものである。大学教員に関しては個人商店のようなもので専門職でもあるため，個人単位の仕事の範囲は比較的明確であり，何をもって成果・業績かの定義と合意が可能ならば導入しやすい側面がある。ただし，専門職は外部労働市場の形成もあり，内部労働市場の誘因と動機づけに関する成果主義・成果給の理論をどの程度大学（特に教員）に適用できるかは議論がある。

成果主義の如何にかかわらず勤務先の大学に不満を持つ教員は他大学などに転出するであろうから，定着を促す給与体系・処遇を準備することが何に対して給与・賃金を支払うかよりも重要になる。また，大学教員の成果のうち教育活動についてはインプットやプロセスで何コマ・何単位の講義などをしたというレベルでは測定可能であるが，学位授与や修了は個々の教員活動の集合として得られるものである。さらに，研究活動を査読済み論文数で代理測定することは著作が優先される領域や論文の質の評価をどうするかという研究評価の公平性と妥当性の課題に直面する。それでも，NPM 的な人事評価では成果志向の観点から業績と給与の連動性を高める努力がなされている。国立大学では教育・研究・社会貢献・学内業務の4分野について，指標を設定し総合評価し，人事考課に生かすことがなされており，個人レベルの NPM 型の浸透といえる。大学の人件費比率は労働集約性が高い特性から 50-60％に達し，コスト管理では最も基礎となる項目である。しかしながら，大学組織や作業単位としてのプロジェクトチームとしては活動の原資をどのように調達するかが課題であり，主要な財源付与者の1人である政府がどのような基準で交付決定をするかが重要である。
　成果主義はここで内部管理から外部との関係管理に影響空間が転換する。大学における成果主義が人事管理や組織管理という内部管理から財務管理を通じた財源拠出者・利害関係者との関係管理になる。そこでは，市場との対話や働きかけという民間企業の渉外・広報的な面に加え，対価性・交換性にない政府や寄附者等の財源拠出者との戦略的・政治的交渉が「成果」によりなされる。成果主義の財源措置や評価は，目標や成果が明示され，それと財源を関連付けるために透明性と客観性に優れている特性を有し，拠出者に対して被交付側の大学が成果に関するアカウンタビリティを果たす利点もある。反面，成果主義はインプットやプロセスというよりアウトプットや部分的にアウトカムに焦点を当てるため，大学が成果につき拠出者と合意形成や（業績）契約を締結する場合には，必要なインプットやプロセスたる活動が保障されない怖れも生じる。NPM の成果志向が過剰に作用し教育研究の持続可能性に悪影響を起こさないためには，NPM 自体に内在する成果（アウトプット）に対応する資源消費（コスト）を的確に算定し，コストをどのように賄うか（分担するか，いわゆるコス

ト・シェアリング）の技術と体系が確立することが必要といえる．さらに，大学間連携のようなコンソーシアム形態になる場合には，臨時的あるいは仮想的な組織体に成果主義が適用されることになる．この場合には，成果（目標）の時期と財源及び体制（スタッフや施設など）が設定されていることが多い．問題は，複数の大学組織の混成チームであり，なおかつ，任期付き教職員で担うことが多くなり，トップや管理層がどのように一体的な組織管理を行うかが課題になる．同時に，連携部門の出身・構成母体である大学本部では，連携による活動が計画にしたがって実施されているか等のモニタリングや調整・相談機能を担うガバナンス管理が必要とされる．

### 3-3 報酬内容

③の報酬内容については，金銭的報酬か非金銭的報酬か，事業の継続・存続性，組織として財源・予算措置が主要なものになる．個人レベルの報酬としては，成果主義は給与等に連動として成果報酬を付加・増額（減額もあり）するものが一般的である．金銭的報酬が大学教員においてどの程度モチベーション向上に寄与するのかについては種々の見解がある．報酬よりも教育研究環境や研究費等が重要とする説のほか，教育研究活動の成果と報酬を連動させると金銭的誘因により動機づけされていると認識し，かえってモチベーションを低下させる可能性を指摘する説（Deci 1972）もある．作業単位のプロジェクト型の教育・研究活動については，プロジェクト採択が申請者・集団の過去の業績や成果によって影響を受ける場合のほか，採択後，中間期間における評価によって以降の事業の存続や中止あるいは事業費の増減が決定されることがある．また，事業完了後の成果の評価は，事業が実施されているかぎり当該事業の財源措置の返還等につながることはないものの，多くのプロジェクトは数年の期限を設けて，その評価を踏まえて次のプロジェクト採択がなされる．この点でも成果主義は定量的な成果を設定していたか否かの差はあるものの伝統型モデル時代から学術の専門的コミュニテイにおいて実施されてきたものである．伝統型との違いは，NPM 型ではより成果の定量化と評価過程の透明化それと結果のアカウンタビリティの徹底と，資源管理の弾力化である．大学へのプロジェクト単位でない財源措置において，多くの国（特に国公立大学）において，成果

主義は基盤的な財政資金(交付金)と競争的な財政資金の両方で見られる。伝統的な大学ガバナンス・モデルでも成果をアウトプットやアウトカムの定量的尺度を使用せず定性的な指標等で基盤的資金交付に差を設けたり,拠点形成の経費を特定大学に措置することはなされていた。NPM型では,教育研究活動の評価結果に基づき基盤的な交付金についても成果主義配分を行うほか,競争的資金では公募要件を明示し,実績などの要素を含む審査により大学へ時限的な財政措置がなされる。法人単位の財源措置への対処は,研究者コミュニテイの作業単位を超えて,大学の活動基盤を賄えるかの重大な決定事項であり,トップによる説明や評価・申請への戦略的対応が求められる。その意味で同僚制から法人経営への転換を成果主義が迫ることになった。コンソーシアムの財源措置でも連携の利点や意義を成果に照らし説明することが必要になり,ネットワークとしての財源措置と経営の一体化が進められることになる。

### 3-4 成果主義とガバナンス

　成果主義を大学のガバナンスモデルと関係づけて整理する。まず成果を報酬や財源と結びつけることは,法人型のNPM経営原理が本格適用されてから出現したものでなく,限定的ではあるものの専門職コミュニテイにおいて人事・研究費配分等を通じて伝統的に行われてきた。それが,個人の人事面を超えてプロジェクト組織や法人の単位に,また,インプットやプロセスよりもアウトプットやアウトカムに着目し業績測定や評価の客観化・透明化とセットで推進されるようになった(部分から全体へ,研究から教育・管理を含む経営へ)のが1980年代以降の特色である。これを高等教育への成果主義を通じた新自由主義的概念の浸透とみることも可能であるが,実際の成果主義の適用はNPMの原型である成果志向・顧客志向・分権化・市場原理が徹底されているとはいえない。我が国の国立大学法人化のモデルとされた英国の大学の交付金制度も,基盤的なものから大きく変容し教育部分が授業料改訂で減少し,研究部分はより実績反映型交付金になっており,その評価要素も社会的インパクトを含むものになってきている。また,国立大学法人の評価結果は次の中期目標期間の運営交付金の算定に反映されることになっているものの,評価の反映はわずかである。さらに,ポスト法人型の大学ガバナンスが適用されるようになっても,

成果主義やNPM的な管理がなくなるものでない。これは公的部門のポストNPMにおける実証研究でも確認されており，実際，我が国の国立大学において地域との連携戦略の指標としてKPI（主要業績指標）を設定しPDCAサイクルを確立することが推進されている。たとえば，文部科学省（2016）が「特筆すべき評価指標」としているものに，三重大学の「地域人材育成と若者を地域に止め置く機能の強化」戦略の評価指標は，「三重県全ての自治体（29市町）との協定の締結と各自治体との取組の実施状況」とある。戦略を実施する活動レベルの尺度で「地域に止め置く」成果を直接反映したものでないものの，連携先の自治体の活動と大学の活動があいまって効果が出るネットワーク・協働型のガバナンスにおける管理である。

## 第4節　国際比較

これまで成果主義の運用実態からわかることは，その大学組織に与える影響は大学ガバナンスの改革や成果主義の適用の有無というより，成果と報酬の関係の強さ（Ⅰ）と報酬に占める成果規定部分の大きさ（Ⅱ）に依存する。我が国の大学に対する交付金（国公立大学法人）・経常補助金（学校法人）は，その算定基礎に成果が直接係数等に含まれておりⅠの軸では強いものの，現実に成果で決まる金額部分は大きくない。学生数や教職員数の外形的基準によって金額の多くは規定されている。同様に，米国の州立大学でも，成果連動型あるいは業績主義財政措置と呼ばれているものの，厳密な意味（アウトプットやアウトカム）で決まる部分は5％未満であり，その意味では日本と同様に基盤的交付金といえる。しかしながら，個人レベルの報酬と成果との連動では，我が国は年俸制を除くと国公私を問わず大きな給与差はなく，米国では大学間および大学内部（学部間）および教員間の給与差は大きいのが特色である。これを成果主義とみなすか個人の生産性・能力の反映とみなすかは人件費の管理方針を確認しなければならない。NPM的な成果主義ならば，所定の教育研究成果とコスト（人件費）の関係なり効率化を考慮し，財源制約がある場合には人件費の総額が設定される。したがって，この上限内における賃金の配分基準に成果が使用されることになる。この場合には上位者は業界の平均水準より高報酬を得る

ことになるが，同時に下位者あるいは中位者は平均水準を下回る報酬になる。中位・下位者の水準が大きく平均水準を下回る場合には成果主義というよりコスト管理であり，生産性・能力の反映ともいえないことになる。一方，高授業料，高名声，収入増，教育研究費及び人件費の充実，成果向上，高授業料の高コスト・高収益サイクルが回る場合（米国アイビーリーグの大学など）には，成果主義を適用してもほぼ全員が処遇改善を得ることが可能である。

　個人レベルの処遇という点では，英国では大学の種類（特に1992年以降に大学に昇格した大学と以前の大学）に応じて賃金・給与も違いがあるものの，欧州のフランス，ドイツ，イタリアの公立大学は法人型に移行しても教職員は公務員身分が維持されていることもあり，成果主義による給与の程度は大きくはない。むしろ，大学組織単位の競争的資金において成果主義が導入されている。従前は自国の国公立大学を学生が基本的に自由に選択できたこともあり，質的な差もないという前提で政府との関係や大学ガバナンスが運営されてきた。しかしながら，高等教育市場における国際的な競争および欧州内部における高等教育の標準化の動きならびにEUの研究補助金制度により，各国において国際競争力強化の政策が導入されるようになった。

　ドイツでは州が高等教育の所管となっており連邦政府は基本枠組みの設定にとどまっていたが，卓越した研究拠形成により選択的かつ競争的な資源配分を連邦政府が2006年から開始するとともに包括交付金などのNPM的な経営管理を適用している。

　フランスでは1980年代から政府と大学の契約による計画管理がなされていたが，自律性と財務責任を強化する法律が実施され大学評価も導入され，競争的な資源配分であるキャンパス・キャンペーンや2011年からの卓越政策により大学統合による競争力強化が推進されている。

　他方，イタリアは欧州で最大の高等教育システムを擁する国であるが，NPM的な改革や成果主義の適用は限定的である。大学への財源措置でフォーミュラ方式を採用し，学生数や卒業生数などのインプットとアウトプット指標が一部使用されている。ただし，金額的には過去の実績額で規定される部分が大半の増分主義予算となっている（Agasisti & Haelermans 2016）。また，研究補助金として経常的な制度はなく，EUや団体の競争的資金制度に申請する制度

になっており，卓越拠点的な研究資金がないのが特徴といえる。

　総じて，大学部門においても政府部門と似て欧州大陸諸国の成果主義は，制度が導入されているものの，実態は英国を除き報酬との関係性および金額の双方で強いものではない。ニーブ（Neave 2012）はフランスの高等教育改革について新自由主義に基づく NPM の経営原理が適用されているのでなく，効率性と有効性を高める実務的対応にすぎないという。ただし，彼の評価国家論は国主導から大学側の自律性を拡大した国家の遠隔統制への変化とみており，ガバメントからガバナンスへの転換を唱えたローズ（Rhodes 1997）らの影響が強い。この点で，伝統型から法人型への移行論に含めることができる。

　世界第2位の経済大国となりマス化に突入した中国は，マージンソン（Marginson 2011）によると，我が国と同様の儒教モデルとされ，図10-1のモデルの適用外とされる。大学は国家の経済発展の装置とみなされ，重点大学への集中的・効率的投資により国際競争力を強化し，また，地方大学や私立大学の授業料収入等による規模拡大による進学機会の保障が実現したとする。政府による財政支援を限定的にし，民間（家計）負担を高めたシステムを可能にしたのは，教育に高い価値を見出す国民特性（学歴信仰）がある。我が国の旧帝国大学を中心とした国立大学と私立大学振興による高等教育需要拡大への対応は，確かに中国とパラレルな政策展開（日本が先行した）とみることが可能である。しかし，ガバナンスとしてみれば，その統治原理にあるのは学術と経営両面での外的規制が依然として強いのが中国であり，日本は図10-1の伝統型時代においても学術自治は憲法的にも保障されている。装置としての機能や進学率の目標達成として新自由主義的な手法を使用したという解釈（Zha 2011）は，「211工程」や「985工程」といわれる重点大学への財政措置が欧州等での卓越拠点という重点・効率化の政策と共通点を説明する。これは，社会主義政権下の市場主義と対応する社会規制下での高等教育の成果主義経営管理と位置づけられる。図10-1では伝統型の変型（教育研究活動という点での大学組織）とみなすことになろう。

　以上の比較考察を要約したのが次頁の図10-2である。

図 10-2　各国における成果主義の運用
＊中国は COE 的な研究資金に関する分類，他は経常的な資金に関する分類

## 第 5 節　成果主義とガバナンスの強化のゆくえ

　大学ガバナンス改革は個々の大学の内部統治形態の変更を迫るだけでなく，政府と大学の関係という組織外部についても変化をもたらす。特に国公立大学では政府組織の一部であった（ある）事情もあり，大学組織の自律性向上という要素と同時に成果に関するアカウンタビリティを強化する要素が改革に際し導入されている。このため，組織内外の関係・構造を分析することが必要とされ，公的部門に共通する改革と大学改革の両面を扱うモデル（図 10-1 参照）を設定した。具体的には，内部的に同僚制／官僚制の下，政府による外部規制を受ける伝統型が 1980 年代以降，コーポレーションとしての経営管理を重視する NPM が適用され，資源管理および学術管理の自治統治が拡大する半面，その成果に関する外部統制を行う法人型が世界的に普及するようになった。近年の公的部門改革のポスト NPM の影響は大学にも押し寄せ，ネットワーク・連携を強調するガバナンス型も生まれているものの，実態的には法人型の大学ガバナンスと経営管理が支配的であることを示した。もちろん，成果主義の適用範囲や強度などにおいて各国で違いが見られ，法人型制度の外形的適用で共通している側面を強調するだけでは十分な分析とはいえない。国別多様性は成果

主義で鮮明に示される（図 10-2 参照）が，この違いは各国の大学の歴史的経緯（特に政府と大学の関係）や法制度に求めることができる。ただし，成果主義の国際的進展には高等教育のマス化と財政制約が影響しており，高等教育への財源措置をより効率的・効果的にする原理および装置として導入されている側面を忘れてはならない。成果管理を徹底する上では活動につき自律性を付与し結果に責任をもつ法人型のガバナンスと親和性が高いから，新自由主義に基づく高等教育政策であったかを問わず，各国で採用されたと理解できる。もっとも，重点化・効率化すべき大学群に対しても財政制約を強めると，成果主義は逆機能することに留意する必要がある。たとえば，各国立大学法人への運営費交付金から拠出された約 100 億円（交付金総額の 1％相当）を重点支援経費として確保し，評価に基づき再配分する制度は，基盤的な経費に競争的要素を組み込んだものである。しかし，運営費交付金は各国立大学法人に必要な基盤的経費に対する財源措置であり，交付金総額を一定あるいは減額の状況で成果による再配分をすれば，重点支援への経費は確保できても基盤的活動に充当される経費がそれだけ減少するパラドックスを招く。重点支援の対象になっている「グローバル人材の要請」とか「世界の研究ハブ」は特定目的の競争的経費や特別補助金で推進すべきものであるからである。

成果主義は評価や財源措置を通じて大学のガバナンスに影響し，反対に，大学のガバナンスの状況により成果主義の効果も変動する。今回の分析ではガバナンスと成果主義の相互作用については十分な検討ができなかったので，国別及び個々の大学レベルでこの関係につき検証を深めていく必要がある。

**参考文献**

文部科学省（2016）「平成 29 年度国立大学法人運営交付金の重点支援の評価結果について」（www.mext.go.jp/b_menu/houdou/29/01/1381033.htm）

山本清（2016）「ポスト NPM とは？」『ECO-FORUM』31(4), 4-8.

Agasisti, T., & Haelermans, C. (2016). "Comparing Efficiency of Public Universities among European Countries: Different Incentives Lead to Different Performances," *Higher Education Quarterly*, 70(1), 81-104.

Capano, G., & Regini, M. (2014). "Governance Reforms and Organizational Dilemmas

in European Universities," *Comparative Education Review*, 58(1), 73-103.
Deci, E. L. (1972). "The Effects of Contingent and Noncontingent Rewards and Controls on Intrinsic Motivation," *Organizational Behavior and Human Performance*, 8(2), 217-229.
Marginson, S. (2011). "Higher Education in East Asia and Singapore: Rise of the Confucian Model," *Higher Education*, 61(5), 587-611.
Neave, G. (2012). *The Evaluative State, Institutional Autonomy and Re-engineering Higher Education in Western Europe: The Prince and His Pleasure*. Hampshire: Palgrave Macmillan.
Pollitt, C., & Bouckaert, G. (2011). *Public Management Reform*, third edition. Oxford: Oxford University Press.
Rhodes, R. A. W. (1997). *Understanding Governance*. Buckingham: Open University Press.
Schimank, U., & Lange, S. (2009). "Germany: A Latecomer to New Public Management," in C. Paradeise, et al. (Eds.), *University Governance*, Dordrecht: Springer.
Slaughter, S., & Leslie, L. (1997). *Academic Capitalism: Politics, Policies, and the Entrepreneurial University*. Baltimore: Johns Hopkins University Press.
Zha, Q. (2011) "China's Move to Mass Higher Education in a Comparative Perspective," *Compare*, 41(6), 751-768.

# 11 日本の大学ガバナンスの課題

高等教育政策の変容と大学の自律性

両角亜希子

　現在の日本において，大学のガバナンスの問題と言えば，学長のリーダーシップ強化の議論を思い浮かべる読者も多いかもしれない。ガバナンスとは本来「個人や集団が意思決定に参加したり，影響を与えたりする組織構造やプロセス」であり，いわば大学とはだれのものか，に関わる問題は，大学という機関内の力学にとどまらない。クラーク（1994）は，高等教育における意思決定に影響を与える力（権威）について，学科から国家政府までの6レベルを区分したが，実際の大学の組織行動は，この相互作用の中で行われており，大学の力学問題はこのすべてのレベル内・間での相互作用として理解すべきである。かつての日本の大学は，一方で，政府の権限が強く，他方で教授会などの下位レベルの組織における自治が強いと特徴づけられてきた。学長のリーダーシップ強化が課題となってきたのはこうした力学の中で，組織としての大学改革を阻んでいる弊害が指摘されてきたからである。

　しかし，最近の大学をめぐる状況を見れば，これまでとは異なる形で政府のパワーが強くなっている。こうした大学政策の変容は，徐々に大学の自律性を弱めることにつながり，ひいては大学が社会から期待される機能を十分に果たしていく上で大きな問題になると筆者は危惧している。本章では，こうした実態について詳しく述べることで，今後の高等教育政策に必要な方向性，大学の自律性をいかに育てるべきかについて考えたい。

## 第1節　大学成功の条件としての自律性

　ヨーロッパでは1980年代ごろから，東アジアの国立大学では2000年代以降に，ニュー・パブリック・マネジメント（New Public Management: NPM）の考

え方の影響をうけて，政府の直接統制を弱め，競争と評価を重視した大学政策への転換が行われてきた。かつては政府が社会のニーズを読み取り，政府機関の一部としての国立大学を支援してきたが，社会の変化が激しく，複雑化する中で，そうした機能にも限界が出てくる。大学が成功するうえで，大学の自律性が重要であり，多くの国でそうした方向性での改革が行われてきた。2004年に行われた日本の国立大学の法人化もこうした文脈で理解ができる。そのため，法人化では，①中期目標・中期計画，②6年ごとの国による法人評価，③法人評価の達成度による財政配分，④資金配分の自由度，⑤新しいガバナンス体制（執行部の権限強化と学外者の参加）という5つをセットとした制度設計がなされ，政府からの統制を間接化することで，自律的な運営をめざした。

　2000年代半ばごろまでの改革は，基本的にはこうした考え方に沿って行われたものであった。法人化が行われた2004年には，大学の設置認可のさらなる緩和と同時に認証評価制度を導入し，事前評価から事後評価へ，と言われた。また，私立学校法の改正が行われたものこの年であった。高等教育政策の基本的な方向性は，他の分野と同様に規制緩和であり，議論の中心も，個別大学の裁量の余地をいかに高めるかについての制度設計に関心があった。国立大学においては，学長に強力な権限を付与することで，私立大学では，それまでは理事の集団としか法定化されていなかったが，理事会が最終決定権者であることを明確にすることで，機関としての権限や裁量の確保と責任体制を明確化した。こうしたガバナンス改革を行うと同時に，財政配分方式も変化した。典型は国立大学であり，費目・使途の制限を少なくすると同時に，インプットベースでの算定から，法人評価の結果を配分額に反映させる仕組みをいれることで，大学がより自律的に運営できる仕組みを採用した。ただし，不幸だったのは，当初の制度設計において，大学の法人化イコール財政削減ではなかったはずだが，実際には，運営費交付金は2005年から10年間にわたって毎年1％ずつ削減されたことだ。

　ヨーロッパでは現在も，大学の自律性（autonomy）は大学の成功にとって不可欠な条件と考えられており，多くの国で，大学の自律性を高める改革が行われている。ヨーロッパ大学協会は，表11-1の4分野ごとに採点項目を設定し，各国の大学自治の採点表を発表しているが（Esterman, Nokkla, & Steinel 2011），

表 11-1　大学の自律性に関するスコアカード

| | |
|---|---|
| 組織自治 | 学長の選出手続き<br>学長の選出基準<br>学長の解任<br>学長の任期<br>学外者の理事選任・活用<br>教学組織構造の編成権<br>法的事業体を設置できること |
| 財政自治 | 公的財政の長さと類型<br>剰余金を出せること<br>借入できること<br>自ら建物を所有できること<br>自ら授業料価格の設定ができること |
| 人事自治 | 教職員の雇用手続きの決定権<br>教職員の給与決定権<br>教職員の解雇権<br>教職員の昇進の決定権 |
| 教学自治 | 学生数の決定権<br>学生選抜ができること<br>プログラムの導入権<br>プログラムの終了権<br>教授言語の選択権<br>質保証メカニズムと提供者を選択できること<br>学位プログラムの内容を決定できること |

(Esterman, et al. 2011)

そうした裁量を持つことが大学の発展を支えると信じられているからである。

## 第2節　政治主導の大学改革へ

　大学の自律性を高める制度設計が行われ，また同時期（2003年から）各大学の自主的な教育改革努力を引き出すためのグッドプラクティス（GP）事業も開始され，大学の自主的な教育改革を進める大きな要因となった。この事業は，各大学の創意工夫を促した一方で，アイディアコンテストのような側面もあり，その内容は非常に雑多なものであった。民主党政権下の2009年11月，2010年9月の行政刷新会議（事業仕分け）で，GP事業は大学の本来業務で，国費を投入すべきではないとして廃止された。

政府と大学の関係をめぐって，基本的な方向性に変化が表れ始めたのは，2011年ごろからである。国立大学は2010年から第2期中期計画期間に入ったが，第1期目の課題が浮き彫りになってきたことや，2011年3月の東日本大震災という日本社会を揺るがす大きな出来事の影響も間接的にはあったのかもしれない。成長戦略の一環としての大学の側面が強調されていくにしたがって，文部科学省以外に，内閣府の会議体の影響力が大きくなっていった。内閣府の下での会議体で発議され，中央教育審議会（中教審）での議論を経て，政策が決定されていくという傾向が強まっている（表11-2）。

　財政配分に関する論点は，第3節にまとめて取り上げるので，それ以外の観点について，いくつかの例を紹介する。たとえば，2012年に始まったグローバル人材育成推進事業である。大学の国際化といえば，長年，留学生の受け入れが政策の中心であった。1983年の中曽根政権の「留学生10万人計画」は当初の計画の2000年より少し遅れて2003年に達成し，2008年に「留学生30万人計画」が発表された。留学生数を当時の14万人から2020年を目途に30万人に増やしたいという計画で，この一環で，2009年「グローバル30」事業も進められていた。鳩山内閣下の，2010年6月の「新成長戦略～「元気な日本」復活のシナリオ」で「グローバル人材の育成と高度人材等の受け入れ拡大」項目が設定され，「グローバル人材」という言葉が初めて政策的に登場し，同時期に産業界からの発信もあり，2012年にグローバル人材育成推進事業が開始し，日本人学生の海外送り出しが政策課題となった。2013年6月に閣議決定された「第2期教育振興基本計画」のなかで，日本人の海外留学生数を6万人から2020年に12万人に倍増させる目標などが示された。

　第2次安倍内閣に入ってからその傾向は顕著で，近年の高等教育政策の出所を探っていくと，その多くは教育再生実行会議に端を発している。第3次提言「これからの大学等のあり方について」では，2017年までの5年間を「大学改革実行集中期間」と位置付けて，速やかに具体的な政策を立案し，実行すべきものとしたことを受けて，数多くの施策が集中的にとられてきた。野田政権時代に「日本再生戦略」の中で作成することが決まっていた「国立大学改革プラン」は政権交代にもかかわらず，2013年11月に発表された。民主党政権時代に作られた「大学改革実行プラン」の考え方を基本的に踏襲し，さらに進める

表 11-2 最近の高等教育政策の流れ

| 内閣府の会議体 | 会議における提言・報告 | その後の文部科学省の政策・展開 |
|---|---|---|
| 行政刷新会議（2009 年 9 月～2012 年 12 月）（鳩山内閣） | 事業仕分け | GP 事業、G30 事業等 廃止・縮小 |
| | 2010 年 6 月 新成長戦略～「元気な日本」復活のシナリオ | 2012 年 グローバル人材育成推進事業開始 2013 年 6 月 第 2 期教育振興基本計画で、日本人の海外留学生数を 6 万人から 2020 年に 12 万に倍増させる目標の提示 |
| 国家戦略会議（2011 年 10 月～2012 年 12 月、野田内閣） | 2012 年 7 月 日本再生戦略 | 2011 年（国立）大学改革係数導入 2012 年 国立大学改革機能推進事業新設 2012 年 6 月 文部科学省「大学改革実行プラン」 2013 年 12 月～2014 年 4 月 「ミッションの再定義」 |
| 教育再生実行会議（2013 年 1 月～） | 2013 年 5 月 第 3 次提言 （大学改革について幅広い提言） →「2017 年までの 5 年間を「大学改革実行集中期間」と位置付け | ○2013 年 11 月 国立大学改革プラン ○グローバル化→2015 年 SGU 事業 ○教育力→2014 年 大学教育再生加速プログラム（AP）事業 ○ガバナンス改革→中教審での議論（2014 年 2 月 審議まとめ）、2015 年 4 月に学校教育法、国立大学法人法の一部改正 ○基盤的経費のメリハリのある財政配分→（国立）2014 年 10 月 第 3 期中期目標期間における運営費交付金のあり方に関する検討会設置、2015 年 6 月 審議まとめ、2016 年～3 つの重点支援枠、（私立）2013 年 私立大学等改革総合支援事業開始 |
| | 2013 年 10 月 第 4 次提言 高大接続改革 | 中教審での議論（2014 年 12 月 答申）を経て、高大接続システム改革会議で検討し、2016 年 最終報告。現在は、検討準備グループを設置し、2020 年開始に向けて準備中。 |
| | 2014 年 7 月 第 5 次提言 専門職大学 | 2015 年 中教審に特別部会を設置。2016 年 中教審答申。2018 年度～専門職大学発足 |
| | 2015 年 3 月 第 6 次提言 地方創生 | 2015 年 COC 事業から COC＋事業へ |
| 日本経済再生本部（2013 年 1 月～） | 2014 年 12 月 新陳代謝・イノベーション WG「イノベーションの観点からの大学改革の基本的な考え方」卓越大学院、特定研究国立大学構想 | 指定国立大学 2017 年～ 卓越大学院プログラム 2016 年から検討を～ |
| まち・ひと・しごと創生本部（2014 年 9 月～） | 2017 年 9 月 地方大学の振興および若者雇用に関する有識者会議設置 2017 年 12 月 地方大学振興の最終報告 | 2017 年 東京 23 区大学新増設原則禁止 |
| 人生 100 年時代構想会議（2017 年 9 月～） | 2017 年 人づくり革命中間報告 教育無償化対象の大学要件の例示 | 2018 年 文部科学省内に専門家会議発足 |

内容となっている。グローバル化のさらなる促進については，2015年度からのスーパーグローバル大学創生支援事業（SGU）で進められることになった。ガバナンス改革についても教育再生実行会議の提案を受けて，中教審で大学のガバナンスについての審議会が設置され，2014年2月12日に大学分科会で「大学ガバナンス改革の推進について（審議のまとめ）」が出され，2015年には学校教育法等の改正に至った。教授会はこれまで「重要な事項を審議する」と規定されてきたが，決定権者である学長等に対して意見を述べる関係にあることを明確にした。また学長のリーダーシップを強化するための体制（副学長など）も整えた。国立大学法人法も同時期に改正され，経営協議会の過半数を大学の教職員以外から選ぶことを求め，学長の選考基準を定め，公表することを求めた。こうした制度改正を通じた支援にとどまらず，学長裁量経費の拡充，予算事業でのガバナンス改革の要件化，予算を通じた支援により，ガバナンス改革が着実に行われるように推進することとなった。

　高大接続改革については，2013年10月の第4次提言で示されたが，中教審でも同時期に議論が進められ，2014年12月の中教審答申「新しい時代にふさわしい高大接続の実現に向けた高等学校教育，大学教育，大学入学者選抜の一体的改革について」で一定の方向性を経て，高大接続システム会議で検討し，2016年の最終報告が出され，2020年開始に向けた準備が進んでいる。

　2014年7月の第5次提言で触れられた実践的な職業教育を行う高等教育機関の制度化については，2015年に中教審で特別部会が設置され，2016年5月には答申「個人の能力と可能性を開花させ，全員参加による課題解決社会を実現するための教育の多様化と質保証の在り方について」にまとめられ，2018年度から専門職大学制度が発足することになった。

　地（知）の拠点整備事業（COC）は前政権下の「日本再生戦略」，第2期教育振興計画，教育再生実行会議第3次提言をうけて2015年から始まった。地域再生・活性化の核となる大学の形成が目的であったが，まちひとしごと創生本部での議論を受けて，2017年から地（知）の拠点大学による地方創生推進事業（COC+）となり，その最終目的も若年層人口の東京一極集中の解消へと大きく変わった。まちひとしごと創生本部での「まち・ひと・しごと創生基本方針2017」をうけて，2017年9月には東京23区の大学の新増設抑制の文部科学省

の告示が示された。地域振興と東京23区の入学定員増禁止がどのようなロジックで結び付くのか，多くの疑問があるにもかかわらず，政治的な決定の中で，文部科学省での議論の余地さえほとんどなかった。2017年9月から発足した人生100年時代構想会議の中間報告案が同年12月に出され，12月8日に「新しい経済政策パッケージ」が閣議決定された。「新しい経済政策パッケージ」第2章「人づくり革命」において，高等教育無償化で，支援措置の対象を低所得世帯に限定し，授業料の減免措置や給付型奨学金などにより，2020年4月から実施するとしたが，そうした支援措置の対象となる大学の要件として，①実務経験のある教員による科目の配置および，②外部人材の理事への任命が一定割合を超えていること，③成績評価基準を定めるなど厳格な成績管理を実施・公表していること，④法令に則り財務・経営情報を開示していることなどとした。

　また橋本行革によって2001年に設置された経済財政諮問会議は民主党政権下で実質的に活動を停止していたが，第2次安倍内閣で復活して大学改革に関する議論もしばしば取り上げられている。たとえば，2017年4月25日の会議では，国公私立大学の枠を超えた経営統合や再編，地方の経営悪化した私大を国立大学が受け入れる形（アンブレラ法人），また，私学助成について成果に応じて配分し，歳出を抑制する案などが議論されている。

　官邸主導の議論にみられる大学に対する課題認識自体は共感できる点も多いし，社会からの根深い大学不信・不満があることを大学人は自覚しなければなるまい。しかしながら，官邸主導の議論が問題なのは，エビデンスベースの政策立案の重要性が指摘されているにもかかわらず，大学政策については，エビデンスやこれまでの議論に基づかない思いつきの，いびつな形での提案が多く，諸政策の関連性もグランドデザインも何もないことだ。例を挙げれば，既存の大学が社会で活躍する人材を十分に育てているのかという批判があるのはわかるが，なぜ専門職大学がその解決につながるのか。一方でグローバル人材が必要だと海外に出ていくことを推奨し，他方で，若者を地方に定着させようとするなど，解せない点も多い。無償化の支援対象要件において，実務家教員の科目，外部理事の増加がなぜ不可欠なのかについても何の根拠もない。

## 第3節　補助金政策の変容とそのインパクト

　こうした政策の影響は，とりわけ補助金政策を通じて大きなインパクトを大学に与えている。まず競争的資金については，これまでもそうした資金により改革を促すことは行われてきたが，近年，顕著なのが，数値目標，達成目標の具体的設定を求める傾向が強まっていることである。事業にもよるが，中には非常に細かな項目に至るまで，数値目標を設定させるようになってきた。
　政策を立案する側からすれば，推進すべき内容，そこに至る手段などの共通化をすることで，達成度評価はしやすいかもしれない。掲げた数値目標が適切でよいものであれば，大学内での進捗を管理し，改革の実現を助けるものになるが，その濫用は大学の個性，大学が自ら発想し工夫する余地を失わせるなど，弊害も多い。
　たとえば，グローバル人材育成推進事業では，大学の特色を踏まえた構想やグローバル人材像とともに，達成目標の設定を求めているが，卒業時の外国語力レベル，海外留学経験者数，外国人教員比率，外国語による授業の実施率など，具体的な目標を書くことになっている。各大学の目標に合った評価基準を自由に設定すればよいのではないか。また，教育課程の国際通用性の向上のために，GPA（Grade Point Average）の活用や双方向授業の推進などの留意すべき観点も書かれているが，本当にそれが国際的通用性を向上させるうえで，すべての大学において重要なのかも疑問が残る。SGU事業においても，たとえばタイプAの場合，外国人教職員数，外国人留学生数，日本人学生の留学経験者，協定交流数，外国語による授業科目数，外国語のみで卒業できるコース数，学生の語学レベル基準，授業科目のナンバリング，シラバスの英語化，混住型学生宿舎，年俸制やテニュアトラックの導入，TOEICなどの外部試験の学部入試活用などの現状と目標を細かく記入させている。COC+事業では，連携自治体にある企業等への就職率・雇用創出数，大学教育再生加速プログラム（Acceleration Program for University Education Rebuilding: AP事業）では詳細にわたる定量的な目標を設定することを要求している。こうした数値目標を達成することが，個々の大学に合った形での国際化の進展や地域振興につながる

のだろうか。

　さらに深刻なのは基盤的経費に対する影響である。国立大学の法人化において，中期目標を設定し，6年間の評価結果を次の財政支援に反映させる点は一つの制度的な目玉であった。第1期中期目標期間では運営費交付金の一般管理予算の1％が評価反映分となったが，評価による増分は，多い大学で，東京大学2500万円，東京工業大学1600万円，京都大学1300万円，減額となったところの減額分は，琉球大学800万円，信州大学750万円，弘前大学700万円など。総合得点で5位だったお茶の水女子大学の増加分は数十万に過ぎなかった（朝日新聞2010年3月25日「国立大学　初の「ランク付け」奈良先端大トップ評価　地方大は苦戦」より）。最も多く獲得した大学でも科学研究費助成事業の基盤研究Bの金額程度で，かなり少ない評価増分額である。大学側が国立大学法人評価に費やす膨大な労力を考えれば，実績に対する反映分が非常に少ないことに対して，制度と運営実態の乖離に疑問や批判も出されたが，評価反映金額を増やせばよいという単純な話でもない。大学での諸活動の達成度を測る適切な指標がないこと，各大学の目標水準自体がバラバラ，特に教育活動での差がつけにくいなどの評価自体のむずかしさなどの課題も浮き上がってきた（国立大学協会2011；山本2012など）。2010年1月から「国立大学法人のあり方に関する検証」が開始され，同年7月に中間まとめを出しているが，法人化の成果と同時に諸課題が明確になってきた。

　第1期をおえて課題がみえてきたこともあり，第2期の途中から運営費交付金の配分に変化がみられるようになった。一言でいえば，「大学の改革構想に対する運営費交付金による支援」といった発想が強まっていった点に特徴づけられ，法人化当初の発想とは全く異なっている。

　野田政権のもとで作成された「日本再生戦略〜フロンティアを拓き，「共創の国」へ〜」では，「2013年央までに取りまとめる「国立大学改革プラン」」を踏まえて大学・学部の枠を超えた連携・再編成等を促すなどの改革の加速化を図るとともに，財政基盤の確立と基盤的経費（運営費交付金，私学助成）等の一層のメリハリある配分の実施や，私立大学の質保証の徹底推進を図る。加えて，大学のマネジメント強化，学修環境整備，大学入試改革，地域再生の拠点としての大学の機能強化等を進めることなどにより，高等教育の抜本的改革を進め，

世界レベルの高等教育を目指す」ことが明記された。これをうけ，2012年6月に文部科学省がまとめた「大学改革実行プラン」に基づく「ミッションの再定義」が同年11月ごろから開始された。ミッションの再定義においては，各国立大学と文部科学省が意見交換を行い，研究水準，教育成果，産学連携等の客観的データに基づき，各大学の強み・特色・社会的役割（ミッション）を整理し，各大学は，それぞれの大学の強みや特色を伸ばして，その社会的役割を果たしていく，国立大学の機能強化策である。ミッションの再定義については，各国立大学の各部局と文部科学省の個別の意見交換の中で作成されたものであり，そのプロセス自体は明らかにされてこなかったが，当初から「実質的に公募でなく，文科省がシナリオを描いて大学に提案する事業」という批判が漏れ聞こえており，小方（2015）は教員養成分野のミッションの再定義を事例として，インタビュー調査からそうした実態を明らかにしている。ミッションの再定義で明らかになった特色をさらに伸ばすために，機能強化のための構造改革を行う大学に対して，文部科学省が重点的に予算を支援することになった。それが国立大学改革機能強化推進事業（138億円）で，2012年14件，2013年7件，2014年11件，2015年3件が採択された。2013年11月に「国立大学改革プラン」では第2期中期計画期間の後半3年間を改革加速期間，と位置づけ，ミッションの再定義で明らかにされる国立大学の強み，特色を生かした改革を求めた。こうした事業に採択されて受ける助成金額は，第1期の法人評価反映分の金額と比べてもはるかに大きく，運営費交付金の減少に悩む国立大学が必死に獲得にいったことが理解できる。「泥饅頭でも食べるしかない」と表現した大学関係者もいた。

　2015年6月8日の文部科学大臣通知「国立大学法人等の組織及び業務全般の見直しについて」は文系軽視で大論争になったものだが，ミッションの再定義を踏まえて，「特に教員養成系学部・大学院，人文社会科学系学部・大学院については，18歳人口の減少や人材需要，教育研究水準の確保，国立大学としての役割等を踏まえた組織見直し計画を策定し，組織の廃止や社会的要請の高い分野への転換に積極的に取り組むよう努めることとする」とした。実際に表11-3にみられるように，この通知を受けて，学部の新設・改組は2016年に21学部，2017年に11学部も行われた。大学院大学を除く国立大学数が82校

表 11-3 国立大学の学部・学科の新設・改組

|  | 2013 年度 | 2014 年度 | 2015 年度 | 2016 年度 | 2017 年度 | 2018 年度 |
|---|---|---|---|---|---|---|
| 学部新設 |  | 2 学部 | 2 学部 | 8 学部 | 5 学部 | 3 学部 |
| 学部改組 | 1 学部 | 2 学部 |  | 13 学部 | 6 学部 | 3 学部 |
| 学科改組 | 18 学科 | 8 学科 | 11 学科 | 54 学科 | 38 学科 | 48 学科 |
| 入学定員改訂 | 15 学科 | 11 学科 | 36 学科 | 72 学科 | 51 学科 | 46 学科 |
| 学科廃止 |  | 2 学科 | 10 学科 | 30 学科 | 15 学科 | 3 学科 |

(「国立大学入学定員増減予定表(総括表)」各年度版より作成)

であることからも,いかに多くの大学で反応したのかがわかる。組織を変えることが補助金獲得に有利だからそうせざるを得ずに行われているのが実態だ。地域貢献や文理融合を標榜する学部が多いが,こうした新設・改組がその大学の成長につながる保証はない。

運営費交付金については,2014 年 10 月に設置された「第 3 期中期目標期間における国立大学法人運営費交付金のあり方について」で検討され,2015 年 6 月 15 日に審議まとめが出されたが,ここで以下の 3 つの重点支援枠組みが示された。

・重点支援① 地域のニーズに応える人材育成・研究を推進
・重点支援② 分野毎の優れた教育研究拠点やネットワークの形成を推進
・重点支援③ 世界トップ大学と伍して卓越した教育研究を推進

各国立大学は,機能強化の方向性として設定された上記 3 枠組みのうち,その「強み・特色」に適合した 1 つを選択する。そして第 3 期における「ビジョン」と「戦略」をまとめ,具体的な取組とその達成状況の判断基準となる「評価目標」(測定可能な評価指標 KPI: Key Performance Indicator) を提出し,その評価結果が資金配分に反映される。各大学は基幹運営費交付金の約 1％の機能強化推進係数を適用し財源を拠出し,そうして集まった総額約 100 億円が文科省によって再配分される仕組みだ。2016 年度は,従来の交付額に対して 118.6 - 75.5％の範囲で資金が配分され,増額が 42 大学,減額が 43 大学(配分要望なしが 1 大学)だった。最大増加額は約 7000 万円,最大減少額は約 5000 万円。

2017年度は取組の進捗状況も含めて評価され，最終的に113.0－78.3％の範囲で配分され，増額が41大学，減額が45大学で，増額の最多は約5500万円，減額は約3000万円だった（松浦2017）。金額そのものは大学予算から考えれば小さいが，ランキング評価のような見方がなされ，一定の影響力を持つので，大学にとっては無視できない。卓越型大学の中にも地域貢献に熱心に取り組む教員もいるし，その反対もしかりで，3つの機能を組織に当てはめるのがよいのか，疑問も残るが，すでにそうした政策のもとに補助金配分が行われている。運営費交付金は減少の一途をたどっているが，授業料など他の収入を増やすにも限界がある。外部資金を増やすとしても，使途には制限もあるし，分野による違いも大きい。そうした中で，政策の変化に大学自体も疑問に感じつつも，対応せざるを得ず，大学の自律性はますます失われているように見える。

　私立大学の経常費補助金においても，この間に変化が見られた。大きなものは2013年に開始した私立大学等改革総合支援事業である。一般補助のうち，「教員経費」「学生経費」の一定割合（10％程度）を加算され（ただし，1校あたりの増額できる額に上限がある），特別補助においては「私立大学等改革総合支援事業調査票」の回答内容をもとに点数化し，タイプ毎の得点に応じ一定額を増額されるものである。2016年度の場合，全私立大学等の約8割にあたる716校が申請し，このうち457校を支援対象校として選定された。2017年度の場合，この支援事業は5つのタイプがある。教育の質的転換（タイプ1，350校程度），地域発展（タイプ2，160校程度），産業界・他大学との連携（タイプ3，80校程度），グローバル化（タイプ4，80校程度），プラットフォーム形成（タイプ5，5-10グループ程度，平成29年度新設）である。毎年項目数・内容は少しずつ修正されるが，たとえば，タイプ1の場合，全学的教学マネジメント体制の構築（IR（Institutional Research）担当，SD（Staff Development）など4項目），教育の質向上のためのPDCAサイクルの実施（学修時間の把握，アクティブラーニングなど7項目），多様な取り組み（ナンバリング，GPA，学習成果把握など7項目），高大接続改革（アドミッションポリシーに学生像明記，多面的・総合的評価での入学者選抜実施など5項目）の計23項目について，全学実施・一部実施・未実施で点数化され，総合得点95点のうちの合計得点で採択の可否が決まる仕組みとなっている。年々，採択校の平均値は伸びており，この補助金を獲得するために，各大

学が多くの努力をしていることがわかるが、総合計得点で競うので、この補助金を獲得したい大学にとってはどの取り組みをするかの選択の余地はほとんどない。どのような改革をするのか、かなり詳細なレベルまでを政策が強制してしまうことにつながっているし、重要なのはそうした取り組みの質の違いだが、そうしたものは十分に評価できない。この補助金に対して、評価項目が毎年変わることへの改善要求はあるが、改革への学内協力を引き出すのに有効だと学長たちから評価する声も大きい印象だ。

　財務省は2017年6月にまとめた予算執行調査の結果をもとに「大学改革がない中での大学への補助金支出は、教育力に疑問がもたれるような大学、進学する魅力に乏しい大学を経営的に救済することにつながる可能性があり、これは大学進学者や納税者にとって望ましいこととは言えない」として、私学助成は2018年度からは定員充足率や教育の質による配分の見直しを行い、さらにメリハリのある補助金配分が行われることが決まっている。

## 第4節　大学の自律性をいかに育てるか

　以上みてきたように、近年の矢継ぎ早の政策によって、大学の現場は翻弄され、疲弊している。大学人たちからの近年の大学改革に対して警鐘を鳴らす本が近年いくつか出てきたこともその象徴であるが（日高 2015；吉見 2016；山口 2017；三谷 2017；藤本他 2017)、法人化の頃の議論を比べると、大学団体、大学のトップ、高等教育研究者の発言は意外と多くない。たとえば『IDE現代の高等教育』の2018年1月号で「政策と大学」の特集をしているが、学長たちは正面きって、現在の政策のあり方を批判していない。しかし、大学の改革の方向性、その方法などが政府から押し付けられていき、真の大学の自律性が育たないとしたら、日本の大学の将来は暗い。大学自律性スコア（表11-1）を算出したら、日本の大学はかなり低いのではないか。政府の統制によって新しく作られた国立大学の新学部、専門職大学等が本当に社会の需要に基づくものなのか、はなはだ疑問である。社会からの需要は非常に複雑で大学によっても異なっている。中教審では将来構想部会を設置し、2040年を見据えた大学の将来像のあり方が検討されているが、2040年の社会を予想するのもたやすいこ

とではないし，大学によってその姿も必ずしも一様ではない。だからこそ，学長を中心として，それぞれの大学の将来像を具体的に模索していくことがより重要になっているように思う。法人化で目指された自律性を持った大学を育てていくことが遠回りのようで不可欠なのである。学長のリーダーシップには，ビジョンや改革構想を示す垂直方向の側面と，学内の意見を傾聴し調整する水平方向の側面の両面がある。いずれも重要であるが，本質的により重要なのは，前者であると筆者は考えている。しかし，改革の方向性が政府から示され，それをいかに実現するのかといった発想が強まっているからなのか，どういった将来や改革構想を描くかよりも，どのように学内を調整するのかに，より関心が強まっているように感じており，これでは本来の意味での大学の自律性，それを導く学長のリーダーシップは育たないのではないかと危機感を覚えている。

　20年近く前の論考だが，グリーンスパン（2001）はカリフォルニア大学の成功の理由をその自律性の高さに見出した。そして，大学の独立性は薄氷上の産物であり，大学が州民に対してきちんとした説明責任を行うことで保たれていると述べている。現在の大学のあり方に一つのヒントを与えてくれる言葉ではないだろうか。政府を見ている大学ではなく，社会をみて行動する大学をいかに育てるのかを考えなければならない。

**参考文献**

『IDE 現代の高等教育』No. 597（政府と大学）2018年1月号

小方直幸（2015）『政府と大学の自治――教員養成分野のミッションの再定義』『高等教育研究』第18集

クラーク，バートン（1994）『高等教育システム――大学組織の比較社会学』東信堂

グリーンスパン，トッド（2001）「カリフォルニア大学の成功の理由」，大学の研究教育を考える会（編）『大学の自律と自立――組織・運営・財政』丸善

国立大学協会（2011）「国立大学法人第1期の検証」（http://www.janu.jp/pdf/h23_3_01_2.pdf）

日高嘉高（2015）『いま，大学で何が起こっているのか』ひつじ書房

藤本夕衣・古川雄嗣・渡邉浩一（2017）『反「大学改革」論――若手からの問題提起』ナカニシヤ出版

松浦良充（2017）「国立大学で進む学部再編は一体何をもたらすのか」（https://www.

nippon.com/ja/currents/d00297/）

三谷尚澄（2017）『哲学しててもいいですか？――文系学部不要論へのささやかな反論』ナカニシヤ出版

山口裕之（2017）『「大学改革」という病――学問の自由・財政基盤・競争主義から検証する』明石書店

山本清（2012）「国立大学法人の評価過程と評価結果の分析」『大学経営政策研究』2, 1-20.

吉見俊哉（2016）『「文系学部廃止」の衝撃』集英社

Esterman, T., Nokkla, T., & Steinel, M.（2011）. *University Autonomy in Europe* II. European University Association.

# 12 アメリカの高等教育ガバナンスと質保証

アクレディテーションに着目して

福留東土

　本章は，高等教育のガバナンスと質保証について，アメリカ合衆国を対象に論じる。とくに質保証の中核的手段であるアクレディテーションを中心に論じる。アクレディテーションとは，大学評価を通した質保証であり，評価団体が定める基準に大学の活動が適合的であるか否かを評価し，認定を行う行為である。日本では戦後，アクレディテーション団体をモデルに大学基準協会が設けられた。また，2004年度より制度化された認証評価はアクレディテーションに類似の制度だが，背後にある精神や構造，影響力はかなり異なる。本章では，大学自治に果たす役割を中心にアクレディテーションの機能と構造について論じる。

## 第1節　アメリカの高等教育ガバナンスと中間団体の役割

　米国の高等教育ガバナンスは，外部から大学に対して働き掛ける外部ガバナンスと大学内部でその有効な機能を促進するための内部ガバナンスとに区分して論じることができる。外部ガバナンスは多くの国において政府と大学との関係性を中心に描かれるが，米国では，(1) 政府には連邦政府と州政府の2つのレベルがあってそれぞれ異なる役割を担い，大学に及ぼす影響も大きく異なる，そして (2) 政府や社会に働き掛けつつ，大学の利害を代弁し，大学の内部ガバナンスを多様な形で支援する中間団体が多数存在する（Harcleroad & Eaton 2011）という2点にその特質を見出しうる。内部ガバナンスについては，①外部者からなる理事会が大学運営の最終意思決定者として大学と社会を繋ぐ（素人支配）との理念に根差しつつ，②専門分化の進んだ経営陣による専門的マネジメントの中で，③教授陣が教学部門を中心に管理に参画する（共同統治）と

いう3主体の相互作用によって把握される（福留 2012）。

こうした全般的なガバナンスの枠組みの中で，アクレディテーション団体を含めた中間団体は，健全な内部ガバナンスを促進するために，大学と外部社会（とりわけ政府）とのバッファーとなり，また単一の高等教育機関を超えた立場から，より効果的な支援を行うことを主な機能としている（Bloland 1985；福留 2008）。そして，アクレディテーションはとりわけ，高等教育の質をいかに保証し，改善を促進するか，そのためのガバナンスやマネジメントをいかに支援するかに関わる活動と位置付けられる。

## 第2節 アクレディテーションの基本構造と概念

以上の理解を基に，アクレディテーションを中心とする高等教育の質保証の構造を描くと図12-1のようになる。米国の大学評価には大きく2つの形態があり，その1つが本章で詳しく論じるアクレディテーション，もう1つが各州政府が州の公立高等教育機関を対象に行う評価である。前者は教育活動を中心に高等教育機関としての基本的な質の保証と改善の促進を行うための評価である。後者は公的機関に対する業績評価としての性格を持ち，アカウンタビリティの側面が強い。日本では2004年度から，すべての高等教育機関を対象とする認証評価と，国立大学法人を対象とする国立大学法人評価が法制化され，大学評価の大枠が整えられたが，おおまかな性格としては，認証評価がアクレディテーションに，国立大学法人評価が州政府の評価に相当する。

アメリカ合衆国憲法では，教育に関する基本的責任は州が負うこととなっており，高等教育機関の設置についても州が認可を行う。その基準は他国と比べて緩やかであることが多く，高等教育機関としての設置が認められたからといってその機関の質が直ちに保証されるわけではない。そうした状況下で，高等教育機関が相互の質を評価・認定し，改善への手掛かりを与える手段として成立したのがアクレディテーションである。

高等教育機関全体を対象とするアクレディテーションでは，6つの地域別に分かれたアクレディテーション団体がある。また，専門分野別のアクレディテーションは対象となる分野が多く，団体の数も非常に多い。前者は機関全体を，

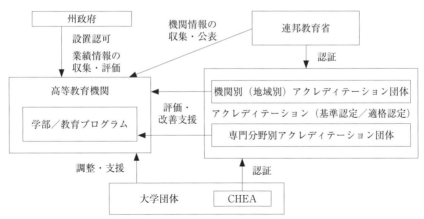

図12-1 アクレディテーションを中心とした米国高等教育の質保証基本枠組み

後者は学部や教育プログラムを評価対象にしている。アクレディテーションに対しては，連邦教育省が認証活動，いわば評価団体に対する評価を行っている。また，大学団体のひとつとして，アクレディテーション協議会（Council for Higher Education Accreditation: CHEA）があり，連邦政府とは別の形でアクレディテーション団体の認証を行っている。

日本の認証評価制度では，アクレディテーションと同じように，高等教育機関全体を対象とする評価と専門職大学院を対象とする評価とが法制化されている。現在までのところ，専門職大学院の評価は多くの場合，機関全体を対象とする評価団体によって担われており，専門職分野を評価する団体の独立性・成熟性は高いとはいえない。また，「認証評価」の名称の元となっている，評価団体に対する認証も行われているが，認証の主体は文部科学省のみである点が米国とは異なっている。

アクレディテーションの基本的性格はボランタリズムにある。日本の認証評価とは違って，アクレディテーションによる評価は法制化されておらず，アクレディテーションを受けるか否かは本来，大学の主体的な判断による。大学関係者が結成した自主的団体によって質保証が行われること，非政府・非営利の活動であること，自己評価とピアレビューによる同僚的評価が実施され，自己規制と改善を志向すること，といったアクレディテーションの持つ特質はこれ

まで日本でも紹介されてきた（喜多村 1993）。

　一方で，とくに1990年代前後から連邦政府がアクレディテーションに対する認証を媒介として規制を強めてきている（伊藤 2000；早田 2003）。教育活動を直接管理する権限は州政府が有しているが，連邦政府は第二次大戦後，学生奨学金と研究補助金の供与を行い，主として財政面において大学への連邦政府の影響力はきわめて大きなものとなっている。そして，現在では高等教育機関はアクレディテーションを通して連邦政府の資金援助プログラムへの参加資格を得ることになっている。かりにアクレディテーション団体が連邦の認証を失うと，その団体に基準認定されている大学は連邦資金の受給資格を失うことになる。それゆえ，アクレディテーションの基本的精神はボランタリズムにあると言いつつも，現実には連邦政府との関係の中で大学にとってアクレディテーションは必須のものとして機能している。アクレディテーションの性格は"public-private"と表現されることがある（Orlans 1975）。もともとは"private"だが，"public"の側面も強くなっているからである。ここで言う"private"には「自主的」と「非政府」という含意が混然一体となっており，"public"の方は「公共」と「政府」という2つの意味が含まれている。大学を巡る「公」と「私」の概念を巡ってもこれらの側面が複雑に交錯することが多い。

## 第3節　アクレディテーション団体の特質

　アクレディテーション団体には，図12-1のように，機関別の評価を行う地域別アクレディテーション団体と専門分野別アクレディテーション団体の2種類がある。細かく述べるともう1種類，地域別ではなくて全国レベルで機関単位のアクレディテーションを行う団体もあり，宗派立大学や職業教育機関の評価を行う団体がそうした形態を採っている。ここでは説明を簡潔にするため，主要な形態として上記2種類について議論する。

### 3-1　機関別アクレディテーション団体

　機関別・地域別アクレディテーション団体は，地域によってばらつきがあるものの，その多くは19世紀終盤から20世紀前半にかけて創設された。基本的

な性格として，高等教育関係者が相互の連帯によって設立した民間団体である。この時期，アメリカでは高等教育が大きく拡大していた。初等・中等教育を含めた学校制度自体が 19 世紀後半から大規模な発展を遂げていたが，それまでの高等教育は就学年齢のばらつきが大きく，かつ各大学の入学要件も大学ごとにかなり異なるものだった。そうした状況に対して，制度を大きく発展させていた中等教育の関係者は不満を抱いていた。一方，中等教育機関の教育の現状にもばらつきが大きかったため，高等教育の側も各中等教育機関がどういう教育を行っており，どういう質の学生を卒業させているのか，その実態が摑みにくい状況にあった。そこで，中等教育とは何であるのか，高等教育とは何であるのか，そして，その接続関係をどう整理するのかが大きな課題として持ち上がってきたのである（Brubacher & Rudy 1997）。

　この期間はまた，高等教育の成長と標準化の時期でもあった。高等教育システムが，一方で急激に拡大しつつ，他方でそれをどう整理してシステムとして標準的なものにしていくかという課題を抱えていた時期だったのである（Geiger 2015）。この時期には大学団体が数多く結成され，また，専門分野の学会や様々な学術団体も創設されている（Hawkins 1992）。そうした流れの中で，アクレディテーション団体も，中等教育，高等教育，およびその接続関係について，それをいかに基準化していくか，あるいは，それぞれの教育をいかに制度化していくかという必要性の中から創設された。そうした中で，各アクレディテーション団体は次第に，大学間の協働によってその改善を支援するという視点から，大学教育の質の評価に乗り出すようになってきた（Semrow, et al. 1992）。

### 3-2　専門分野別アクレディテーション団体

　専門分野別アクレディテーション団体については，これまで日本では十分に議論されてきていない。その歴史を見ていくと，専門分野別アクレディテーションは，大学にとって複雑な問題を孕んでいることが分かる。その特徴はまず，ほぼ「専門職」分野に対応している点である。大学院や学士課程段階のプロフェッショナルスクール，およびその内部の学科や教育プログラムが評価対象となる。たとえば研究大学でいうと，大学の最も中心になる教養学部（College of

Arts and Sciences 等）があるが，それらはほとんどの場合，専門分野別アクレディテーションの対象にはならない。

　専門職のアクレディテーション団体がどういう形で設立されたかについては団体によりいくつかのタイプがある（Glidden 1983）。最も多いのは，専門職の側がイニシアティブを執って団体を作ったタイプである。一方，大学関係者が中心になって作られたものもあるが，医療系分野や法学などでは専門職資格との結び付きが強いのが一般的である。

　すなわち，専門分野別アクレディテーションにおいては，必ずしも大学関係者の意向によるだけでなく，専門職側の要求やその論理が強く反映される傾向がみられる。とくに，新興の専門職にとっては，アクレディテーションが専門職としての自身の存在を社会に明確に示す手段となる。ゆえに，社会が高度化して多様な専門職が登場してくると，アクレディテーション団体が増殖していくことになり，その分，大学は数多くの評価活動に対応しなければならなくなる。

　専門分野別アクレディテーションは部局あるいは教育プログラムの評価に関して，教育研究活動の中身にかなり踏み込んで評価を行うのが特徴である。そのため，プロフェッショナルスクールの側では，機関単位の評価に比べると評価としての実質性・有効性が高いと認識されている。また，全学執行部に対して，アクレディテーションを通して部局の現状をいわば代弁させ，部局の抱える課題（主に資源や施設の問題）の改善を，経営陣に要求する手段となるという機能を有してもいる。

　もうひとつ，専門分野別のアクレディテーションを考える際に重要な点は，専門職資格とのつながりである。これは，法曹の分野が典型であるが，州が各専門職の資格を認定する際に，アクレディテーションを取得している大学の卒業生であることが条件とされることが多い。上でも述べたように，アクレディテーションは，政府と関係を持たない自律的な団体の趣旨に賛同する大学が自主的に評価を受けるというボランタリズムをその基本的精神としており，そのこと自体はアクレディテーションの本来的性格として重要である。一方で，専門職資格との関係に如実にあらわれているように，現実には必ずしもボランタリーな性格というだけでは片づけられない側面が存在する。

以上のように，アクレディテーション団体といっても，機関別・地域別団体と専門分野別団体の性格はかなり異なっている。単純に評価対象の範囲だけの問題ではなく，団体の性格にもかなり大きな違いが見られるのである。

## 第4節　アクレディテーションと政府の関係

　次に，アクレディテーションと政府（主に連邦政府）との関係について考察する。連邦教育省の役割は元来，全米レベルの教育に関する情報やデータ収集による現状把握，あるいは教育に対する側面支援が中心であった。しかし，連邦政府による高等教育への資金提供が重要性を増すにつれ，連邦政府による規制や監督を通じたアカウンタビリティが重視されるようになってきた。

　アクレディテーションと政府との関係の本格的な始まりは，第二次大戦後に発布された退役軍人援助法（GI Bill）にある。これによって連邦政府は政府財源によって退役軍人に対して広く教育機会を提供することを定めたが，その際，退役軍人を受け入れ，結果的に政府による財政補助を受ける教育機関の要件について何らかの基準を定める必要性に迫られた。そこで連邦政府が利用したのが，すでに高等教育の基準認定を展開していたアクレディテーションであった。アクレディテーション団体によって認定を受けた高等教育機関に在籍する学生のみに連邦政府による奨学金を提供することとし，さらにアクレディテーションに対する信頼性を担保するため，上述した連邦政府によるアクレディテーション団体への認証が開始された。この認証活動を含めて，高等教育機関に対する連邦政府の活動の枠組みを定めるものとして1965年に高等教育法（Higher Education Act）が制定された。同法は複数回の改訂を経て，現在でも連邦政府による高等教育への関与の枠組みを形成しており，アクレディテーションに関連する点を含めてその改訂を巡っては常に政府側と高等教育側との間で議論を呼び起こしている。その後，スプートニクショックに端を発する科学技術系人材に対する政府補助金プログラムの開始など，国家的課題に基づく政策が連邦レベルで展開される中で高等教育に対する連邦政府の関与の度合いが高まっていった（Mumper, et al. 2016）。そしてその中で，連邦補助金の受給資格と認証活動とを媒介するアクレディテーションと連邦政府との関係もまた深まってい

った。こうして，アクレディテーション団体が連邦教育省に認証されることが，アクレディテーションと資金面での具体的メリットとの結び付きを生じさせることになった。そのことが，本来アクレディテーションが持っているボランタリズムに大きな影響を及ぼしている（Orlans 1975）。

ただし，政府との関係については別の側面も指摘しうる。たとえば，専門分野別アクレディテーション団体のうち，主要な団体で連邦教育省による認証を受けていない場合がある。これらの団体は，評価対象機関がすでに機関単位でのアクレディテーションを受けていることを自分たちのアクレディテーションを受けることの前提条件にすることが多く，その条件を満たした時点で各機関による連邦プログラムへの参加は担保される。ゆえに自らが連邦教育省の認証を受けなくても具体的なデメリットは生じない。だから，ことさら政府による認証を受けなくともよいのである。とはいえ，こうした点にはアクレディテーションが必ずしも政府による「お墨付き」に固執しない文化を感じさせる。

戦後の枠組みの中で不可欠のものとなったアクレディテーションと連邦政府との関係については多様な観点に立った捉え方が可能である。政府が一方的にアクレディテーションを利用しているという見解もある一方，アクレディテーション団体や大学にとっても，政府の認証を通して社会の信認を得る意味合いがあるとの見方も可能である。いずれにしても，具体的メリットの享受はその対価として連邦政府の規制や監督の下に置かれることを許すこととなり，戦後はそのような枠組みの下でアクレディテーションも社会的・公共的な機能を果たしていくこととなる。

## 第5節　アクレディテーションの統括・調整

アクレディテーションの仕組みは，本来的にボランタリーかつ非常に分権的であり，個別の団体が強い独自性・個別性を持っている。それゆえ，個別団体を超えた統括や調整などにはなじまないのが本来の性格であるといえる。だが，近年はさまざまな文脈から統括や調整の必要性が出てきており，そこでは困難な問題も生じている。

先述の通り，現在はCHEAが全米のアクレディテーション団体の認証を行

っている（図12-1）。政府が行う認証とは異なり，CHEAによる認証は必ずしも具体的なメリットとは結び付いていない。CHEAの認証はいわばアクレディテーションの世界で正当な市民権を得るためのものである。現在のCHEAにみられるようなアクレディテーションの統括・調整に向けた動きは第二次大戦前からみられ，戦後になると，より具体的な動きがみられるようになった。

　その背景として第一に，大学の中に専門職教育プログラムが多く設置されることによって，それに対応する専門分野別アクレディテーション団体がその数を大きく増加させ，それを整理・抑制する必要が生じたことがある。個別の専門分野別アクレディテーションを受けることは，大学にとって資金的・時間的なコストが掛かる。評価活動に対する資金的コストやそのための対応に要する労力はもちろんだが，外部の専門職が要求する基準に沿ってカリキュラムを組み，教職員を雇用し，さらには施設・設備を充実させる必要に迫られる。大学側からは，これが大学の自律性に対する不満として存在してきた。

　第二に，地域別アクレディテーション団体の側では，それぞれの団体が独自に評価活動を行ってきたが，それを全米レベルである程度統一化，あるいは標準化していく必要性が生じてきたという背景があった。とくに，政府との関係のなかで，アクレディテーションの存在意義を明確にしていくために，緩やかながらもある程度共通の基準で質を担保していることを示す必要性が高まっていた。

　1949年にアクレディテーションの統括・調整に関わって2つの団体ができた。このうちの1つは大学の学長団体として創設され，アクレディテーション団体はメンバーになっていなかった。この動きの背後には専門分野別団体の増殖に対して高等教育機関側がイニシアティブを握ってアクレディテーション全体を整理・簡素化したいとの思惑が存在していた。もう1つの組織は地域別アクレディテーション団体の連合体であった。地域別アクレディテーション団体の自主性を尊重しつつ，調整によって全米的な標準化を狙っていたが，この時点ではそうした調整は十分に機能しなかった。

　1975年になって上記2つの団体がCOPA（Council on Postsecondary Accreditation）という単一団体に統合された。これは，名称に"Postsecondary"とあるように，大学以外の職業学校や営利学校といった教育機関を含んだ包括性の高

い団体であった。COPA の成立にはそれ以前の反省を踏まえてより一元的で強力な組織を作りたいという意図があり，ここにはアクレディテーション団体および学長団体が会員として入ることとなった。ところが，今度は多種多様なメンバーを含むことで，逆に複雑な利害が単一の組織の中に内包されることとなった（Chambers 1983）。とりわけ，この時期に大きな問題となったのは連邦学生奨学金の返還滞納問題である。とくに，営利学校や職業学校では，奨学金の返還滞納率が非常に高く，そうした機関を傘下に含むことによって，一部の機関群の問題がアクレディテーションの世界全体に影響を及ぼすこととなった。こうした利害対立が引き金となって，地域別の団体が COPA を脱会し，結局 COPA は解散するという経緯を辿ることとなる。その後も，多様な主体が関与しつつ，さらなる組織の改廃を含む複雑な議論の末に，1996 年になって高等教育機関を会員とする現在の CHEA が作られた（Bloland 2001）。

　こうした動きをどのように見たらよいのだろうか。アクレディテーションが政府をはじめとする社会との関係をどう構築していくかを考えると，アクレディテーション全体を代弁し，また様々な調整を行う団体の存在は有効であろう。だが同時に，アクレディテーションの自主性や独自性をいかに維持し，推進するかということと，それを全体としてどう統括・調整していくのかということの間には二面性や困難さが内包されることとなる。そのような葛藤とそのバランスを模索する過程として，アクレディテーションの発展過程を捉えることができるだろう。もうひとつ，専門分野別アクレディテーションとの関係から論点として挙げられるのは，大学側がアクレディテーションをどう主体的かつ有効に活用しうるのかという問題である。制度化が進み，大規模化したアクレディテーションは，同時に複雑化し，あるいは官僚化して硬直的なものになってきた側面もある。その中で，大学から見たときに，アクレディテーション活動にどう対峙していくのかが難しい問題として存在している（Alstete 2007）。

## 第 6 節　近年のアクレディテーションの動向

　最後に，アクレディテーションに関する近年の動向をいくつか挙げて本章の結びとしたい。大きく 2 点について指摘する。

第一に，先にも触れたように，1990年代前後から，高等教育に対するアカウンタビリティが強調される傾向がみられる。その文脈の中で，高等教育の質保証の手段としてのアクレディテーションに対する批判が強まっている。主要な批判のひとつとして，アクレディテーションの基準や評価プロセスが大学内部の観点に偏っており，社会や学生のニーズに十分に応えきれていないというものがある。とくに1992年の高等教育法の改正による規制強化の動きは日本でも注目された（前田 1995；日永 2001）。また，2006年に出されたアメリカ連邦教育省高等教育将来構想委員会（当時の教育長官の名前を取ってスペリングスコミッションと呼ばれる）における議論はアクレディテーションや高等教育の質のあり方に対する厳しい批判を含むものであった。同コミッションでの議論を巡っては，CHEAがアクレディテーションを代表する形で何度も反論を含めたコメントを出すというプロセスがみられた（福留 2007）。
　もうひとつは，上記とも関連する動きであるが，これまでのアクレディテーションはインプット指標を中心としてきたといわれている。すなわち，大学の評価がどういう資源を保持しているかに重点を置いて行われてきたが，そのことに対しても批判が強まっている。そうした指標のみでは大学の活動実態が見えにくく，大学の活動を通してどのような成果が上がっているのかが十分明らかになっていないという批判である（山岸 2014）。これは，とりわけ学生による学習成果を重視する動きとして顕在化しており，高等教育の中で学士課程教育に関わる課題が大きな焦点とされるようになってきたこととも関係している。現在では，多くのアクレディテーション団体は学生の学習成果に関する指標を評価基準に組み込み，大学側ではそうした要求に対応すべく様々な取組がなされている。こうした流れは，各大学に対してより厳格な内部質保証，あるいは自己点検・評価を要求する動きとつながっており，マクロに見れば，日本の文脈ともかなり共通する部分がある。

　以上，本章では米国のアクレディテーションを中心に高等教育のガバナンスと質保証について議論を行ってきた。アクレディテーションは1世紀を超える歴史の中で中核的な質保証システムとして成熟してきた。それと同時に，その過程の中でシステムが大規模化・複雑化し，煩雑で硬直的な面もまた，顕在化

してきた。しかしながら，多様な見解はありつつも，非政府団体による自律的な質保証をその基本的精神としてきたアクレディテーションの展開過程には，公的な枠組みの中でアカウンタビリティを果たしつつ，同時にいかにして自律的な形での質保証を実質化させていくかという困難な課題に乗り出した日本に対する示唆が多く含まれている。

**参考文献**

伊藤彰浩（2000）「大学評価と政府――アメリカ高等教育の経験」『名古屋大学大学院教育発達科学研究科紀要（教育科学）』47(1), 31-44.
喜多村和之（1993）『大学評価とはなにか――自己点検・評価と基準認定』東信堂
早田幸政（2003）「認証評価制度のインパクト――アメリカの教育長官認証の紹介を兼ねて」『高等教育研究』（玉川大学出版部）6, 105-129.
日永龍彦（2001）「アメリカ合衆国連邦政府とアクレディテーション団体との関係に関する考察――1992年高等教育修正法の影響を中心に」『大学評価研究』1, 43-51.
福留東土（2007）「米国におけるアクレディテーションと連邦政府の関係――アカウンタビリティの観点を中心に」，広島大学高等教育研究開発センター（編）『大学改革における評価制度の研究』（COE研究シリーズ28），75-90.
福留東土（2008）「米国の大学団体」，羽田貴史（編）『高等教育の市場化における大学団体の役割と課題』科学研究費補助金研究成果報告書，pp. 119-131.
福留東土（2012）「米国大学のガバナンス構造とその歴史的経緯」『現代の高等教育』545, 55-61.
前田早苗（1995）「アメリカにおける基準認定の新展開」『季刊教育法』104, 59-65.
山岸直司（2014）『米国高等教育における学習成果アセスメント――背景・論理・政治プロセス』東京大学大学院教育学研究科博士学位論文.

Alstete, J. W. (2007). *College Accreditation: Managing Internal Revitalization and Public Respect*. Palgrave Macmillan.
Bloland, H. G. (1985). *Associations in Action: The Washington, D.C. Higher Education Community*. Association for the Study of Higher Education.
Bloland, H. G. (2001). *Creating the Council for Higher Education Accreditation (CHEA)*. Oryx Press.
Brubacher, J. S., & Rudy, W. (1997). *Higher Education in Transition: A History of*

*American Colleges and Universities*, 4th edition. Transaction Publishers.

Chambers, C. M. (1983). "Council on Postsecondary Accreditation," in K. E. Young and associates, *Understanding Accreditation*. Jossey-bass, pp. 289-314.

Geiger, R. L. (2015). *History of American Higher Education*. Princeton University Press.

Glidden, R. (1983). "Specialized Accreditation.," in K. E. Young and associates, *Understanding Accreditation*. Jossey-bass, pp. 187-208.

Hawkins, H. (1992). *Banding Together: The Rise of National Associations in American Higher Education, 1887-1950*. Johns Hopkins University Press.

Harcleroad, F. F., & Eaton, J. S. (2011). "The Hidden Hand: External Constituencies and Their Impact," in P. G. Altbach., P. J. Gumport, & R. O. Berdahl (Eds.), *American Higher Education in the Twenty-first Century: Social, Political, and Economic Challenges*, 3rd edition. Johns Hopkins University Press, pp. 195-224.

Mumper M., et al. (2016). "The Federal Government and Higher Education." in M. N. Bastedo, P. G. Altbach, & P. J. Gumport (Eds.), *American Higher Education in the Twenty-first Century: Social, Political, and Economic Challenges*, 4th edition. Johns Hopkins University Press, pp. 212-237.

Orlans, H. (1975). *Private Accreditation and Public Eligibility*. Lexington Books.

Semrow, J. J., et al. (1992). *In Search of Quality: The Development, Status and Forecast of Standards in Postsecondary Accreditation*. Peter Lang Publishing.

# 第Ⅲ部　新たな教育機会・実践の創出

概　要
大桃敏行

　多様な機関や組織の連携、参加の制度化などによって、新たな教育の機会や実践が生まれてきている。また、グローバル化の進展は、諸外国の動向を鏡とした日本の取り組みの見直しを可能にするものでもある。第Ⅲ部では、このような新たな教育の機会や実践の検討、国際的な視点からの日本の取り組みの考察を行う。
　第13章（植阪友理）は「学ぶ力」に着目する。国際的にも、学問の基礎となる知識や技能だけでなく、社会に出てからも学び続ける力の育成が課題になっている。本章はまず「学ぶ力」の具体的な内容の整理を認知心理学の観点から行っており、第Ⅰ部における学力観をめぐる国際的議論や日本の学習指導要領改訂の要点の考察と呼応するものである。次に、「学ぶ力」の育成の保障に向けた事例が考察される。1つは小学校と中学校での授業を通じての取り組み、もう1つは教育センターでの取り組みであり、いずれも大学の研究者や研究室との連携によるものである。たとえば、後者では学校外の「学習の保健室」という新たな発想による実践が、この連携によって生み出されていることが示される。
　第14章（秋田喜代美）では、日本において長い伝統のある授業研究を取り上げる。本章はまず、授業研究が2000年代に入ってから多くの国に広まりグローバル化が進んでいること、そして各国の実践が日本の授業研究を振り返る鏡となっていることを指摘する。続いて、授業研究と学びの共同体、教師の専門知と専門家資本などについて考察を行い、国際比較の観点から日本の授業研究の強みを引き出す。つまり、学校が一体となっての取り組み、自治体の支援、大学の研究者の関与であり、自治体や大学の関わりは学校間を越えたネットワーク形成につながっているとする。そして、深い学びの保障のために、協働により何が創発され、それが子どもたちにどのように還元されていくのか、その検証の必要性が示される。

第15章（本田由紀）は職業教育のガバナンスに焦点を当てる。本章はまずグローバル化が経済危機や格差・貧困、社会不安などのリスクを増大させているという認識のもとに、その対抗手段として個々人の経済的自立に結びつく職業スキル形成の重要性を指摘する。続いて、「資本主義の多様性（VoC）」論を用いて先進諸国の比較の観点から職業スキルとその形成システムの考察を行い、日本は個別企業内での実地訓練が職業スキル形成を担い、公教育システムでのその形成は弱いとされてきたが、この把握は現状理解に限界を有することを指摘する。しかし、VoC論での日本理解の留保点はまた日本が抱える問題を浮かび上がらせるものであり、労働者側が企業を超えて職業スキルとその形成・評価で発言力を回復することが不可欠とされる。

　第16、17章では、学校体系や学校運営の改革が対象とされる。小中一貫教育は学校体系の柔軟化の一例であり、多様化改革の流れに位置づけられる。第16章（藤江康彦）は小中一貫校の設置過程を対象とする。一貫校の設置では、教師が十分な理解のないまま取り組まざるを得なかったり、教師の専門性と保護者や住民、行政担当者からの要請と間に葛藤が生じたりすることもありうる。本章はこのような状況に言及しつつも、一貫校開設の準備過程を教師の学習過程としてとらえ、教師の語りの分析により自文化の相対化や他文化の受け入れ、新たな学校文化の生成などへの志向を抽出し、そこで生成される知が学校教育そのものについての新たな知ともなりうることを指摘する。学校体系の再編が教師の新たな学習の契機となり、新たな知の生成につながる、その可能性の指摘である。

　第17章（小国喜弘）では、学校の参加型ガバナンス改革の分析がなされる。大阪市はすべての市立学校に学校協議会を設置している。この協議会は国の法律による学校運営協議会と役割などで異なる点があるが、保護者や住民が学校運営に参加する点は共通する。本章はすべての子どもたちの学習権保障を理念に掲げる学校を対象とし、校長のリーダーシップ、チームとしての教職員組織、そして学校協議会の活動に焦点を当てながら、その包摂に向けた取り組みを検討する。参加型ガバナンスには参加者の代表性の問題から、特定の階層の意向が強く反映されることへの懸念もある。

本章はこのような契機に言及しながらも、対象校の分析に基づき、学校発のガバナンス改革がより包摂的な実践を生み出す可能性を持ちうることを指摘している。

　最終章の第18章（新藤浩伸）では、ドイツの「文化教育」が取りあげられる。ドイツは多くの移民や難民を受け入れてきた。本章はこのドイツにおいて、言語教育だけでなく共生をめざした相互理解が課題になるとし、そのキーワードとなっているのが「文化教育」であることを示す。「文化教育」は狭い意味での芸術教育をこえ、自他の理解、共生に向けた協働の試みとされ、その供給には学校、芸術家、行政、NGOなどの多様なアクターが関わっている。NPMの目標管理型の学力保証とは異なる、多様なアクターの連携による新たな教育機会の創出の試みである。グローバル化は国境を越えたアイデアの移動も加速するものであるが、日本でも類似の取り組みが始まっていることが示される。

# 13 資質・能力としての「学ぶ力」をどのように子ども達に保証していくのか

メタ認知・学習方略の育成をめざした学校実践および教育センターでの取り組み

植阪友理

## 第1節 世界的な動向としての学力観の見直し

　世界的な動向として，学問の基礎となる知識・技能だけではなく，社会で学び続けるための力も学力として定義し，学校の中で育てていこうとする考え方が広まりつつある。こうした機運の先駆けとなったのは，経済協力開発機構（OECD）による「キー・コンピテンシー」や，「21世紀型スキル」といった概念であろう。日本では，中央教育審議会（以下，中教審）の議論の中で，「資質・能力の育成」という用語が使われ，そうした方向性が示されている（中教審 2016）。中教審の答申（2016）では若干広く定義されすぎた感もある「資質・能力の育成」ではあるが，本質的な内容を突き詰めると，特定の教科に閉じた学びだけではなく，将来的に社会で直面する課題を解決し，よりよく生きていくための学びを提供する，ということになろう。将来社会に出た後にも生かしうる力と捉えると，学んだ内容もさることながら，どのように学ぶのかという「学ぶ力」や，さらにはそれを支えるものの見方・考え方は非常に重要な側面である。

　一方で，将来的に社会に出てからも活用できるような，資質・能力としての「学ぶ力」とはどのようなものが想定され，具体的にどのように育てていくことができるのかということについては十分に示されているとは言えず，現場レベルでも混乱があるのが実態である。中教審で盛んに話題となり，答申にも含まれている「メタ認知」という用語についても，どのような内容を指すのかということについては，十分な理解が共有されていないのが実情である。「メタ認知」とは，認知心理学領域において提案されてきた用語であり，それを育て

るような実践も提案されてきている。また，認知心理学では学び方を具体的に示す用語として「学習方略」という概念も提案されており，様々な研究知見が蓄積している。こうした研究成果は，中教審の最終答申とほぼ同時期に出されている，「小中一貫した教育課程の編成実施に関する手引き」(文部科学省 2016)においても意識されている。例えば，同手引きにおける「教科等を横断した学習指導に関する工夫」に関する項目において，「学習方略」という言葉が明記され，小・中学校9年間を通じて育てることが推奨されているのである。

そこで本章では，第2節において資質・能力としての「学ぶ力」に注目し，どのような力を保証していく必要があるのかを，「学習方略」や「メタ認知」といった概念を整理することを通じて明らかにする。第3節では，具体的な実践を紹介する。第4節では，ニュージーランドなど，すでにキー・コンピテンシーをナショナル・カリキュラムとして取り入れ，評価まで行っている国の動向を取り上げ，今後の日本において求められることについて考えてみることとする。

## 第2節　そもそも資質・能力としての「学ぶ力」とは何をさすのか？

それでは，そもそも資質・能力としての「学ぶ力」とは具体的に何を指すのだろうか。中教審の答申の「学びに向かう力・人間性等」では，「社会や世界との関わりの中で，学んだことの意義を実感できるような学習活動」があげられたのち，第一に「主体的に学習に取り組む態度も含めた学びに向かう力や，自己の感情や行動を統制する能力，自らの思考の過程等を客観的に捉える力など，いわゆる『メタ認知』」と述べられている。しかし，具体的な内容は記述されていない。そこで，「学ぶ力」の具体的な中身について認知心理学から考えてみる。

心理学では，「学習方略研究」が盛んに行われている。「方略」とは「作戦」や「方法」という意味である。よって，学習方略研究とは，学習の方法に関する研究といえる。この領域では，学校や社会の中でうまく学習を進めている人は，どのような学び方をしているのかということが盛んに研究されている。ここで議論されている効果的な学び方について，3つに大別して説明する。

効果的な学び方としてまず挙げられるのは,「(丸暗記するのではなく)意味,原理,構造などを理解して学習する」ということである。これまでの研究から,熟達した学習者は,単にやり方を知っていてそれを適用できるだけでなく,なぜそのようになるのかという理由や原理についてよく理解していることが知られている。すなわち,手続きだけでなく,その背景にある意味を理解していることが重要なのである。今回の指導要領改訂の議論でも,「深い学び」が推奨され,その具体的中身の第1項目として「深い理解」が挙げられている(中教審 2016)。この深い理解の代表が,「原理や意味が分かっている」ということなのである。

　2つ目は,メタ認知を活用した学び方である。一般的に,「メタ認知」とは,自分の分かることや分からないことや,自分の考えた過程などを意識化し,意識化した状況に応じて行動も変えていくようなことを指す。これは具体的な学習の場面に当てはめてみると,「分かることと分からないことをはっきりさせ,それを活用しながら学習を進めている」ということなどになる。「分からないことが分かる」,すなわち分からない部分がどこなのかがはっきりとさえしていれば,人に「この部分が分からないから教えてください」とピンポイントで聞くことができ,内容理解を一層深めることができる(すなわち,現在の教育が目指す「深い学び」に至ることができる)。

　3つ目は,「自分の頭の中だけで考えるのではなく,本や教科書,図表,他者など,頭の外にある様々な資源(リソース)を活用しながら学ぶ」である。人間の特徴は,頭の中だけで思考するのではなく,頭の外の様々な資源を利用する点にある。例えば,うまく社会生活を送っている人は,メモをとったり,図にまとめたりなど,手を動かしながら考えている。また,分からないことに出会った時には,自分から本やインターネットなどで調べる習慣を持ち,本当に困った時には,人に聞くということを厭わない。このように,頭の外にある資源や道具をうまく使いながら考えることができる学び方も非常に重視されている。

　このような効果的な学び方が提案されている一方で,子ども達は必ずしもこうした学び方をうまく活用できているわけではないことも知られている。例えば,「分からないことが分からない」という子どもは実に多い。また,意味や

理由の理解をおろそかにして，丸暗記やパタン学習中心となっている子どもも少なくない。さらに，手を動かさずに考える傾向が強いことや，なかなかうまく他者に頼れないという実態がある。もちろん研究からもこうしたことは明らかとなっているが，すこし子どもの学習指導に携わったことがある人であれば，直感的にも容易に想像できるだろう。また，こうしたことが，学習上のつまずきへとつながっていることも少なくない（植阪・市川 2017）。時間をかけて学んでいても成果が上がらなければ，意欲の低下につながるだろう。学ぶ力が不十分であることが，場合によっては学習意欲すら奪っているのである（植阪 2019a）。

　最後に，こうした学習方法を活用し，社会の中で生き抜くためには，学習者のもつ学習に対する考え方（心理学では学習観と呼ばれる）にも着目する必要がある。学び方は，教師に促されて利用するものではなく，最終的には自ら活用できるレベルにまでになる必要がある（Manaro, et al. 2017; 植阪 2019b）。そのためには，子ども自身が，学習そのものをどのように捉えているのかということも大変重要である。例えば，丸暗記さえすればよいと考え，意味を考えることの価値が感じられていなければ，自らその方法をとることは難しいだろう。自分が分からない部分に気づくのは恥ずかしいと感じていれば，自分の思考過程を振り返ることも難しくなる。資質・能力についての報告書を国立教育政策研究所としてまとめた髙口（2015）の議論にもあるが，文脈が変わっても生かせる心の働きのみならず，それを支えるものの見方についても，資質・能力として育てていくことが求められている。

## 第3節　「学ぶ力」の育成を学校の中でどのように保証していくのか
　　　　――学校における日々の授業を通じて，メタ認知の育成を目指した取り組み

　では，学校においてどのように学ぶ力を育成していくことが可能なのだろうか。特に，教科の学習の中で学ぶ力についても育成することは可能なのだろうか。ここでは，大学関係者との協同研究として行われた2つの実践を紹介する。これらは，新教育課程の方向性が示される前に行われた実践であるが，新教育課程に生きる事例と考えている。

　1つ目は倉敷市立柏島小学校の事例（藤澤 2015；谷本 2014；植阪 2014）である。

表13-1 「教えて考えさせる授業」の4段階におけるメタ認知を育てる工夫

|  | 教師の支援 | 期待される子どもの活動 |
|---|---|---|
| 授業前：予習 | 該当部分を読んで，授業に備えるように促す。 | <u>分からないこと／分かることをはっきりさせ，(特に5，6年生は)自分なりのめあてをもって授業にのぞむ。</u> |
| 授業中：教師の説明 | 意味理解を重視した説明を行う。どうすればそれが分かるのかという手立てについても意識させる。 | <u>予習段階で分からなかった部分を中心に，教師の説明を聞く。</u> |
| 理解確認 | 問題を解かせたり，ペアで教師と同じような説明をしたりすることを求める。 | 自分が理解しているか確認する。うまく説明できない場合には，理解できていないと自覚し，周りの人に聞く。理解できた人も，分からない人が納得する説明ができることを目指す。 |
| 理解深化 | 学んだ知識を活用するような課題を与え，理解を深めさせる。 | 協同で問題解決に取り組くむ。 |
| 自己評価 | <u>分かったこと，まだ分かっていないこと，感想を書く。</u> | 高学年であれば分かったことに，①内容にかかわること，②理解の変容にかかわること，③学び方にかかわることなどを入れる。 |

注）下線部は，メタ認知の向上を強く意識した指導上の工夫　　　　　（市川・植阪編2016）

　この小学校で特に力を入れたのは，メタ認知の育成である。この学校ではメタ認知がついた状態を「分かったこと，分からないことが自分でわかる状態」と定義し，「分からないことが分かった時に，自分で分かろうとする子ども」を育てることを学校の目標として掲げた。また，授業と家庭での学習を，学習のサイクルとして捉え，予習―授業―復習の中でメタ認知を育成することを目指した。特に算数の授業は，習得型学習のアクティブ・ラーニングと捉えられている「教えて考えさせる授業」を学校全体で用いている。その説明については，ここでは割愛する（詳細は，市川 2008；市川・植阪 2016 等を参照）。

　表13-1に，具体的にどのように授業を進めているのかを示している（特に下線部を引いたところがメタ認知の育成に関わる部分である）。まず，冒頭で教師は予習として，教科書の該当部分を一読することを促す。子どもたちは，一読した上で，どこがわからないのかはっきりさせる，すなわち授業前にもメタ認知を働かせることが期待されている。小学校5，6年生以上には，分からないこ

とをふまえて，自分なりのめあてを持つように指導がなされている。例えば，ある公開授業では，子どもたちが授業の冒頭で予習をふまえて「円の面積を求める公式はわかったけど，なぜそうなるのかはよくわからないので，そこが分かるようになりたい」などと，自分なりのめあてを述べている。これは，非常にうまくメタ認知が働いている状態と考えられる。

　以上をふまえて，教師は授業の冒頭にその日に学ぶべき大切なことを，意味の理解を大切にしながら説明する。その際，子ども達には予習段階で分からなかった部分を中心に教師の説明を聞くように促す。これはメタ認知をふまえて自分の行動を調整することが求められていると言える。その後，教師は子どもが自分自身の理解状態を把握できるように，問題を解かせたり，ペアになって教師と同じ説明をさせたりする。もしうまく解けなかったり，説明できなかった場合には，自分は理解できていないということを自覚することになる。

　さらにここまでで学んできた知識や発想を活用するような発見的な課題を教師が与え，グループで解決しながら理解を深めさせる。最後に，分かったこと，まだ分かっていないことを記述させることを求め，最後にも再びメタ認知を促す。この学校では，高学年ともなると何が分かったのかという内容面のみならず，どのようにしてそれが分かったのかという方法などに関する記述も行わせている。日々の授業の中にメタ認知が促される機会を多く設けることで，「分からないことが分かる」ための方法を知ってもらうとともに，実際にそうしたことがうまくできる力を育成することを意図している。この学校では，指導中にメタ認知の育成を意識するようになって以降，ベネッセの総合学力調査などにおいても，特に大きな成果が見られたことが報告されている（e.g. 藤澤 2015）。

### テストも含めた実践の中で，学び方と学習観を改善する試み

　2つ目の実践は，岡山市灘崎中学校において床勝信教諭が行った事例（ベネッセ 2012；床 2012）である。床教諭は，学び方とそれを支える学習に対する考え方の改善に焦点を当てた。中でも，子どもたちの中に根強い，ドリル学習を好む傾向や思考を伴う問題を嫌がる傾向に問題意識を感じ，途中経過を重視する発想や，意味を理解することを大切にする発想，失敗をいやがるのではなく，そこから学び取ることを重視した。しかし，いくら口をすっぱくしてそのこと

を伝えても，なかなか子どもたちが変化しないという実感もあった。その背景には，従来のテストは答えを1つ求めるだけというようなスタイルが多く，パタン学習でも対応できてしまうことがあると考え，テストそのものを大きく変化させた。具体的には，例えば従来のテストでは「六角形の内角の和を求めなさい」であったものを，「六角形の内角の和は720度です。なぜそうなるのかを図を使って説明しなさい」へと変化させた。つまり，答えを求めるだけのものから，なぜを説明する問題へと変化させたのである。この他にも，あえて誤答を示し，なぜ間違っているのかを説明させるような問題や「なぜ度数ではなく相対度数を使って比べるのか説明しないさい」のような課題も出題している。子ども達には，こうした問題に解答できるようになることが，本当に理解したと言えるのだというメッセージを，評価の観点から発信していると言える。

ただし，テストでこうした問題を出題するだけでは，子ども達の力にはならないだろう。そこで，授業も変化させた。具体的には「教えて考えさせる授業」を参考に，教師の行っている意味の説明を，すべての子ども達が自分自身でもできるようになることを求めた。さらに，発展的問題として，間違いの指摘課題や，説明したことを踏まえて考える発展的な活動を用意し，グループで取り組ませた。さらに，説明をすることの価値について，十分に理解できない場合や，具体的なやり方のイメージがつきにくい子どもが多いことも考慮し，年間20枚ほどの数学通信を発行し，活動の意味について子ども達にも説明している。

また，うまく説明できていた子どものノートなどを示しながら，どのような点が良いのかも具体的に指導している。こうした取り組みを2年間にわたって行った結果，学力としても大きな伸びが見られたことや，子ども達のアンケートから学習に対する考え方や学び方に変容が見られたことが報告されている。

2つの実践を紹介してきた。現実には，このように教科の学習を行いながら学習方法も改善させることを目指す実践は多くない。これまでは，学力上位の学習者が効果的な学び方を自発的に用いて高い成果を上げているという状態であっただろう。しかし，指導要領において言及されたということは，一部の子どもだけが自発的に利用するのではなく，学校現場において学力として保証す

る必要があることを意味している。学校現場からの積極的な提案が待たれている。

## 第4節 「学習の保健室」を目指した大学と教育センターとの連携

　先述したように，学校現場の中で資質・能力としての学ぶ力を育成することを目指した実践は必ずしも多くない。そうした状況をすこしでも改善する工夫として，地域に存在する，大学や教育センターといった学校外の資源を活用するという方法も模索されている。こうした発想は，「地域に開かれた教育課程」や「チーム学校」などというキーワードで重視されていることとも一致する。

　では，大学や教育センターはどのような貢献ができるだろうか。教育センターは多くの自治体にあり，「教育相談」という形で多くの親子の悩みに寄り添っている。しかし，相談内容は発達的な相談，障害に関する相談，不登校・いじめなどに対する相談が中心であり，実は直接的に教授・学習を扱っているわけではない。すなわち，「授業についていけないので，うまく理解する方法を教えてください」といった相談には応じていない。一方で，教育センターは保健室と同様に，教室からすこし離れた別にあり，また，評価者である教師とは異なる支援者がいることで，より悩みを正直に打ち明けられる場所でもある。

　そこで，「学習の保健室」としての機能を教育センターにもたせるという新たな発想による実践が東京都文京区において始まっている。文京区内にある東京大学の市川伸一研究室では，心理学を生かした個別学習相談として「認知カウンセリング」と呼ばれる実践的な研究活動を行ってきた。この活動では，単に分からない問題に答えるのではなく，学習方法なども含めて学習者のつまずきを診断し，自立して学習できるようになることを支援している。まさに，本章とりあげてきたような学習方法を，実際に身につけていくことを個別学習の中で行ってきた。

　こうした知見を，教育センターでも活用することを目指した試みとして，文京区教育センターは，東京大学の市川伸一研究室と協定を結び，自立的な学習者を育てる個別学習相談（認知カウンセリング）を正式な事業として実施してい

る。この事業は2015年度の試験的な実施を経て2016年度から本格的に実施されている（例として，植阪・市川 2017；植阪・柴・市川 2018）。広報は，センターを通じて行われ，区内の小中学校の全児童・生徒に対して募集用紙が配布されている。この事業の開始によって，学習上の悩みのある子どもは，自らそれに応募することで，無償で認知カウンセリングが受けられるようになった。応募してきた参加者の中には，「教育センターにおいて発達的な障害があり，記憶する力（ワーキングメモリ）が小さいと言われたが，どうすれば工夫して覚えられるのか分からず困っていた。やっとどう勉強したらよいのか分かった」という趣旨の発言した親子も含まれている。また，「勉強方法が分からず，経済的な理由から塾や家庭教師にはつけず，どうすればよいのか困っている」と応募用紙に記述していたケースもみられる。認知カウンセリングは，単なる家庭教師や塾での指導を超えた自立支援を行うものである。具体的には，第2節で紹介してきたような学習方略やメタ認知を自分で使いこなせるレベルまで支援し，子ども自身が主体的に学べるようになることを目指している。地域のリソースである大学が協力することで，経済状態によらず，また障害の有無にかかわらず学び方の支援を無償で受けることを可能にしている。

　それでは，もう少し具体的に，どのような支援が行われているのかを見てみよう。公開されている2016年度学習支援事例集〈抜粋版〉（植阪・市川 2016）の事例を表14-2に示す。タイトル一覧から，具体的な教科を素材としながらも，学習方法やそれを支える学習観を変容させることに焦点を当てていることが分かる。中身を詳細に見てみると，「教科書・ノート活用方略の獲得を目指した指導」（指導者：福田麻莉）では，数学が全般的に苦手で授業中に集中することが難しいと訴える女子に対して，つまずきに対処する力が不十分であると診断し，その点から支援を行っている。この事例では，分からなくなった時に教科書をうまく活用しながら，自ら学ぶという学習方法に着目して指導している。日本において教科書はどの子どもも等しく持っている貴重な資源である。その一方で，それを十分に使いこなせていないという実態がある。この事例では，教科書やノートを活用すると良いと伝えるだけでなく，具体的にどのようにすれば必要な情報にたどり着くことができ，自らのつまずきの解消につながるのかを実際に一緒に勉強する中で体得してもらっている。そうした指導の結

表 13-2　タイトル一覧

| クライエント | 主な指導教科 | タイトル |
| --- | --- | --- |
| 公立小5男子 | 算数 | 説明活動を通じた意味理解志向への変容 |
| 公立小5女子 | 算数 | 計算手続きの意味理解を促す指導：小数の乗除法について |
| 公立小6男子 | 国語 | 書字障害の疑いがある児童に対する学習方略指導と自立支援：公教育と家庭教育に対する一考察 |
| 公立小5男子 | 国語 | 読み手の意識化を目指した作文・小論文指導 |
| 公立中2女子 | 数学 | 教科書・ノート活用方略の獲得を目指した指導 |
| 私立中2女子 | 英語 | 間違いから学習効果を高める学習方法を目指して：英語 |

果，授業についていけなかった時に，授業ノートや教科書を見返し，学習内容を自分で復習したり，それでも分からない部分は質問したりするといった行動の変容も確認されている。学習者が主体的かつ自立的に学ぶようになった様子と言えよう。この他，「書字障害の疑いがある児童に対する学習方略指導と自立支援——公教育と家庭教育に対する一考察」(指導者：太田絵梨子)では，学習方略の指導が，書字障害の疑いがあると言われていた子どもにとっても有効であるという事例を報告している。この事例では，漢字学習につまずきをかかえた子どもに対して，効果的な学習方略がうまく活用できていない実態があると診断し，意識的に指導することで，高い成果を上げている。どの障害に対しても，こうした指導が有効というわけでは必ずしもないが，障害があるからといってスモールステップ，単純反復を繰り返すという指導で対処するのみならず，意味や構造に着目して覚えることや，自分でテストをしてみて覚えられない点を中心に学習を進める（すなわちメタ認知を活用した覚え方）といった方法についても視野に入れながら指導していく必要性が示されているのである。

　なお，指導にあたるのは大学生や大学院生である。ロールプレイを含む事前講習に参加することや，指導中に事例を持ちよって検討する中間報告会に参加すること，終了後にケース検討会を行って，自らの指導について意識的に振り返る経験をするなど，様々な工夫を設けており，指導者として力を向上させながら指導にあたっている。また，この経験は，研究を志す学生にとっては実践と研究をつなぐ場や新たな視点を獲得する場となっており，教職を目指す学生にとっては，一斉指導の前提となる基本的な子ども理解を促す場となっている。

この試みは現在，文京区のみで実施されているが，近い将来には多くの自治体でこうした活動が展開されていくことを願って，効果的な事前研修のあり方や運営の方法を模索しているところである。

## 第5節　資質・能力をどのように評価し，教育改善に生かすのか

　ここまで，資質・能力の一部としての「学ぶ力」とその育成に焦点をあて，概念整理を行うとともに，具体的な実践を紹介してきた。日本での実践はまだ少ないものの今後，確実にこれらの指導が意識化される時代がくると確信している。そうした中で，現在の日本において課題となっているのは，評価であろう。子どもたちの資質・能力としてどのような力に焦点をあて，どのように評価し，対外的にも説明していくのか，ということである。こうしたことは，本章でとりあげた学ぶ力に限らず，資質・能力一般に求められていることである。

　こうした評価について，海外ではすでに実践されている国もある。例えば，ニュージーランドでは，教科の成績とは別にキー・コンピテンシーが評価対象としてナショナル・カリキュラムに位置づけられている。また，ナショナル・カリキュラムとして連動する形で，すべての子どもが身につけるべき事項としてナショナル・スタンダードが示されており，半年に1度，学校としてどの程度達成できているのかを保護者に説明する機会が与えられているという（高橋2014）。筆者が2018年に授業観察を行った中学校では，授業中に学んだことを生かして協同するような場が多く設けられており，成績表では，教科内容の達成度とともに授業中の協同的な活動への参加度合いもキー・コンピテンシーとして評価されていた。キー・コンピテンシーとしては，この他に，授業準備等も含めた自己管理の程度も評価の対象となっていた。さらに，この学校では半年に1度，自己評価と教師評価を生徒，保護者，教員とで見ながら，今後の目標を立てるといった機会を設けていた。高橋（2014）は，ナショナル・スタンダードとその開示，説明の導入は，教育に改善につながるものとしておおむね肯定的に捉えられていることを述べている。肯定的に捉えられている背景には，単に評価するだけでなく，自らの学習目標の設定や，学習の振り返りの機会となっている点があるのではないかと感じた。海外での取り組みを単純に日本に

適用することが良いとは考えていないが，育てたい力を明確にして，評価を行い，学習者の学習改善，教師の指導改善につなげていくということが，カリキュラム・マネージメントという視点からも中長期的には求められていると考えている。

**参考文献**

市川伸一（2008）『「教えて考えさせる授業」を創る——基礎基本の定着・深化・活用を促す「習得型」授業設計』図書文化

市川伸一・植阪友理（編）（2016）『最新　教えて考えさせる授業 小学校——深い学びとメタ認知を促す授業プラン』図書文化

植阪友理（2014）「一斉授業と家庭学習を通じたメタ認知の育成——倉敷市立柏島小学校のノート分析をふまえて」『教授・学習研究への新たな挑戦 理論と実践——学習方略プロジェクト H26 年度の研究成果（ワーキングペーパー，Vol. 3）』（pp. 63-78），東京大学

植阪友理（2019a）「教訓帰納に着目した認知カウンセリング——教科を超えた「学習方略の転移」はどのようにして起こるのか」，市川伸一（編）『教育心理学の実践ベース・アプローチ——実践しつつ研究を創出する』（pp. 57-70），東京大学出版会

植阪友理（2019b）「図表をかきながら考える学習者を育てるには」，市川伸一（編）『教育心理学の実践ベース・アプローチ——実践しつつ研究を創出する』（pp. 199-212），東京大学出版会

植阪友理・市川伸一（編）（2017）「2016 年度学習支援事例——自立的な学習者を育てる認知カウンセリングの実践〈抜粋版〉」東京大学

植阪友理・柴里実・市川伸一（編）（2018）「2017 年度学習支援事例——自立的な学習者を育てる認知カウンセリングの実践〈抜粋版〉」東京大学

髙口努（2015）「資質・能力を育成する教育課程の在り方に関する研究報告書1——使って育てて21世紀を生き抜くための資質・能力」，国立教育政策研究所，平成26［2014］年度プロジェクト調査研究報告書

高橋望（2014）「カリキュラムと学力」，青木麻衣子・佐藤博志（編）『オーストラリアとニュージーランドの教育——グローバル社会を生き抜く力の育成に向けて』東信堂

谷本登志江（2014）「授業と連動させた学習方法の指導——「教えて考えさせる授業」と「学び方5」の活用を通して」『教授・学習研究への新たな挑戦 理論と実践

──学習方略プロジェクト H26 年度の研究成果（ワーキングペーパー，Vol. 3)』
　　(pp. 89-97)，東京大学
中央教育審議会（2016）「幼稚園，小学校，中学校，高等学校及び特別支援学校の学
　　習指導要領等の改善及び必要な方策等について（答申）」
床勝信（2012）「指導と評価を連動させる定期テストの改善」，市川伸一（編）『教え
　　て考えさせる授業　中学校』図書文化社
藤澤信義（2015）「柏島小学校の教──日々の授業を通じてメタ認知を育てる」『教
　　授・学習研究への新たな挑戦：理論と実践：学習方略プロジェクト H26 年度の
　　研究成果（ワーキングペーパー，Vol. 4)』(pp. 73-88)，東京大学
ベネッセ（2012）「対談：自律した学習者を育てるために生徒の学習観を変える」
　　『VIEW21 中学版 2012 年度 Vol. 3』(pp. 6-13)
文部科学省（2016）「小中一貫した教育課程の編成実施に関する手引き」

Manaro, E., Uesaka, Y., & Chinn, C. (Eds.) (2017). *Promoting Spontaneous Use of Learning and Reasoning Strategies: Theory, Research, and Practice for Effective Transfer*. London: Routlede.

# 14 授業研究システムにおける教師の専門的学びの変革

秋田喜代美

## 第1節　世界における授業研究の展開と拡大の理由

　世界で，世界授業研究学会（World Association of Lesson Studies）に参加している国は2017年に54か国である。日本においては明治以来の伝統をもつ授業研究は，2000年代に入りアメリカやシンガポールを経て「レッスン・スタディ」として英語で紹介されることで多くの国に広がった。先進国経由で途上国にも，教師の学びを変えることで学力を子どもたちに育てるシステムとして受け入れられてきた。インドネシアやミャンマー，ベトナムなどにも，国際協力機構（JICA）が行う数学などの教育支援の流れの中で紹介され，広く普及してきた。北米，南米，アジア，ヨーロッパ，オーストラリアやアフリカへと，授業研究はグローバル化している。

　シンガポールや香港，韓国等のように，授業研究が行政のトップダウンの教育改革の一環として紹介・導入される国もあれば，アメリカやスイス，ドイツ，オランダのように，研究者主導で進められ，自治体ごとに多様なあり方の中で，授業研究のネットワークをつくり，新たなイノベーションを相互に学び合うシステムができている国もある。またスウェーデンやアメリカのように，数学などの学力向上という目的で実施する国もあれば，中国や台湾などのように，教師の専門性の向上により力点をおく国・地域まで目的もまたさまざまである。

　この20年あまりのグローバル化によって，授業研究のあり方も大きく変貌してきた。それがまたブーメランのように，日本の授業研究を振り返る鏡ともなってきたといえる。

## 1-1 授業研究と学びの共同体

　授業を同僚同士で見合い，学び合い，語り合うことを通して，教師の専門的見識を深めるという教師の学習システムは，日本では明治時代に，近代的な一斉授業の方法を習得する，いわば模範授業を示し拡げる仕組みとして師範学校から始まった（稲垣 1995）。この意味では，中央集権的な近代の学校教育のガバナンスの仕組みとして機能した時代もあったということになる。しかしその後，佐藤学氏により唱えられた「学びの共同体」の理念によって（佐藤 2000, 2003），2000年代から授業研究は，教師の主体的な専門家の協働学習のシステムとして機能し，全国的に教師たちの学び合うコミュニティ形成のネットワークとして拡張してきた。2000年代からの変革の当初には，指導案を書かない授業研究，コの字型の座席配置や小グループで行う協働学習など，授業の形式や教室空間のデザインを探究したり，授業のビデオ映像を使用するなど研修の新たな方法を探究する機会として，学びの共同体の表層的で形式的側面の伝達・模倣の機会として拡張してきた一時期もあった。しかし2010年代になり，学校の地域性や独自性を活かし，その独自性や多様性から互恵的に学ぶというあり方が主となり，多くのスーパーバイザーが様々なかたちで学校の研修に関わることで，新たな動きが生まれてきている。また学びの共同体という研究会名のネットワーク以外にも，様々な研究会やネットワークも生まれ，学校同士が，また教師同士が学校を越えてネットワークとして学び合う，いわば「ネットワークのネットワーク」と呼ばれる現象も生まれてきている。各学校からの草の根的なボトムアップの授業研究の改革を自治体が支援する仕組みや，自治体が継続して授業を支援する仕組みも多くの自治体でうまく機能するようになってきている。

　学びの共同体のネットワークは，東アジアの多くの国において受け入れられ，中国や台湾，韓国などでは各国全土である種の共通性をもって取り組まれるようになっている。日本以上の熱心さをもって授業研究に取り組む国も数多くある。中国では，北京や上海だけでなく，長春などの東北部から，福州，厦門など華南まで，学びの共同体は全土に拡張している。またタイやインドネシア，ベトナム，ミャンマーなどでも，理念を同じくしながらもその地域固有の工夫をもって取り組まれるようになり，それぞれの国において中核となる研究者や

実践リーダーが生まれ，各国で授業研究の大会などが毎年開催されるようになっている。

　たとえば筆者はこの4年間ほど，台湾の新平市教育委員会の招聘で毎年授業研究のアドバイザーとして，日本の授業研究の姿を具体的に紹介してきた。当初は紹介であったが，今ではむしろ台湾の各学校から学ぶことの方がはるかに多い。「すべての子どもたちの幸せのために学びを保障する」という哲学，そしてそのために「教師が専門家として民主的に協働すること」によって，実際の授業の中から自分ひとりでは見えなかったことを学ぶ専門家としての喜びや，生きがいを創りだす学びのシステムが生まれている。

### 1-2　教師の専門知と専門家資本

　校内研修としての授業研究が，これまでのいわゆるカリキュラム研究や教材研究，ケースメソッドなどの授業後の事例研究の方法と異なるのは，専門家の暗黙の実践の智慧を「見える化」している点，いわゆる専門家の知を学校として生成し，マネジメントしている点にある。野中郁二郎らが日本の創造的な企業についての分析から導出したSECIモデル（共同化：Socializaiton，表出化：Externalization，連結化：Combination，内面化：Internalization）理論を援用し，授業研究がなぜ専門家の学びとして有効であるかを知識の生成とマネジメントとして説明することも，国内外で試みられてきている（Cheng 2015; Kuramoto, 2016; Akita 2018）。

　次頁の図14-1に示すように，授業研究においては，事前の教材研究における語り合いが，個々の教材や児童生徒に対して教師自身が持っている暗黙知を伝達・探究する場となる。また実際に研究授業の場においては，それを教師が相互に見合うことによって，表出化された身体知を実際に捉えることができる，またそしてそれを振り返る対話をとおして，すでにもっている自らの教材，方法，児童生徒に関わる知識を改めてつなぎあわせることができる。さらにそれを各自が実践してみることによって内面化し，それぞれの実践の知恵として習得することができる。学校の中での専門家としての知識や知恵の共有化を同時に図ることができるサイクルとシステムであるのが重要な点である。

　知識基盤社会においては，教師は知識を伝達するだけではなく，新たな知識

- ■ 共同化（Socialization）：共体験などによって，暗黙知を獲得・伝達するプロセス
- ■ 表出化（Externalization）：得られた暗黙知を共有できるよう形式知に変換するプロセス
- ■ 連結化（Combination）：形式知同士を組み合わせて新たな形式知を創造するプロセス
- ■ 内面化（Internalization）：利用可能となった形式知を基に，個人が実践を行い，その知識を体得するプロセス

図14-1 SECIモデル（野中・竹内 1996）

を生成創造することも求められる。とくに教育内容や方法が大きく変わり，子どもたちに求められる資質・能力も大きく変化している中で，教師にとって新たな知識を，個人だけではなく学校として，または学び合う集団として形成していくことができる。教師の行為は身体化された暗黙知であり，言語化して伝えるのでは捨象される面も多い。だが授業を相互に見て語り合うという固有の方法があることによって，授業研究という専門家の学びのシステムが，国際的に急激な拡張をしているということができよう。

　ハーグリーヴスら（Hargreaves & Fullan 2012）は，教師の専門家資本として，「人的資本，社会関係資本，意思決定資本」の3資本（capital）を重要なものとして指摘した（図14-2）。特にこれまで人的資本だけに焦点が当たってきたのに対し，「社会関係資本」と「意思決定資本」を示すことによって，教師一人一人が資質や能力をもっているだけではなく，関係性の中で意思決定資本を共有することの重要性を指摘している。それはお金と同じで，個人がいくら貯金していたとしても，それを個人が持っているだけでは経済活動によって社会は活性化しない。そこに交換が生じることでいろいろなものが創造的につくられる。それは教師の場合にも経済行為と同義ではないが同様の面を有すると捉えることができる。

　個人の資質能力ではなく，学校や自治体において「意思決定資本」を活用する公共空間を生み出す試みとして授業研究の場がある。そしてこれは管理職によって指導され動かされるのではない。実際に授業を実施している中堅層が，分散型のリーダーシップによって学校改革をうみだす機動力となっているとい

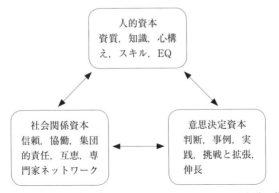

**図 14-2　教師の専門家資本**（Hargreaves & Fuller 2012 より秋田作成）

えるだろう。特にワークショップ型や小グループでの討議などによって，授業研究における対話が階層的な関係からより対等な関係へと変わってきている。また ICT を利用した事例共有などの改革は若い世代から進んできている。こうした姿がまた日本以外の国に紹介されることによって，「中堅（ミドル）からの改革」としての授業研究が，各国にもいっそうの機動力を与えているといえるだろう。中国や台湾，韓国などでは現在，スマートフォンでの授業記録の共有が直後の協議会で行われるようにもすでになってきている。トップからのガバナンスではなく，体制・制度による改革でも，物の改革でもなく，教師の学びと探究という「こと」，出来事が生まれるプロジェクトとして，研修主任等ミドルリーダー教師から授業研究のイノベーションは進んだということもできる。

## 第2節　日本における授業研究の強み

こうしたグローバル化の中でも，歴史的・伝統的に日本が持っている授業研究の強みが生む変革もまた進んでいる。そこには大きくは3つの水準での特徴があると考えられる。

写真14-1 (左) ややつまらなそうに考えている場面　(右), ひらめき夢中になる場面

写真14-2　異なる教師がそれぞれ撮影した共通の場面 (上下とも郡山市立芳山小学校の了解を得て掲載)

### 2-1　学校が一体となって学ぶイノベーション

　第一は，学校が一体となって授業研究に取り組む仕組みとして，年間指導計画や研究推進のチームが校務分掌として所掌されている点である。アメリカが典型ともいえるが，各教科の有志によってのみ授業研究がなされている国もある。それに対して日本では，近年では小学校だけではなく多くの中学校や一部の高校においても学校が一体となって取り組んでいる。そのことが近視眼的な本時主義（個々の授業のみを見ること）を越えて，具体的にどのような生徒を育てたいのかという姿や資質を，実際の授業の中で見てとることができることにつながっている。そして多くの学校で異なる教科や異なる学年の教師が専門性を越境し，知を共同生成，共同共有をすることがより容易になるような仕組みを考案してきている。

　その1点目は，動画や写真など，授業における学習過程の可視化のためのデ

図14-3 デジタル・デバイスに取り込まれた教師の参観記録ノート

ジタルメディアを使用していることである。デジタルメディアの活用によって，より具体的に詳細な検討をすることによって，エビデンスに基づく記録と対話が可能となっている。また授業をいかに記録するかについて，記録のための用紙などの工夫もなされている。授業の記録にも日本の教師の知恵の積み重ねがあり，海外の研究者は現在この授業観察や記録のとり方という点にも注目しはじめている。

写真によって子どもの学びがどこで変わったのかの変節点を捉えることができる。写真14-1は，小学校2年の算数の授業において同僚の教師が撮影したビデオが捉えたある子どもの変化である。この子どもの目が輝く瞬間と，学習課題との関係を捉えることがこうした記録によってできる。

また写真14-2は2人の教師が同じ場面に注目したことがわかる写真である。ここから何をその学校で教師たちが何を大事にしているかを知ることができる。

写真14-2の左の写真を撮った教師は，こうした子ども同士の姿から「つながるからみえる（わかる），みえたい（わかりたい）からつながる，あなたがいないと始まらない，あなたといっしょに考えたい，だからこそ2人の絆は深まる，つながっているから居場所感ができる」，こんなことを授業を通して感じた写真だと協議会の中で語っている。

図14-3は，授業を見た時の福井県の社会科中学校指導主事のノートである。

デジタル・デバイスの活用によって写真と文字の統合も図られてきている。

そして共同共有の仕組みの2点目には，授業後の協議会においてもそれぞれの教師の考えや声が後の記憶にも残るように，付箋やホワイトボードでの記録など，教師の判断や代案などの可能性が可視化されているという点である。それは教師たちにとっては学びの軌跡となって，教師の参加意識を高め，相互の共通性と同時に差異から学ぶことを容易にしている。

さらに3点目には，1回ごとの協議会だけではなく，さらに協議会での学びが積み重なるように，研修後に研修通信や参観記録や実践記録などを出すことによって，研修の歩みの見える化をしたり，共有フォルダーでいつでも振り返りが出来るようにする学校が増えていることである。それらは各年度で紀要としてまとめられることが日本では多い。授業研究に新たに取り組み始めた国でこうした通信や紀要を作っているところは少ない。その一方で日本では多くの学校が，繰り返しの授業研究会だけでは知識が深まらないと考え，振り返りや見通しのメディアを創ってきているということができる。それは，「子どもたちに教えるべきカリキュラムのイノベーション」ではなく，子どもたち一人一人が経験した学びの軌跡を追う，「学びの履歴としてのカリキュラム」をより深くとらえるイノベーションとなっているということができる。

### 2-2 自治体の支援

研究指定校や開発校などの制度があり，それらの学校が公開研究会を行っているというのも他の国にはない，わが国独自の自治体の制度である。助言者として大学の教師や学んだ退職教師等がアドバイスをする仕組みは他の国でもできている。しかし指導主事が授業研究において指導を行うことができるというのは，日本がもつ強みである。そして多くの学校の教育の質をよりたかめ維持するために，指導主事が個人芸でなく，相互に学び合う研修会がフォーマルに設けられながら，インフォーマルにも様々な勉強会がなされているのも日本の大きな特徴である。指導主事制度は教育長の代理として，各学校に自治体の意志を伝えるという役割であると同時に，学校と行政政策を繋ぐ中核を担っている。そしてその指導主事がもつ授業に対する見識の高さや視点が，学校支援として授業研究を支えているということがいえるだろう。

### 2-3 大学研究者の関与

日本においては大学研究者が，教員養成だけではなく現職教育に実際に関わることで，そこから着想を得て研究を行ったり，実際に学校改革に関与するという歴史を持っている。これに対して欧米では，いわゆる大学研究者は研究を担う者であり，大学研究者とは異なる職種としての「教師教育者」が現職教育に関与していることが多い。実際には日本の大学研究者の授業実践へのスーパーバイズの力量は，これまで個人芸や師匠から学ぶというように，フォーマルな形式を持たないままに伝承されてきた。

しかし教職大学院制度の確立によって，大学教員と教師や学校の間の関係がより深まり，大学研究者が学校改革や授業実践に関与する方向が一層強化されている。これが授業研究においても，学校教師と大学研究者が共に授業を探究する連携を強化している。それは時に大学教員の指導を強めることで教師の自律性が奪われる危険性もはらむが，一方で新たな事例や知識を，個々の学校をこえて伝えるための共有ネットワークの仕組みを生み出しているということもできる。大学研究者は，教科内容，学習，教育方法など専攻が分化した専門家であることも多い。しかし近年ではそうした研究者も複数で授業検討会や協議会に入ることが増えてきた。それによって異なる視点から相互に学ぶ専門家主義ネットワークを形成してきている（Hargreaves & O'Connor 2018）。この意味で自治体や大学の支援が，学校間を越えたネットワークを形成する大きな役割のひとつとなっているということができよう。しかしその在り方はまだ模索中ともいえる。

## 第3節　これからの学びと授業研究の新たな展開

### 3-1　子どもの学びから学ぶことの探究

第2節で述べた，日本の授業研究の強みを支える3つの点とその変革に通底するのは，多様な子どもの学びのプロセスをよりつぶさに見ることが，子どもたちのより深い学びを保障することにつながるという発想である。実際にはそのために子どもの学びのプロセスを捉えるためのポートフォリオなどのデジタル化がなされたり勧められたりしている。しかし，ツールを使えば情報量が多

くなるというわけではない。「子どもたちの学びの過程や姿を見て，そこから考え学ぶ」という時，どの生徒のどのような学びの過程をみるのかが問われている。永島（Nagashima 2018）は授業研究において「子どもを見る」という時に，そこでいわれる「子ども」の意味は多義的であることを指摘している。集団としての子ども，一人一人の子ども，その中でもよくできる子ども，陰になっている子ども，また子どもの中でも行動として見えている部分を見るのか，その奥にある意図や心情，思考過程という見えない部分を読み取るのかが問われている。

時間の制約の中で，教師は漠然と子どものことを語り，また見えている部分だけを語って終わりにする協議会も多く，それだけを語る助言者もいる。その中で脆弱な声なき声で学びたいとしている子どもたちの学ぶ過程をどのように捉え共有していくのか，それは規範的なあるべき論としての学びの姿やカリキュラムではなく，困ったり助けを求めたりしている子どもたちの学びの姿を見ることができるかという学びのカリキュラムの探究である。

### 3-2　「本時主義」を越えて

授業研究は国によって，教材研究を深くするものとして捉えられている国もあれば，指導スキルを身に付ける方策としてまずは学ばれる国もあることは本章冒頭で述べた。日本においても，授業研究は授業のあり方とともに変わってきている。教師が一斉講義型で指導する授業から，カリキュラムや単元全体の内容をデザインし，授業と授業の間がより密接につながり子ども自らがより深く探究するための授業が目指される中，それがどのようにあることがよいのかが問われている。授業の変革の中で授業研究のありかたもまた，短期的な本時主義から協働探究的な子どもたちの学びをどのように捉えるのかという点への問いの転換が求められている。習得だけではなくそこから活用や探究することによって，より深く学ぶことが求められる中で，1時限の授業を検討することでなにをどのように検討することが教師の専門性のために必要なのかの意味が問われているといえよう。それは一方で，カリキュラムや単元のデザイン全体がよく考えられていたとしても，その時その時の「いまここ」において，どの子どもたちの学びの経験も生き生きして自分事となっていなければ，深い学び

になっていないという，どのような教育的行為にも問われる意味を同時に問うことになるだろう。

　いま教師は教科を越えて，学年を越えて，学校種を越えて，そしてネット等では時空間を超えて互いに学び合う方向へとその可能性は拡がっている。その中でも真に深い学びを一人一人に保障するためには，協働を通して何が創発され，それがいかに実際に子どもたちに還元されていくのかという学びを通した知の生成に基づく実践化の過程，そしてその実践の中での子どもたちの学びの過程との関係の探究と検証が必要である。授業研究が，授業の質だけではなく一人一人の長期的な学びを深め，これからに求められる資質の育成のためにいかに寄与しうるかという問いは，まだ問われはじめたばかりである。

**参考文献**

稲垣忠彦（1995）『授業研究の歩み──1960‐1995年（評論社の教育選書27）』評論社

郡山市立芳山小学校（2019）第35回芳山教育研究発表会研究紀要『学びをあじわう』pp. 42-45.

佐藤学（監修），大瀬敏昭（著者代表）（2000）『学校を創る──茅ヶ崎市浜之郷小学校の誕生と実践』小学館

佐藤学（監修），大瀬敏昭（著者代表）（2003）『学校を変える──浜之郷小学校の5年間』小学館

野中郁次郎・竹内弘高（著），梅本勝博（訳）（1996）『知識創造企業』東洋経済新報社

Akita, K.（2018）"Improving Quality in Education through Lesson Study," International Congress for School Effectiveness and Improvement, 2018. 1., 10th, Singapore: NIE.

Cheng, E. C. K.（2015）"Knowledge Management for School Development," in L. Uden, et al.（Eds.）, *Knowledge Management for School Education*, Singapore: Springer.

Hargreaves, A., & Fullan, M.（2012）*Professional Capital: Transforming Teaching in Every School*. New York: Teachers College Press.

Hargreaves, A., & O'Connor, M. T.（2018）*Collaborative Professionalism: When*

*Teaching Together Means Learning for All*. Thousand Oaks, CA: Corwin (Sage).

Kuramoto, T. (2016) "Lesson Study and Teacher's Knowledge Management: School/Curriculum Management Perspective," Paper presented at 8th International Conference on Innovation and Knowledge Management in Asia Pacific.

Nagasima, T. (2018) "Introduction of 'Lesson Study of Lesson Study (LSLS)' to Guarantee for Every and All Teachers to Learn in Their School in Their Working Time." Paper presented at the 6th international conference of school as learning community in Fuzhou, China, 2018. 11. 17, Plenary Symposium B.

# 15 職業スキル形成のガバナンスをめぐる多様性

VoC論からみた日本の課題

本田由紀

## 第1節 職業スキル形成の世界的動向

　国境を超えた人・物・貨幣・情報・文化の流動性の増大という意味でのグローバル化は，先進諸国と後発国の全体を巻き込む形で，経済危機や格差・貧困，社会不安などのリスクを増大させている。こうした不可逆的なマクロ情勢への対抗手段の1つとして，ミクロな個々人のスキル，特に経済的自立に結びつくと考えられている職業スキルの形成が挙げられている（CEDEHOP 2013）。各国はそれぞれに，またOECDやILO，EUなどの国際機関もそれぞれに，社会経済的な諸課題の解決手段としての職業スキル形成の重要性に着目し，政策的な取り組みや研究による知見の蓄積に努めている。

　たとえばUNESCOは，2015年にパリで開催された総会において，「職業教育訓練についての勧告」を改訂した（前回改訂は2001年）。改訂された勧告は，Ⅰ．本勧告の対象範囲，Ⅱ．ビジョンと目的，Ⅲ．政策とガバナンス，Ⅳ．質とレリバンス，Ⅴ．点検と評価，Ⅵ．調査研究と知識マネジメント，Ⅶ．国際連携という7つの章から成る[注1]。Ⅱのビジョンでは，職業教育訓練が個人・組織・企業・コミュニティに力を与え（empower），雇用やディーセントワーク（働きがいのある仕事）を保障することを通じて，持続可能で包摂的な発展と社会的平等を生み出すことに貢献するとされている。最も力点が置かれているⅢとⅣには以下の諸項目が含まれ，各項目はさらに詳細な複数の条項から構成されている。Ⅲ：政策の展開／ガバナンスと運営枠組み／労使・企業等のステークホルダーの関与／財政／平等な機会とアクセス，Ⅳ：学習過程／教員／資格（qualifications）体系と進路／質と質保証／労働市場および仕事へのレリバン

ス／情報とガイダンス。このような包括的な観点のもとに，各国が職業スキル形成に取り組むことが勧告されている。項目タイトルからわかるように，職業スキル形成には多様なステークホルダーが関与し，そのガバナンスが重要な課題であることが前提とされている。

　こうした世界的動向の中で，日本はまったくの例外ではないとはいえ，後述するように，日本の職業スキル形成は国際的にみて独特もしくは低調であることがしばしば指摘されている。社会経済状況への対処策が職業スキル形成のみであるわけではないことはむろんだが，経済成長率・生産性・賃金上昇率・貧困率など数多くの指標から見て先進諸国の中でも際立った閉塞の中にある日本にとって，そのネガティブな固有性の淵源を見極め，他国の取り組みに照らして問題を克服してゆくことが，意義をもつことは否定できないであろう。

　しかし同時に，職業スキル形成というイシューは，非常に複雑で，研究・政策・実践のいずれの面でも難しい諸側面を多々はらんでいることにも留意が必要である。すなわち，そもそも職業スキルとは何かを把握・定義すること自体が困難さを含むことに加え，その形成のための制度の形態や運営のあり方および近年の変革の方向性には各国間で多様性が大きく，さらにはそれらが生み出す効果や帰結も多面的である。このような複雑性を詳細かつ包括的に論じることは本章の範囲を超えるが，ここでは「資本主義の多様性」(Varieties of Capitalism，以下VoCと略記) 論を足掛かりとして，職業スキルおよびその形成システムに関する主要な軸を整理し，その中に日本を1つのケースとして位置づけることを試みる。

## 第2節　「資本主義の多様性」論と職業スキル

　すでに拙稿（本田 2016a）で概観したように，VoC論では欧米に日本を加えた先進諸国における職業スキルおよびその形成システムを，4つに分類する場合が多い。表15-1は，ブーゼマイヤーらおよびマーティンの職業スキル形成システムの分類（Busemeyer & Trampsch 2012, p. 12; Martin 2012, p. 45）に，エステベス－アベらによる職業スキルの特性の分類（Estevez-Abe, et al. 2001=2007, p. 177）を【　】内に書き加える形で作成したものである。

**表 15-1　VoC における先進諸国の 4 分類**

| | | 初期職業訓練に対する企業の関与 (Involvement of firms in initial vocational training) | |
|---|---|---|---|
| | | 低い | 高い |
| 職業訓練に対する公的な関与 (Public commitment to vocational training) | 高い | 国家主義的スキル形成システム (Statist skill formation system) 学校における職業教育を主とし，徒弟訓練も一部で実施。【産業特殊的スキル】※スウェーデン，フランスなど | 集産主義的スキル形成システム (Collective skill formation system) 学校と徒弟訓練のデュアルシステム。【産業特殊的スキルと企業特殊的スキルのミックス】※ドイツ，デンマークなど |
| | 低い | 自由主義的スキル形成システム (Liberal skill formation system) 普通教育中心で，一定の企業内教育訓練が実施され，徒弟訓練は少数。【一般的スキル】※アメリカ，イギリスなど | 分節主義的スキル形成システム (Segmentalist skill formation system) 企業内教育訓練【企業特殊的スキル】※日本 |

(Busemeyer & Trampsch (2012, p. 12)，Martin (2012, p. 45) および Estevez-Abe et al. (2001=2007, p. 177) より筆者作成)

　表 15-1 では，職業スキル形成に対する「公的な関与」（政府や地方自治体の関与）と「企業の関与」のそれぞれの高低を組み合わせて 4 つのセルが設定されており，前者が高く後者が低いケースを「国家主義的」，前者が低く後者が高いケースを「分節主義的」，いずれも高いケースを「集産主義的」，いずれも低いケースを「自由主義的」と名付けている。

　各セルに【　】で示した職業スキルの性質について，エステベス－アベらは次のような議論を展開している（Estevez-Abe, et al. 2001=2007）。すなわち，職業スキル形成が政府や地方自治体によって実施される場合，それは主に公的な学校や訓練機関で実施され，職業スキルの内実は特定の企業内に限定されない産業別の性質が強くなる。逆に，企業が職業スキル形成に強くコミットする場合，個々の企業における実地訓練（徒弟訓練 apprenticeship）が重要なスキル形成方法とみなされ，その結果，職業スキルも企業特殊的な性格が強くなる。職業スキル形成に対して公的な関与と企業の関与のいずれも強い場合，職業スキル形成は学校での座学と企業内での実地訓練を組み合わせる形で実施される。そして，職業スキルの内容は，実地訓練が実施される個々の企業の特殊性が反

映されながらも，当該の企業を超えて産業内で通用可能なものとして制度化される。それゆえ，このケースにおいて職業スキル形成への関与主体は多様であり，そのガバナンスはもっとも複雑で緊張をはらむことになる。そして，政府や地方自治体と，企業のいずれもが職業スキル形成に強く関与しない場合，職業スキル形成は普通教育を提供する教育機関と，市場を通じて購入される教育訓練機会を通じて行われ，スキルの内容は産業にも企業にも特化しない一般的な性質を帯びるとされる。

　このような職業スキル形成システムと職業スキルの4分類は，一見整合的に見える。しかし，シュトリークは，このようなVoC論者による類型化，特にエステベス－アベらの職業スキルの分類に対して疑義を投げかけている（Streeck 2012）。シュトリークは，様々な社会における職業スキルの内実について，水準（高いか低いか），幅（幅広いか狭いか），およびその保持者の量（多いか少ないか）に注目して捉える必要があるとする。しかし，エステベス－アベらを含めVoC論の多くが用いている一般的スキル／特殊的スキルという区分は，ベッカーの人的資本論に依拠しているため，職業スキル形成の費用—便益というきわめて経済学的な観点に立っていることから，その内実の把握に関してむしろ誤解をもたらすとシュトリークは主張している。

　シュトリークによれば，人的資本論における一般的スキルと特殊的スキルとの区別は，前者が労働者個々人が費用を負担し，それゆえ便益も個々人に帰属する，言い換えれば転職しても企業間で持ち運び可能な（portable）ものであるのに対し，後者は企業や業界が費用を負担するため当該の企業や業界にのみ便益が帰属し，外部に持ち運び可能でないということに置かれている。それに対して，職業スキルの内実に着目する立場にとっては，一般的スキルとはスキルの幅が広いこと，特殊的スキルとは幅が狭いことを意味する。そして，ある職業スキルが持ち運び可能かどうかは，スキルそのものではなく労働市場構造によって規定されるため，幅が広くとも持ち運びにくいケース（たとえば日本の製造大企業の多能工）や，幅が狭くとも持ち運びやすいケース（たとえば脳外科医）が存在する。

　さらに，一般的スキル／特殊的スキルのそれぞれについて，水準の高低も存在する。単に一般的スキルと言っても，低水準で保持者が多く，代替が容易な

場合もあれば，高水準で柔軟性が高く，その保持者が希少である場合もある。同様に，特殊的スキルの中にも，高度専門職から手作業まで，多様な水準のスキルが含まれる。一般的スキル／特殊的スキルという概念は，このような水準や保持者の量という要素を閑却している。

つまり，シュトリークに従うなら，人的資本論にとって肝要である，スキルの持ち運び可能性は，職業スキルを区分する軸として本質的ではなく，特定の社会の職業スキルの構成は，内実に即して把握する必要があるということになる。ただし，シュトリーク自身が認めているように，各社会のスキルの幅，水準，多寡を精緻に把握し得るデータは現存しない。一般的スキルであれば，PISAやPIAAC（国際成人スキル調査）などの国際テスト結果を代理変数とすることも可能であるが，とりわけ特殊的スキルについては，まさにそれが産業・職業・企業などによって特殊であり，しかも次節で述べるように各国の職業スキル形成システムが多様であることから，国際テストなどを通じて計測することには困難が伴う。

しかし同時に，そうした困難を乗り越えようとする取り組みが，欧州諸国を中心として世界150か国以上で進行していることも視野に入れておくべきである。それが，国別資格・学位フレームワーク（National Qualifications Framework：NQF）である（吉本2017；岩田2014）。NQFとは，「理想的には，国内全ての学位（称号と呼ばれるものを含む）や資格等を，複数段階のレベルという縦軸と，学習における指向性の特色等による横軸によって区分されたマトリックスに位置づける制度」（吉本2017, p.8）であり，職業スキルとアカデミックな学位等の対応・等価性の保障を重要な目的の1つとしている。各国のNQFを主に欧州諸国間で互換可能にするための共通枠組みがEQF（European Qualifications Framework）であり，2017年2月時点で31か国がそれぞれのNQFとEQFをリンクさせている[注2]。

このような職業スキルの水準や幅の把握・可視化，国際的な互換性の確保のための取り組みが必要とされていること自体が，各国の職業スキル形成システムの独自性と多様性の裏返しであるといえる。では，各国の職業スキル形成システムは，それぞれの国のいかなる要因によって規定されてきたのか。次節では，再びVoC論を参照することにより，各国の歴史的経緯と要因について整

理を行う。

## 第3節　欧米諸国における職業スキル形成のガバナンス

先述のように，職業スキル形成システムには多様なステークホルダーが関与しており，その中で特に大きな影響力をもつとされるのは，政府，経営者団体，労働組合の三者である。そしてこれらの関係性は静的ではなく動態的であり，必ずしも調和的ではなく葛藤や妥協といった政治的交渉の性質が強い。ブーゼマイヤーらは，職業スキル形成システムに影響する4つの政治領域（political arena）として，以下を挙げている（Busemeyer & Trampsch 2012, p. 22）。

1. 企業の性質と，異なる産業セクター（例：近代産業セクターと手工業セクター，大企業と中小企業）間の力関係
2. 労働組合（trade union）間の力関係
3. 労使間の総合的な力関係
4. 政党間の抗争（例：二大政党制か否か）と国家構造（例：中央集権的か否か）の力学

まず1については，伝統的な手工業セクターにおける主要な職業スキル形成方法であった実地訓練（徒弟訓練）が，その後に成長を遂げた近代産業セクターにまで普及したか否かが，職業スキル形成システムへの企業の関与の多寡に大きく影響する。自由主義的スキル形成システムの典型であるアメリカにおいては，こうした普及は生じなかった。また，大企業は自社に適した教育訓練を自社内で実施するだけのキャパシティとニーズをもつため，潜在的に分節主義的スキル形成に傾く性質をもっているが，中小企業は自社内での職業スキル形成の余力を欠く場合が多いため，社外すなわち学校における職業スキル形成を要請する傾向がある。集産主義的スキル形成システムに分類される諸国では，セクターや企業によって異なる利害を媒介機関・組織（intermediary associations）が調整することにより，セクターや企業を超えて実地訓練の共通枠組みが普及した。

これらは2の労働組合間の力関係に関しても同様に当てはまる。ギルドの潮

流を汲む職能別労働組合（craft unions）が強力であった国では，徒弟訓練を熟練労働への参入条件として課すことにより，職業スキルへの接近機会を自らコントロールしていた。しかし雇用主側＝企業経営者にとっては，そうした職能別組合による職業スキル形成の独占は望ましくないものであったため，熟練労働者への依存を最小化するような雇用管理手法を発達させ，結果として徒弟訓練そのものが弱体化することになった。こうした経緯を典型的にたどったのがイギリスである。他方で，産業別労働組合（industrial unions）は，企業経営者との間に非敵対的な交渉関係を形成する場合が多かったことから，集産主義的スキル形成システムにおける重要なステークホルダーとしての地位を確立しやすかった。それゆえ，労働組合の中で職能別組合と産業別組合のそれぞれが，どの時期にどれほど優勢であったかが，職業スキル形成システムに影響している。

そして3は，上記の1と2の間の関係についてである。経営者は総じて自社固有の職業スキルの形成を選好するのに対し，産業別労働組合側はより応用がきくスキルの形成と，その公的な証明を選好する。このような対立する利害関係の綱引きの中で，特に集産主義的スキル形成システムの具体的な形態が規定されてきた。その際に，両者の交渉を媒介する制度のあり方が重要な意味を持つ。たとえば，労使間の中央団体交渉に訓練に関する項目が含まれているか否か，訓練のための基金等が設置されているか否かといった，具体的な制度設計によって，いかなる幅や内容の職業スキルが形成されるか，またスキル形成の場は企業内の実地訓練でありながら公的な認証や流通性がどのように保障されるかといった諸要素が影響を受けることになる。

最後に，4の国家および政党のあり方は，一方では公教育システムにどれほど職業教育が組み込まれるかに影響するという点で，他方では経営者団体や労働組合からの政治的支持を反映した政策決定や，労使間交渉を円滑に進めるための媒介的制度の整備を行う可能性をもつという点で，職業スキル形成システムに影響を与える。前者は国家主義的スキル形成システムの，また後者は集産主義的スキル形成システムの，それぞれ重要な条件である。特に，企業が実施する実地訓練に疑似公的な（quasi-public）性質を持たせるうえで，政府の役割は大きい。そして，政府の振る舞いは，いかなる支持母体をもつ政党が優勢で

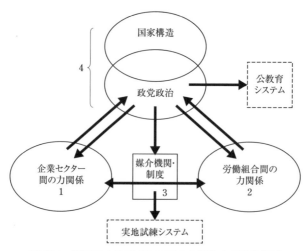

図 15-1　職業スキル形成システムを規定する政治領域
(著者作成)

あるかを反映している。労働者層を主な支持母体とする社会民主主義政党は学校における職業教育を選好する傾向があるのに対し、経営者層を主な支持母体とするキリスト教民主主義政党は企業での実地訓練を選好する傾向がある (Busemeyer 2015)。さらに、国家構造が中央集権的か分権的かによって、政府の職業スキル形成システムへの影響力は左右される。連邦制のような分権的国家システムにおいては、中央政府が公教育システムをはじめ職業スキル形成システムに及ぼし得る統制力は限定的である。

　以上の1～4の関係を図示したものが図15-1である。点線で描いた四角が具体的な職業スキル形成システムに当たる部分であり、矢印は影響関係を意味している。こうした複雑なステークホルダー間の影響関係により各国の職業スキル形成システムが歴史的に成立してきたと理解することができる。しかも先述のように、各ステークホルダーのあり方や影響関係は動態的に変化を遂げる。たとえばドイツでは輸出産業の大企業がより優勢になることにより、実地訓練システムの疑似公的性質が弱まり、分節主義的スキル形成システムに近づきつつあるという指摘がある (Thelen & Busemeyer 2012)[注3]。

　では、こうした複雑かつ動的な構図の中に、日本の職業スキル形成システム

を位置づけた場合に，いかなる理解が得られるだろうか。

## 第4節　日本における職業スキル形成の特徴と課題

　表15-1に示したように，VoC論においては日本はほぼ常に分節主義的スキル形成システムの類型として位置づけられてきた。すなわち，個別の企業内での実地訓練が職業スキル形成を担っており，公教育システムにおける職業スキル形成は弱体であるとされてきた。そうした把握は，確かに欧米先進諸国との対比のもとに日本の特徴を把握するためには役立つとはいえ，日本の現状をより明確に把握する上ではいくつかの限界をもつといえる。

　第1に，日本の公教育システムにおいては，専門高校や高等専門学校，あるいは専修学校や大学・短大の一部の学部，あるいは厚生労働省所管の公共職業訓練など，職業スキル形成に少なからぬ貢献を果たしている機関が存在することが，VoC論では閑却されている。VoC論では公教育システムにおける職業スキル形成の密度を把握する際に後期中等教育（高校段階）に注目される場合が多く，確かに日本の高校における専門学科は比率としては少ない。そのこと自体は1つの重要な課題ではあるが，1990年代以降の高校卒業後の進学率上昇により，すでに同年齢層の7割以上が中等後教育へと進学している。日本の中等後教育機関における職業スキル形成機能について，VoC論はより注意を払う必要がある。ただし，日本の公教育システムが一定の職業スキル形成機能を果たしているとしても，それが労働市場において十全に評価され発揮されているかどうかについては，すぐ次に述べるように非常に心許ない面がある。

　第2に，日本の企業内教育訓練を，VoC論は過大評価しているおそれがある。本章の第2節で紹介したシュトリークの議論に基づけば，企業が教育訓練を担っているという事実だけでは，実際にどれほどの職業スキルが形成されているかの指標とはならない。国内での調査研究においては，日本企業の職業スキル形成機能が不十分であることを示唆する結果は数多く，少なくとも従業員間に職業スキルの大きな格差を生み出していることは否定できない（労働政策研究・研修機構 2013，2017b）。さらに，OECDが実施したPIAACの結果によれば，日本の成人は一般的スキルはきわめて高いものの，職場での職業スキルの形

成・発揮に関しては，先進諸国の中できわめて見劣りのする水準となっている（本田 2016b）。重要なのは，日本の企業において，その内部での職業スキル形成が不十分であるだけでなく，外部の公教育システムでの職業スキル形成の成果の発揮や尊重すら阻害されているということである。

このように，VoC論による日本の理解にはいくつかの留保をつける必要がある。これらの留保点は，日本の職業スキル形成システムの抱える問題をいっそう強く浮かび上がらせるものである。そのような問題の背景として，日本では図 15-1 のステークホルダー間関係において，企業＝雇用主側と労働者＝労働組合側との間で，職業スキル形成をめぐる力関係が，前者に偏る形で大きくバランスを失しているということを指摘できる。

日本では，「従業員の技能養成は日本企業における人事システムの根幹であって，組合が関与すべきではない経営側の専権事項だという意識が労使ともに強い」（OECD編 2012, p. 242）中で，労働者側は自らの職業スキルの形成や評価に関する発言権をほぼ放棄しているに近い状態が成立してしまっている。すでに多くの指摘があるように，日本の労働組合は企業別であり，労使交渉で争われてきたのは春闘による賃金上昇と，解雇への抵抗すなわち雇用の維持であった。経済成長が停滞する 1990 年代以降は，賃上げを犠牲にしても雇用を可能な限り維持する方向への妥協がなされた結果，長時間労働等の労働条件劣悪化が歯止めなく進んでいる。

このような労働組合の機能低下と，経営層と自民党政権の一貫した癒着構造の結果により，日本の職業スキル形成システムは危機的と言ってよい状況にあり，グローバル化等の環境変化に即した社会変容はきわめて遅れている（Witt 2011）。IT，IoT，AIなどの急激な技術変化への対応も重大な課題となっている（たとえば山本 2018）。これらの課題の打開策として，日本でもNQFを策定すべきであるという主張もあるが（吉本 2017，岩田 2014），その策定に当たっても，また仕事現場での実効ある運用に際しても，労働者側が企業を超えた形で職業スキルとその形成・評価に発言力を回復することが不可欠であると考える。すでにごく一部の業界では，企業別ではなく個人で加盟が可能なユニオンが，労働条件に関して企業側と協約を結ぶ事例が現れ始めている。こうした動きを，職業スキルの形成や評価・処遇という側面にまで広げていくことが期待

される。政府もまた，少子高齢化が急激に進む中で「働き方改革」に本気で着手するのであれば，そうした労使の積極的な交渉関係を促進・奨励する方向で介入することが求められる。日本の職業スキル形成システムを立て直すまでには長い道のりが横たわっているが，それを着実にたどってゆくこと以外に，魔法のような近道はないということを直視すべきである。

[注1] http://portal.unesco.org/en/ev.php-URL_ID=49355&URL_DO=DO_TOPIC&URL_SECTION=201.html.
[注2] http://www.cedefop.europa.eu/en/news-and-press/news/2016-european-inventory-national-qualifications-frameworks-just-released
[注3] 他方で，現在でも労使間の基本構造には大きな変化がないことを示す研究も存在する（労働政策研究・研修機構　2017a）。

**参考文献**
岩田克彦（2014）「日本版資格枠組みの早期構築に向けて──資格枠組み構築は，人材育成上の多くの課題解決の結節点」『職業能力開発研究誌』30(1)．
OECD（編著），岩田克彦・上西充子（訳）（2012）『若者の能力開発──働くために学ぶ』明石書店
本田由紀（2016a）「教育と労働の関係をめぐる社会間の差異──「資本主義の多様性」論に基づく考察と検証」『教育学研究』83(2)，140-153.
本田由紀（2016b）「教育と職業との関係をどうつなぐか──垂直的／水平的多様性の観点から」，志水宏吉・北村友人（編）『岩波講座　教育　第2巻　社会のなかの教育』岩波書店
山本陽大（2018）『第四次産業革命による雇用社会の変化と労働法政策上の課題──ドイツにおける"労働4.0"をめぐる議論から日本は何を学ぶべきか？』JILPT Discussion Paper 18-02.
吉本圭一（2017）「第三段階教育における職業教育──諸外国との比較の観点から」『カレッジマネジメント』203，6-11.
労働政策研究・研修機構（2017a）『ドイツにおける集団的労使関係システムの現代的展開──その法的構造と規範設定の実態に関する調査研究』労働政策研究報告書，No. 193.
労働政策研究・研修機構（2017b）『日本企業における人材育成・能力開発・キャリア管理』労働政策研究報告書，No. 196.

労働政策研究・研修機構（2013）『成人の職業スキル・生活スキル・職業意識』調査シリーズ，No. 107.

Busemeyer, M. R., & Trampusch, C. (2012). "The Comparative Political Economy of Collective Skill Formation," in M. R. Busemeyer, & C. Trampusch (Eds.), *The Political Economy of Collective Skill Formation,* Oxford: Oxford University Press.

Busemeyer, M. R. (2015). *Skills and Inequality: Partisan Politics and the Political Economy of Education Reforms in Western Welfare States.* Cambridge: Cambridge University Press.

CEDEHOP (2013). *Benefits of Vocational Education and Training in Europe for People, Organisations and Countries.* Luxemburg: Publications Office of the European Union, Luxemburg.

Estevez-Abe, M., Iversen, T., & Soskice, D. (2001), "Social Protection and the Formation of Skills: A Reinterpretation of the Welfare State," in P. A. Hall, & D. Soskice (Eds.), *Varieties of Capitalism: The Institutional Foundations of Comparative Advantage,* Oxford: Oxford University Press.（エステベス－アベ，アイヴァーセン，ソスキス「社会保護と技能形成──福祉国家の再解釈」, P・A・ホール，D・ソスキス（著）遠山弘徳他（訳）（2007）『資本主義の多様性──比較優位の制度的基礎』ナカニシヤ出版）

Martin, C. J. (2012). "Political Institutions and the Origins of Collective Skill Formations System," in M. R. Busemeyer, & C. Trampusch (Eds.), *The Political Economy of Collective Skill Formation,* Oxford: Oxford University Press.

Streeck, W. (2012). "Skills and Politics: General and Specific," in M. R. Busemeyer, & C. Trampusch (Eds), *The Political Economy of Collective Skill Formation,* Oxford: Oxford University Press.

Thelen, K., & Busemeyer, M. R. (2012). "Institutional Change in German Vocational Training: From Collectivism Toward Segmentalism,' in M. R. Busemeyer, & C. Trampusch (Eds.), *The Political Economy of Collective Skill Formation,* Oxford: Oxford University Press.

Witt, M. A. (2011). "Japan: Coordinated Capitalism between Institutional Change and Structural Inertia," in M. A. Witt, & G. Redding (Eds.), *The Oxford Handbook of Asian Business Systems* (pp. 100-122), Oxford: Oxford University Press.

# 16　教師の学習の契機としての小中一貫教育

藤江康彦

## 第1節　小中一貫教育とは

　小学校と中学校とが協働して9か年のスパンで子どもの発達に応じたカリキュラムや学習環境の創出を目指す小中一貫教育の取り組みが全国的に進行している。目的は，小学校から中学校への子どもの環境移行の支援（呉市教育委員会編 2011 など）に加え，少子化による公立学校の小規模化に対処し，地域の実情を踏まえた教育の質保証の取り組み（宮崎大学小中一貫教育支援研究プロジェクト 2013 など）もあり，多様化している。

　小中一貫教育とは，「小中連携教育のうち，小・中学校が目指す子供像を共有し，9年間を通じた教育課程を編成し，系統的な教育を目指す教育」であるとされる（中央教育審議会 2014, p. 7）。ここで小中連携教育とは，「小・中学校が，互いに情報交換や交流を行うことを通じて，小学校教育から中学校教育への円滑な接続を目指す様々な教育」（同上）のことを指す。2015 年 6 月の学校教育法一部改正（2016 年 4 月施行）によって新たな学校種である「義務教育学校」の設置が法的に可能となったが，「小中一貫教育」はより上位の枠組みであり「小中一貫型小学校・中学校」と「義務教育学校」からなる。

## 第2節　小中一貫教育をめぐる現状と課題

### 2-1　小中一貫教育の現在

　小中一貫教育は，広島県呉市が 2000 年に文部省研究開発指定を受けて開始したことが最初であるとされる。その後，政策や制度が整備され，2016 年 2

月の調査(文部科学省 2016)では，2016年度開校予定の義務教育学校が13都道府県15市区町で22校(施設一体型：19校，施設隣接型：3校)，小中一貫型小学校・中学校が21府県37市町村で115件(中学校115校，小学校231校，計346校，施設一体型：13件，施設隣接型：10件，施設分離型：89件，未定：3件)，加えて2学校法人も施設一体型の小中一貫型小学校・中学校の設置を予定している。特筆すべきは，小中一貫教育の取り組みは，文部科学省による施策よりも先に学校単位での実践や地方教育行政機関による政策があるということである。小中一貫教育の嚆矢ともいわれる取り組みである広島県呉市や東京都品川区の取り組みはいずれも地方教育委員会が主導して行われている。

### 2-2 小中一貫教育の課題

　地域の実情に合わせた教育改革としての小中一貫教育への取り組みは，子どもの発達に応じた実践を創出し，地域と連携しつつ子どもの学習や発達を支援していく新たな学校教育の可能性を有している。その場合，教師たちは校種を超えて協働し子どもの生活環境や学習環境を創出するだけではなく，保護者や地域コミュニティとも協働しながら地域に根ざした学校づくりに取り組むこととなる。しかし現状では，小中一貫教育は，教師や子ども，保護者などの関係者や学校が設置される地域の住民にとって必要性が意識されない状態で地方教育委員会によって取り組みが決定される場合が多い。とりわけ，学校組織としての一体化も志向する小中一貫校の設置は，多くの場合，地方自治体の政策の一環として決定され，施行される場合が多い。にもかかわらず，設置に向けた準備や学校経営，カリキュラム開発など実践上の取り組みは各学校や地域に委ねられている。教師自身がその意義や実践上の留意点について十分理解しないまま取り組まざるを得ないことに加え，保護者や地域住民，行政担当者からの期待や抵抗に対応しながら学校づくりを進めざるを得ない状況が生じうる。教師にとっては制度と実務との間，専門性と実践行為との間で生じる葛藤に基づく多忙感や自己効力感の低下を感じる危機的状況となるリスクを有する。

　しかし，成員間の差異性を尊重し，より整合性の高い認識や合意形成へと向かう可能性を対話や相互作用に求める社会的構成主義の学習論に立てば，学校教育に対し異なる立場から関わる人々同士が協働し，地域における子どもの支

援という観点から教育実践をデザインし，学校づくりに携わる経験は，教師が保護者，地域，行政担当者それぞれの目標と葛藤しながらも，教育，子ども，発達，学習とはなにか，どのようであるべきか，について考える新たな学習の契機となるといえよう。本章では，小中一貫校の設置を教師の学習の契機と位置づけ，その意義を検討するものである。

## 第3節　小中一貫校をつくる

### 3-1　調査の概要

　対象地域は，中部地方にあるA市B地区である。B地区にはB小学校（児童数85名，2017年4月現在）とB中学校（生徒数58名，同）があり，ともに全学年単学級である。

　B地区はA市の中心部から約30kmであるが，途中に標高580mほどの峠がある。A市は2004年4月1日に旧B町を含む4つの町が合併して誕生した。市全体の人口は約3万2000人（2017年8月1日現在）でB地区の人口は約3800人（約1850世帯，同）である。合併時より人口は減少傾向にあり，A市では2009年と2014年の2度にわたって学校再編計画を策定している。B地区におけるB小学校とB中学校の小中一貫校化は，このうち2度目の学校再編計画において提起された。

　調査は，筆者による小中一貫校設置準備の取り組みへの参与観察として行われた。筆者がB地区をフィールドとして調査を始めたのは2014年度になってからである。A市教育委員会に勤務する知人から，小中一貫教育開校準備にあたり助言を求められたことがきっかけである。2014年5月にA市校長会において小中一貫教育の目的や原理について，筆者が先行して調査を行っていた他自治体の事例を紹介しつつ説明した。後日，「B地区小中一貫校設立準備委員会」（以下，設立準備委員会）が組織され，スーパーバイザーの肩書きを得，参与観察者であるとともに実施協力者であるという2つの役割をとることとなった。

　調査としては，取り組みへの参与観察，B小学校，B中学校の教師や事務職員，校務員，地域代表者への面接調査と質問紙調査を行った。これは，先述の

ように小中一貫校開校準備が教師や地域住民にとってどのような経験となっているのかをとらえたうえで,「学習」としての意味づけを行うためである。面接調査や質問紙調査において語られることは意識であり,行為とのずれが生じる可能性もある。しかし,教師たちと常に過ごすことができない筆者にとって,経験を意識のレベルでとらえ整理することが唯一のとり得た方法である。加えて,各種会議等にて配布された文書類を採取した。教育委員会の意向や計画も各種会議での発言や提出文書から把握するよう心がけた。実施協力者の立場からは,管理職や教務主任,指導主事等への助言,研修会における小中一貫教育についての情報提供,教育委員会主催のフォーラムにおけるB地区の小中一貫教育の可能性について講演をおこなった。

　面接調査の対象者のうち分析対象となったのは,小学校教師11名（校長,教頭,教務主任,養護教諭各1,教諭7），中学校教師10名（校長,教頭,教務主任,養護教諭各1,教諭6），地域在住者5名の計26名による記述と語りである。上記の調査で得られた,教師による質問紙への記述を分類整理したものと,教師や地域代表者の語りを文字化したもの,会合等で配布された文書類の記述をデータとして質的に分析した。

### 3-2　教師たちの取り組みの背景

　まず,開校前の状況を示しておきたい。A市の学校再編計画におけるB地区の小中一貫校化の策定に先だって,B中学校とB小学校とでは2011年度・2012年度に市の指定を受け「小中連携（小中一貫）教育の推進」の研究を始めている。両校では2009年度からすでに研究主題を「児童生徒の発達段階に応じた小・中学校9年間を見通した指導方法の工夫」とし,小中の9学年を1年生〜4年生,5年生〜7年生,8年生〜9年生に区切り,5年生と6年生での教科担任制の段階的導入,授業交流などを行っていた。それを引き継いでの指定研究であった。

　指定研究の期間においては,学習指導面での連携だけではなく,教師における合同研修や連絡会,子どもにおける行事への相互参加や合同開催,さらには合同避難訓練などが行われていたことが報告書に記されている。この間の取り組みの成果として「異年齢集団をうまく組み合わせていくことで,ある程度の

人数を必要とする集団的な活動（運動会や文化祭）を盛り上げることができること，小規模校にありがちだと言われる固定した人間関係に変化を生み出すことができる」などの知見を得たことが挙げられている。

　その後，市の第2次学校再編計画を受けて，2014年度から本格的に小中一貫校設置準備が始まった。体制としては，設置者であるA市教育委員会が事務局を担った。B地区小中一貫校の実際のあり方を決定していくのは設立準備委員会である。第1回の会合は2014年7月に開かれ，2014年度には7回，2015年度には6回開催された。

　設立準備委員会は「地域サポート部会」「学校運営部会」「保護者サポート部会」の3部会からなる。検討内容は，「地域サポート部会」が校名や校歌，校章の選定，小学校の跡地利用，通学路の確保，地域との交流・連携，学校施設の活用・融合，「学校運営部会」が教育課程編成，生徒指導，児童会・生徒会，連携事業，「保護者サポート部会」が，PTAの活動・組織・会計，式典・記念行事等，通学路の安全確保，放課後児童クラブ，である。この組織体制はA市内の別の地区で小学校の統合が行われた際の体制をモデルにしているとのことであった。設立準備委員会はほぼ2か月に1度，B地区において19時から2時間ほど開催された。委員の多くは仕事を終えてから出席しているようであった。基本的な流れは，全体会①―分科会―全体会②である。全体会①は，事務局から行政や議会の動き，校舎工事の進捗，他自治体の状況などの報告がなされた。分科会は部会別に部屋を分けて行われ，そこで話し合われた内容が全体会②で共有された。

　さらに，B地区における開校準備の特徴は，「学校運営部会」の下位組織としてB小学校，B中学校の教師による年数回の合同ワーキンググループが設置されていたことである。ワーキンググループは「学習」「特別活動」「生活」「教務」の4部会からなる。

　地域代表者からは，小中一貫校に対する次のような思いが語られた。第1に，教育の質向上である。「地域のいいもんがあるので活用」してほしいと，地域資源の活用を訴える。その背景として，地域の人たちが「(教師や学校を)カバーしてあげなきゃという気持ち」がある。「地区の歴史を探るというのをやってもいいのではないか」と地域資源の活用に関わる研修機会の提供が提案され

た。また,「開校時に研究指定を受けて,1年目,2年目あたりに発表をする。発信することで先生がたの研修が深まっていくのではないか」との提案もあった。第2に,地域の居場所としての学校への期待である。「部活が終わるまで共働き家庭の子どもを預かってくれる」「図書室や校庭を地域の高齢者に開放して,孫が学校終われば連れて帰るような居場所に」などの声があった。第3に,子どもたちが地域に出て行くことへの期待も語られた。高齢者は「子どもが来ると喜ぶ。いるだけでもいい」「子どもの声を聴くと喜ぶ。歌を唄うだけでもよい」などの期待が語られた。第4に,学校を核とした町づくりへの期待が語られた。「地域と一体になって,人づくり,みんなが関わろうよというのが醸成されていく」「小中一貫校が始まることで,(町づくりが)組織化されるといい」などである。少子高齢化や人口流出についての危機感はかねてからあり,小中一貫校の設置によりまちづくりの取り組みが加速されることが期待されている。

　地域の人たちは,新たな学校に大きな期待をかけていた。それは「自分たちとしては,学校を一新したいと思っている」という声に集約されるが,ともかく学校が新しくなることで地域での取り組みが進み,活気のあるまちづくりにつながること,その担い手となる子どもの豊かな発達が実現することを期待していた。

## 第4節　小中一貫教育をつくる過程における教師の語り

　教師たちの記述や語りを小中一貫校の可能性と課題に関するものに絞って整理してみたい。「　」内の(小)は小学校教師,(中)は中学校教師による記述や語りを指している。

### 4-1　小中一貫校としての可能性

　教師たちは,協力校が小中一貫校になった際にどのような可能性があるかについて次の点を挙げた。第1に,教育効果についてである。1つには,「(中学生を指導する前提条件を)小学校の先生と共通理解で9年間の長さで指導すればきっと効果が上がる(中)」「全職員が,全員の子ども,全校の子どもたちを知

っている（小）」といった情報や知識の共有である。2つには，「6年生のスタートを7年生につなげることができる（中）」「ずっとみてきた先生に指導してもらえる（小）」など教育課程や指導体制の接続である。3つには，「子どもに考えさせることを積み重ねていく（中）」「4-3-2の（の学年の）まとまりごとに目標を設定してスモールステップで活動を組んでいく（中）」など9年間の積み上げである。このような一貫校としての教育効果に加え，地域との連携によって質的，量的に拡張すると予想される「豊かな教育資源の活用（中）」を通して教育の質が向上することが期待されている。第2に，子どもにとっての意味である。「（学級に居場所がないとき）小学生が中学生に……救ってもらえる（小）」といった子どもの関係形成における意味，「上の学年の子どもの姿を見て，活動への意欲をもてる（中）」「4年生をリーダーにしていく（小）」といった子どもの発達支援における意味，が語られた。協力校は小規模校であり，市の中心部から離れている。そのことによる，子どもの関係形成上の課題や発達支援上の課題について教師たちは日頃から強く感じており，それを解決できると考えている。第3に，教師間の協働についてである。校種を超えた学習指導体制の創出や相互の姿を観察することで「なんか違ってくるんじゃないか（小）」「授業づくりの本当の基本的なところは（中学校の教師のほうが）すごいので，研修になる（小）」といった教師の学習機会の創出について語られた。異なる校種の教師が同じ職場で仕事をすることでなにが可能になるのかについてのイメージが共有されている。第4に，地域学習の可能性である。「地域の特色を活かした活動（小）」「地域を学び，地域を大切にする（小）」など地域を教材化した教科学習が実現することで地域への価値づけが進むことを期待している。第5に，学校づくりから地域への波及効果である。「学校を中心とした地域改革ができる（小）」「地域探検から始めて，地域の活性化への提言，企画を考えていけるとよい（小，中）」など地区の学校が1つになりコミュニティ・スクールを標榜するに際し，地域の活性化を牽引することを期待しているといえる。

　小中一貫校についての可能性についての語りは，自校の実態や地域の実態についての知識に基づき，準備を進めていくなかで新たに行われた価値づけであるといってよいだろう。今後，準備が進展するなかでさらなる可能性や限界に気づくことも予想される。

### 4-2 小中一貫校としての課題

　実際に自校で自分たちが取り組むにあたって直面するであろう課題についても教師からは語られた。第1に，校種間の教師の協働についてである。1つには，「(授業研究会で)中学校の先生が小学校低学年の授業を観て何かいうのは難しい(小)」「小中で足並みをそろえること(小)」など，各校種の教師の専門性や経験の差違に起因する困難である。2つには，「行事に関する小中の折り合いの付け方(小)」といった活動への意味づけの違いに起因する困難である。3つには，「(中学校は部活の負担があり)一緒の施設にいて遅くまでいる人と早く帰っちゃう人と，その辺の軋轢みたいなものができないかと(小)」など仕事の内容の違いに起因する困難である。主として小学校の教師から語られたものであるが，開校後の同僚性への意識がみられる。第2に，子どもに関する課題である。1つには，「人間関係の難しさ(小)」「子どものなかでの序列化を解体するために，教師が介入していく(中)」といった子どもの関係形成に関する課題である。小規模校である協力校においては，現在でも子ども間の関係性のあり方が恒常的な課題となっている。その意味では一貫校であるか否かにかかわらず存続する課題であるが，6年間と3年間ではなく9年間という量的な時間の長さがその危機感に拍車をかけているのだろう。2つには，「6年生が今まで活躍してきた部分とか担ってきた部分が，どんなかたちで継続できるか(小)」「変化できるタイミングを失ってしまう(中)」といった子どもの発達上必要な段差が解消されることへの危惧である。小中一貫教育は，校種間にある制度的差異をできるだけ小さくしていくことがめざされている。それは，子どもの発達の段階性や段階ごとの固有性よりも連続性を優先するシステムであるともいえる。そのことについては，理念としては理解していても経験的には受け入れがたいということであろう。第3に，施設面の課題である。「施設計画からは魅力的な学校を準備できるとは思えない(中)」「古い校舎，老朽化した設備のなか，新たな気持ちで開校に向かえていない(中)」など，主に中学校教師から課題が示された。当該校は，中学校の校舎を活用して開校される。日常的にその校舎にて実践を進めている教師にとって，その施設のなかで小中一貫教育に取り組むことの実感が湧きづらいのかもしれない。

　以上，一貫した教育課程の編成については，教育効果を生む可能性として語

られた。反面，開校後のカリキュラム・マネジメントをどのように実践していくのか，などデメリットも語られた。しかしこれらは，具体的な根拠に基づくというより経験がないことによる不安に根ざしているといってよいだろう。

　教師たちは，小中一貫教育の理念や生じうる教育的効果について理解しており，小中一貫校そのものについては好意的であった。また，開校する一貫校の教師の立場に立ち，思いやビジョンを明確に言語化し学習指導体制や生徒指導体制等の構築には高い動機を有している。他方で，「教師間の意識の差（小）」「小中の違いというよりは個人間の違い，温度差が大きい（中）」など校種間の協働体制における教師間の意思のぶつかりやズレを開校予定の学校の課題として認識している。ワーキンググループでの作業を通じて，「一つ決めても新たな問題が発生する（中）」と語られるように，学校づくり自体の難しさ，無限性への気づき，校種による違いが可視化され作業に手間取った経験がその差異を課題として認識させているのではないだろうか。さらに，面接調査においては，学校と地域の境界に存在する保護者と直接間接に関わり，保護者の期待を受けて学校のビジョンを再構築するとともに，保護者の不安を受けて一貫校設置への困難を感じていることも語られた。また，直接的には関わりがなく，間接的に情報が提供される行政や地域の意思については不明確さを感じ，それをズレや温度差としてとらえていた。しかし，そういったことを自分たちの活動へ制約を与えるものととらえるのではなく，保護者や行政，地域の人々を自分たちとは役割や志向の異なる主体として位置づけることで，自らの描く学校の設置に向けて保護者や行政，地域への要求をもち，自らの活動に正当性を付与していると考えられる。

## 第5節　小中一貫校をつくる過程における教師の学び

　教師たちの語りから，小中一貫校開校準備の過程は，小中一貫教育をめぐる多様な「境界」が可視化されたり，再確認されたりしながら，それらを超えていく行為であったということができる。「境界」とは，学習を実践共同体への参加であるとみなす状況論（例えば，Lave & Wenger 1991）の展開において複数の状況間の横断過程に着目する文脈横断研究のなかで着目されてきた概念で

ある（香川 2011）。すなわち，「言語的，技術的道具や規則や制度，暗黙的な前提や慣習や関心，資格，制度，その他扱う媒体，それらが複雑に絡み合って生じる社会的構成物」（香川 2015, p. 38）であり「アイデンティティ，身体的位置，道具，他者の行為の動き（関係性）の中で，時に消失・低減し，時に強く現れたりする動態的なもの」（香川 2011, p. 616）である。境界は「独自の文化や歴史性を育てたり（文化醸成），維持したりする（文化維持）上で必要なものである」（香川 2011, p. 616）と同時に人間が多様な集団や状況や共同体に参加しかかわるという異質な文化や活動や実践に触れる過程で経験する集団間，状況間のギャップや困難（香川 2015）でもある。小中一貫教育をめぐっては，小学校と中学校，学校と保護者，学校と保護者を含む地域，地域と行政，といった境界が準備の活動を進めるなかで可視化され，それぞれの共同体の文化を発展させ維持することと共同体を超えて協働的に活動し新たな境界を生成しようとすることとの間で葛藤が生じる。さらに，「人やモノが複数のコミュニティをまたいだり，異質な文脈同士がその境界を越えて結びついたりする過程を，さらにはそこで起こる人々やモノの変容過程」（香川 2015, p. 35）を「越境」という。小中一貫校の開設においては外部から持ち込まれる情報，子どもの学習や発達への願い，地域と連携していかなくてならないという使命感，保護者から吐露される不満をかわしたいという防衛，などが越境を後押ししている。

　境界を越える行為である越境を学習として意味づけることの背景にあるのがエンゲストロムによる「水平的学習」（Engeström 2001 = 2008）という考え方である。熟達という意味での学習ではなく，ものの見方やアイデンティティの変容という意味での学習である。教師たちの学習も，教育や子どもに対する見方の変容，小学校・中学校それぞれの教師から小中一貫校の教師というアイデンティティへの変容可能性をはらんだ水平的学習であるといえるのではないか。

　B地区においては，すでにみたように以前から小学校と中学校が協働しておこなっている取り組みがあった。そこでも越境の過程を経ていた可能性がある。しかし，それまでは行事における協働が中心であり，担当教員が，前任者が作成した企画書に沿っておこなうルーティンワークとしての性質が強い。加えて，公立学校であるB小学校とB中学校とでは異動により常に成員が流動しており，その意味では，小中一貫校設置準備の取り組みは，これまでの過程と同じ

| |
|---|
| レベル1　（文脈間の横断）：ひとまず異なる文脈間をまたぐ |
| レベル2　（文化的動揺と抵抗）：自文化の前提の揺らぎ，他文化への抵抗，境界の放置 |
| レベル3　（異文化専有と変革）： |
| 　3-1）　自文化を相対化し，従来の文化的振る舞いに変化の余地が生まれる |
| 　3-2）　他文化を独自のかたちで受け入れ，振る舞いかたを変える，新しいアイデアの創造，新たなコミュニティ間関係の構築・変革 |
| レベル4　（知のローカライズ）：対話の場で創造された新しいアイデアやシステムの実行過程で，再び課題や境界があらわれる |
| レベル5　（越境的対話の拡大）：接続的なコミュニティ（内・間）の発達が起こっていく「越境の試み」自体が集合的，組織的に学習され拡散する（「越境の学習の学習」） |
| レベル0　（越境の根源性）：他のレベルに先立ち前提となるもの |

図16-1　**越境過程モデル**（香川 2015, pp. 59-60 をもとに作成）

越境の過程をたどるということはできない。

　さらに，越境過程モデル（香川 2015, pp. 59-60）（図16-1）になぞらえて見返すことで，B地区の小中一貫校準備過程における教師の学習の様相を検討してみたい。

　設置準備の取り組みを小中の教師が行うことは異なる文脈をまたぐ段階であるといえよう（レベル1）。教師の語りにおいて，小中が足並みをそろえることの困難や双方の学校文化への違和感がみられたのは自文化の前提の揺らぎのあらわれであろう。また，教師たちによるめざす学校像についての語りは必ずしも小中一貫校についてのみあてはまるものではなく，むしろ義務教育段階である以上めざすべき姿ともいえるものもあった。そういった語りは境界を感じつつも放置している状態のあらわれとみなすことができる（レベル2）。しかし，一部の教師たちの語りは1年目であるにもかかわらず自文化を相対化したり，他文化を受け入れたり，さらには新たな学校文化を生成することを志向する内容を示していた（レベル3）。そこで生成されるローカライズされた知は小中一貫教育についての知であるとともに，学校教育そのものについての新たな知であるということもできよう。その意味では，小中一貫校準備過程における教師の学習は学校種単位で進むのでもなく個人レベルで進むものととらえていく必要があるかもしれない。しかしそこでの個人は学校という実践共同体において行為を生成する個人であり，生成された個人の行為が共同体の在り方を規定す

るという関係性にある。

　また準備過程では，当初，小中の間に存在していた境界から小中一貫校と地域，小中一貫校と教育委員会というように「学校」と外部との間の境界が可視化していったといえる。しかし，どれだけ準備が進行したとしても小学校と中学校との間の境界が消失したとはいえない。なぜなら，毎年度教師の異動による入れ変わりがあり，その都度小学校と中学校の間の境界が生成されるとともにそれぞれの学校内でも準備経験者と未経験者との間に境界が生成されるからである。小学校，中学校というコミュニティを自明とすることも避けるべきかもしれない。いずれにしても，小中一貫校設置準備は1年目であり，越境がいまだなされない境界もあるだろう。さらに，今後新たな境界が可視化されたり生成されたりする可能性もある。

## 第6節　小中一貫教育研究のこれから

　小中一貫校に取り組んだ教師たちの語りから，小中一貫校開校の過程における教師の活動を学習としてとらえることを試みてきた。分析したデータはまだ1年目のものであり，現在も準備作業は進行している。今後は経時的なデータ収集と分析を行い，語りの変容をとらえるとともに，「境界」や「越境」のありようもさらに精緻に検討していく必要がある。

　小中一貫教育に関する研究は，文部科学省や国立教育政策研究所（例えば，国立教育政策研究所 2015）など国や都道府県の行政機関による悉皆での実態調査，梅原ほか（2015）など研究者による小中一貫校と非一貫校との大規模な比較調査等を除くと，特定の地域や学校を事例とした事例研究が中心である。制度も実践も緒についたばかりの現段階では，全国的な動向や傾向が把握できることには大きな意味がある。さらに，小中一貫教育は，地域教育行政のガバナンスのありかた，地域コミュニティの学校教育へのまなざし，教師個人や学校組織の信念や経験，の三者が相互規定的に教育の質保証を実質化していくメカニズムが顕在化する事象であるといえる。そのように考えると，小中一貫教育研究は，小中一貫校をめぐる具体的な地方教育行政や学校経営や学校づくり，教師や学校の実践を事例として，地方行政，地域，学校・教師の三者関係のありか

たを多様な切り口で分析し研究を進めることを通して教育行政研究，学校研究，教師研究に新たな知見を加えることが可能になるといってもよいだろう。

**参考文献**

梅原利夫（研究代表）(2015)『小中一貫教育の総合的研究』，科学研究費助成事業研究成果報告書.

香川秀太 (2011)「状況論の拡大——状況的学習，文脈横断，そして共同体間の「境界」を問う議論へ」『認知科学』18(4)，604-623.

香川秀太 (2015)「「越境的な対話と学び」とは何か——プロセス，実践方法，理論」，香川秀太・青山征彦（編）『越境する対話と学び——異質な人・組織・コミュニティをつなぐ』，新曜社，pp. 35-64.

呉市教育委員会（編著）・天笠茂（監修）(2011)『小中一貫教育のマネジメント——呉市の教育改革』ぎょうせい.

国立教育政策研究所 (2015)『初等中等教育の学校体系に関する研究報告書2，小中一貫教育の成果と課題に関する調査研究』

中央教育審議会 (2014)『子供の発達や学習者の意欲・能力等に応じた柔軟かつ効果的な教育システムの構築について（答申）』

西川信廣・牛瀧文宏 (2015)『学校と教師を変える小中一貫教育——教育政策と授業論の観点から』ナカニシヤ出版

文部科学省 (2016)『小中一貫教育の制度化に伴う導入意向調査について』(http://www.mext.go.jp/a_menu/shotou/ikkan/_icsFiles/afieldfile/2017/09/05/1369585_01.pdf)

宮崎大学小中一貫教育支援研究プロジェクト（編），兒玉修（編集代表）(2013)『小中一貫・連携教育の理念と実践——「美郷科カリキュラム」の実践』東洋館出版社

山住勝広（訳）(2008)「拡張的学習の水平的次元——医療における認知的形跡の編成」，山住勝広・ユーリア・エンゲストロム（編著）『ノットワーキング——結び合う人間活動の創造へ』，pp.107-147，新曜社（Engeström, Y. (2001). "The Horizontal Dimension of Expansive Learning: Weaving Texture of Cognitive Trails in the Terrain of Health Care in Helsinki," Paper presented at the International Symposium "New Challenges to Research on Learning," March 21-23, University of Helsinki, Finland.）

Lave, J., & Wenger, E. (1991). *Situated Learning: Legitimate Peripheral Participa-*

*tion*. New York: Cambridge University Press.（佐伯胖（訳）（1993）『状況に埋め込まれた学習——正統的周辺参加』産業図書）

# 17　学校におけるガバナンス改革の可能性

大阪市立大空小学校の取り組みに焦点をあてて

小国喜弘

## 第1節　小さな公立小学校のガバナンス改革に注目して

　そもそも，学校を基盤としたガバナンスの改革において重視すべき理念は何か。公教育としての学校が，国民の被教育権の保障（日本国憲法26条）として制度化されていることからすれば，教育改革は，すべての国民の教育を受ける権利がよりよく保障されるようになることを理念としなければならないはずだ。この観点からいえば，学校関係者の創意によるガバナンス改革は，ひとりでも多くの子どもが安心して学校に通え，学びの場が保障されるという，学校の包摂機能を強化することこそが，出発点とならなければならないだろう。

　にもかかわらず，現実の学校に目を転じるならば，この20年間，様々なガバナンス改革が行われてきたが，困窮家庭の子ども・不登校児・障害児など社会的弱者の子どもの排除が学校において全国的に拡大している。不登校児童は，小中学生あわせて6.6万人（1991年度）から12.5万人（2015年度）へと1.9倍に増加した。さらに，深刻な問題となっているのは，これまであまり注目されてこなかった特別支援教育対象児童の増加である（鈴木 2010）。特別支援学校在籍者数についてみると，9.1万人（1991年度）から13.9万人（2016年度）へ，特別支援学級在籍者数は7.4万人（1991年度）から21.7万人（2016年度）へと急増しており，合わせると特別支援教育対象者はこの25年間に2.1倍に増加している。

　改めて，学校の包摂機能を高めるガバナンス改革はいかにしたら可能なのか。ここでは，この問題に正面から取り組んで来た，大阪市立大空小学校を手がかりに検討してみたい。同小学校は，2006年4月に大阪市内の住吉区に新設さ

図 17-1 大空小学校創立記念コンサート（本章写真撮影，筆者）

れた公立小学校である。「すべての子どもの学習権を保障する学校をつくる」ことを理念として掲げ，教職員・保護者・地域の人々などの大人たちが，「障害」を個性と見なして，その時々の子どもの個別の困難に丁寧に寄り添うこと，子ども同士が学び合う機会を保障することを重視し，特別支援学級を一切設置せず，すべての時間を子どもたちが普通学級で共に学ぶ教育を実践してきた。その教育活動は，関西テレビが2012年度に1年間取材をしてドキュメンタリー番組を作成し，さらに2015年にはテレビ番組をもとに映画「みんなの学校」を製作したことで，文部科学省の庁舎内でも上映されるなど話題となった。

　私自身は，2012年度から2018年度まで授業改善のアドバイザーとして年に3回，1回に2日間ずつ大空小学校を訪問し，また2013年2月から2019年3月まで学校協議会のメンバーとしてかかわってきた。訪問の中で，私は初代校長の木村泰子（2006年度‒2014年度）の話を多く聴く機会があり，それらを記録してきた。また，2015年度には，東京大学大学院教育学研究科に木村泰子を講師として招き，夏期集中講義を行ってもらい，その際の講義記録を作成し，その記録をもとにして，共同論文を執筆したことがある（小国他 2015）。以下では紙数の関係から3点に絞って大空小学校のガバナンス改革を素描してみたい。

## 第2節　理念の改革と校則の廃止──最も弱い立場の子どもの学習権保障を優先すること

　大空小学校の理念は,「すべての子どもの学習権を保障する」点にある。興味深いのは,徹底的に社会的弱者の子どもの立場から学習権保障を構想してきた点にある。木村は 2014 年 6 月 6 日の聞き取りの中で,次のように筆者に語った。

　　すべての子どもの学習権を保障する学校をつくるとは,じゃあ具体的にどうすることやってことになります。すべての子どもの居場所がある学校。どんな子も,人に迷惑をかける子も,人に暴力をふるう子も,「みんなとは一緒に絶対勉強なんか絶対できひん」と世間では「障害児」と言われている子どもも,万引きをして警察につかまってばっかりやから,学校におったら友だちのものを盗むかもしれへんからそんな子をみんなと一緒に勉強させられへんとか──とても悲しい話ですが──,どんな子どもであっても,すべての子の居場所が学校にある,そんな学校をつくろうと考えてきました。(2014 年 6 月 6 日談)

　そもそも「すべての子どもの学習権を保障する」理念を立てれば,すべての子どもの普通学校・普通学級への包摂が可能になるわけではない。現実の学校では,大多数の子どもの学習権を保障するために特定の子どもを特別支援学級に措置するなど,マジョリティの子どもの学習権保障を口実として特定の子どもの排除が正当化されているケースが間々あるからだ。
　それに対して大空小学校では,通常であれば大多数の子どものために排除されかねない「非行少年」や「障害児」とされる子どもたちの学ぶ権利の保障を最も重視してきた。象徴的なのは,すべての校則を廃止したことだろう。その点について,木村は言う。

　　決められたルールは,10 人のうち 9 人にあてはまっても,1 人にはあてはまらへん。勝手に誰か大人が決めたルールですから。校則を決めたら学校に来れない子どもが出て来るんです。新しいタイプの学校にチャレンジしようといって作った学校なので,一人でも居場所のなくなる子どもができるんやったら,校則はいらんやん,って。で

も人が人と一緒に生活をするのに，一番必要なことって，自分がされていやなことを人にいう，人にする，という，この話だけは主体は自分にあるわけやから。まわりからどうこういわれる話じゃなくて。このことだけは徹底して大人も子どもも守ろうって言って決めたのが「たった1つの約束」です。(2014年6月6日談)

　校則の存在によって，校則に服さない「非行少年」がラベリングされてしまうのだとすれば，学校の包摂力を高めるためには，そのような校則を廃止すればよい，そのように木村たちは考えたのだ。また，学力についても，すべての子どもが将来生きていく上で必要な力は何かという観点から，「人を大切にする力」「自分の考えを持つ力」「自分を表現する力」「チャレンジする力」の「4つの力」として再定義した。

　「4つの力」「たった1つの約束」で目指されているのは，広義の人権学習であるといってもいいだろう。「4つの力」とは，他者の人権を尊重した上で（人を大切にする力），思考や表現に関する自由権をよりよく行使する主体へと成長すること（自分の考えをもつ力，自己を表現する力），そして，人権を不断に行使すること（チャレンジする力）を意味する。さらに，私人同士の人権の調整という意味での公共の福祉の追求が「たった1つの約束」として具体化されている。

　翻って考えてみると，大空小の開校の時期は，2003年の国際学力テストにおける順位低下，いわゆるPISAショックによって学力への関心が全国的に高まり，全国学力学習状況調査が2007年度より開始されたり，学習規律への関心が高まった時期にあたる。そして学力テスト重視の発想が浸透する中で点数の低い子どもが，学習規律重視の風潮の中で規律から逸脱する子どもたちが，学校から排除されていくことになった（山本2009；高木2009；横湯他2017）。

　そのような時期に大空小学校では，社会的弱者の子どもの学習権の保障を正面から理念に据えてきた。そしてそれを，校則の廃止，学力像の組み替えといった仕組みへと具体化することによって，すべての子どもが共に学び合う空間を創造してきたのである。

## 第3節　教職員組織の改革

　多様な子どもを学校に包摂するために，教職員組織についても改革が行われ

た。大空小学校では，「〜みんながつくる みんなの学校 大空小〜 を合言葉に すべての子どもを多方面から見つめ，全教職員のチーム力ですべての子どもの学習権を保障する学校をつくる」をスローガンとして掲げ，「チーム力」を重視している。2015年に木村泰子が作成した「『チーム学校』について」と題した文書がある。以下でその一部を引用してみよう。

> 開校時，まず，はじめに共通理解したのは「先生が自分一人の力で目の前の多様な未来を担うすべての子どもを育てられるなどと考えていること自体が，教師のおごりである」という理屈です。このことを認識したうえで，自分にできることは最大限やる。自分にできないことは，周りの人の力を活用する。この「人の力を活用する力」が教師に求められる力であるということについて，まずは，理屈からそして，実践にという手法をとりました。……自分の学級の子どもだけでなく，自分の学校のすべての子どもが自分の育てる子どもなのです。こんなふうにちょっと，意識を変えるだけで「学校」は大きく変わります。（木村 2015）

以上のような，「チーム」を重視した学校づくりは，一見すると文部科学省が展開する「チーム学校」というガバナンス改革を連想させる。実は中教審では，「チーム学校」の答申作成に際して，2015年8月から9月にかけて38の関係団体にヒアリングを行っている（中教審 2015）。そのヒアリング先には大空小学校が含まれていた。ここで引用した「『チーム学校』について」という文章は，実は木村が文部科学省の求めに応じて提出したものの一部である。

ただし，文科省のいう「チーム」と大空小学校の考える「チーム」では，次の2点において異なっている。第1に，文部科学省のいう「チーム学校」は，あくまで学力向上を目的としている。それに対して，大空小学校では，子どもたちが安心して学校に通える状況を作り出すために教職員がチームであることが重視されている。そのことを可視化する工夫が，教職員が日常的に着用しているユニフォームであると木村は言う。

> 何といっても，子どもはどんな子もすべての子どもが，自分の周りにいる大人たちがチームでいることが大好きです。きっと，安心できる場になるのでしょう。大空の教職員はロゴの入ったユニフォームを好き勝手に着ているのですが，ユニフォームを着

図 17-2 チームであることを示す教員のユニフォーム

ていないと,「どうしたん?」と,不安そうに聞きます。どんな施策にも勝る子どもの安心な学びの環境をつくっているものだと実感しています。(木村 2015)

　教職員がみなですべての子どもを見守るための「チーム」であり,そのことの象徴として,教職員のユニフォームがある。
　第2に,文科省版「チーム学校」は,専門家個々が専門性を駆使して協働することを重視するのに対して,大空小学校では,「多方面から見つめ」ることで,子どもをなるべくありのままに理解することが目指されており,そこでは,様々な大人たちの素朴な気づきを契機として教職員が個々の専門性を問い直すことが重要だと考えてきた。特に日本の特別支援教育は,医学モデルが強く機能し,「薬物によって治療されるべき生理的障がい」と見なす傾向が強く「社会的決定要因が正当に考慮されていない」ことが国連・子どもの権利条約委員会によっても批判されている(子どもの権利条約 NGO レポート連絡会議 2011)。故に,特別支援教育支援員など専門的知識を持っていればいるほど,少し行動が特徴的な子どもを安易に医療の対象と見なしたり,特別支援学級への措置を押し進めてしまう傾向がある。私が大空小学校を訪れていた時のフィールドノートにも次のような木村の興味深い発言が記録されている。

発達障害の専門家は障害のことをわかっている，そのプロや，と思っている。でも，アスペルガーの知識はあっても，アスペルガーのあべたくみ（仮名）のことはわからへんやろ。ダウン症の知識はあっても，ダウン症のAさん，Bさん，Cさん，みなちがうやん。私らは，その知識はなくても，目の前の子どものことは分かるやん。だから，分かるほうを優先して学校づくりをしような，と，いつも確認しあって学校をつくってきました。（2014年6月6日談）

専門的知識は時に教師に先入観を与えてしまうのであり，その子の存在をありのままに受け容れることを困難にしてしまう。故に，様々な教職員の情報を共有することで，専門家としての先入観を相対化することこそが重要になる。
「チーム」として，子どもの情報を全教職員で共有するために重要な役割を果たすのが毎朝開かれる職員朝会である。時に1時間目に15分ほど食い込むことがあっても，「毎朝，納得するまでその日の子どもの情報について全教職員で共有」する。そんな時も「優先順位を間違えずにミーティングを続ける」（木村 2015）。興味深いのは，例えば問題行動を起こしている子どもの問題であっても，その子をどう指導するかが話し合われるのではないという点だ。むしろ，その子がなぜそのような行動をしているかが様々な大人の目によって丁寧に掘り下げられ，そして周りの大人や子どもたちが，その子にどうかかわれば，その子が安心できるのかをめぐって議論が展開されていく。そのような議論の上に，次のようなかかわりが生まれていくことになる。

障害というのは強い個性で，簡単に直すことはできないものです。……発達障害で困っている子に対して「ちゃんとしなさい」と言うのではなく，周囲の子に「あの子，なんで困ってるんやろな？」と問いかけるのです。そうすると「こうだからちゃうかな？」と，その子を日頃から見ている子たちは応えます。そうしたら，「それやったら，どうしたらええやろな？」と問い返してみると，「こうしたら，ええんちゃうかな」と，また周囲の子たちがその子と関わろうとします。そういう働きかけをすれば，その子が生きやすい関係をつくる，生きやすい社会をつくることになるのです。（木村 2016）

このような子ども理解の仕方は，敢えて言えば障害の社会モデルに近い（田中 2005）。障害が当事者を取り巻く制度や社会的関係の中で構築されているの

だとしたら，一人ひとりの子どもの「障害」を「障害」たらしめているのは，実は親や教職員などの大人や，さらには周囲の子どもたちとの関係においてなのだ。なぜ，その子の困難が生じているのかを周囲の子どもに対して理解を促し，周囲の子どもに対して，その子への関わり方を変えるように働きかけること，そのことにより，大空小学校はすべての子どもとすべての時間にともに学ぶ空間を作ろうとしている。

その基盤にあるのが，教職員の「チーム力」なのだ。

## 第4節　学校協議会におけるガバナンス改革

コミュニティスクール制度によるガバナンス改革も，学校の包摂力を高めるために重要な役割を果たしてきた。2012年7月の大阪市立学校活性化条例の制定に伴い，市内の全公立幼稚園小中学校には学校協議会が設置されることになった。そもそもコミュニティスクール制度は，多様な親の意志を学校運営に反映させることにより，包摂力を高めることを目的の1つとしてきた。しかし実際には，協議会が平日昼間に開かれることもあり，校長によって指名される協議会委員が，中間層の保護者や自治会役員などによって構成される場合が多い。そのため，コミュニティスクール制度により，中間層の教育要求が学校により浸透し，家庭条件の不利な子どもが学校から排除される傾向を拡大しているとの批判がある（勝野 2016, pp. 278-279）。

そのような状況において，大阪市の公立小学校である大空小学校でも2013年3月に学校協議会が発足した。協議会の構成は，サポーター（保護者）3人，地域住民4人，学識経験者2人である。ちなみに大空小学校では，保護者は学校に通うすべての子どもの学びを支援する存在として，「サポーター」と読んでいる。特徴的なのは，サポーターも地域住民も，協議会委員に選ばれたのは日常的に学校に訪れ，しんどい子の日常をよく知っている人たちだった。また，学識経験者2名は，堀智晴と筆者であった。堀は，1970年代から大阪で展開された「障害児」と「健常児」の統合教育運動に関わっており，「障害児」の普通教室への包摂と排除の問題を永年研究してきた人物で，大空小学校には創設時から頻繁に訪れ，大空小学校にボランティアとして関わってきた。

私の手控えによれば，当時の木村校長は協議会の冒頭で大略次のような発言を行った。

　　今回，学校協議会は，「校長のやってることはオカシイんちゃうか。大空のこのやり方は，あの子どもにはシンドイで」，という，子どもにとって不利益な，子どもにとって望ましくないということは，校長にきっちり話をして，学校を変えていただく，という任務を負っていただきます。（2013年2月19日談）

　学校の全体的な状況についても話し合われるが，議題の中心は，しんどい子をめぐる意見交換にある。学校・サポーターや地域の委員から具体的な情報提供があり，まずはどう理解すべきかが話し合われる。その際，学識経験者は，そこで起きている問題を，全国の状況や教育学の知見に照らしながら問題を意味づけ整理する役割を担うことになった。その上で，周囲の大人たちをどう巻き込んで，その子とかかわっていくかにまで検討が及んでいく。会議は毎回2時間をこえて続けられてきた。

　興味深いのは，学校協議会が地域の代表として，ある事件がきっかけとなって，行政の理不尽な圧力や要求，振る舞いに対して，校長に代わって抗議する役割を担うようになった。最初の機会は，2014年に訪れた。事の顛末については，以下の毎日新聞報道に詳しい。

　　大阪市の公募制度で民間から採用されたA住吉区長（50）が，今年5月に区内の小学校［大空小学校：引用者注］であった土曜授業の防災学習で，突然，意識を失ったふりをして倒れ，児童らを驚かせたとして今月，この小学校の学校協議会から抗議されていたことが15日，分かった。A区長は取材に「児童が不意の出来事に対応できるようにとの意図があった。一定の効果はあったが，先生らに事前に相談せず，反省している」としている。
　　市などによると，A区長は小学校体育館であった土曜授業で，児童，教員，保護者らに話をしている途中で突然倒れ，騒ぎになった。この間約10秒ほどの出来事で，起き上がったA区長は「災害は突然襲ってくる。普段から何をするか考える必要がある」との趣旨の発言をしたという。協議会は「命の大切さを学んでいた授業で"死んだふり"をした行為は軽率」と抗議した。（引用にあたって氏名を匿名化した。毎日新聞，2014）

このニュースは毎日新聞だけでなく，朝日・読売などの全国紙，さらには全国放送のテレビで「区長，死んだふり」といったタイトルで流された。学校協議会が抗議をしたのは，「命の大切さを学んでいた授業」での区長の単なる悪ふざけに対してではなかった。防災学習で挨拶した区長の目の前には，ちょうど心臓発作により肉親を亡くしたばかりだった子どもがおり，その子は区長の「死んだふり」を見て肉親の死がフラッシュバックし，数日，心の動揺が収まることがなかった。そのような子どもの存在を区長が知らなかったとはいえ，すべての子どもが安心して学ぶ居場所となるべき学校における，区長のかかる軽率な行為を見過ごすことはできない。そこで，学校協議会は緊急の会議を開き，記事にあるような抗議文を区長に提出することになったのだ。

このような経緯から，協議会が議論し検討する対象は，学校内部だけでなく，学校に対する理不尽な外部圧力にまで拡張されるようになった。協議会が行政に対して抗議するという事例は珍しいが，昨今のように教育行政発のガバナンス改革が盛んな時代においては特に，単に学校内部の教育への検討・参画に止まらず，学校を取り巻く外部の環境や政治にまで検討し，時にその圧力に抵抗することなしには，一人ひとりの子どもの学習権を保障すべき学校の使命を支援し得ないことを大空小学校の事例は示唆している。

## 第5節　改めて，学校ガバナンスの可能性に注目する

大空小学校は，大阪市立の公立小学校であり，大阪府・大阪市の教育行政の管轄下にある。2006年に創立された大空小学校の歴史は，ほぼ，橋下徹が大阪府知事（2008-2011）・大阪市長（2011-2015）を務め，橋下主導による教育改革が進行した時代の中にあった。首長主導の下にグローバル人材育成を目指す橋下流教育改革については，学校の自治と民主主義を毀損し，格差拡大と弱者排除につながる危険性をもつことが，教育学者によって早くから批判されてきた（志水 2012；教育科学研究会 2012；中嶋 2013など）。

考えてみれば，大阪府や大阪市の教育改革に止まらず，近年の教育改革は，排除の拡大に結果として寄与するようなものが多い。すでに指摘したように，2007年から開始された全国学力・学習状況調査によって過熱する学力向上施

策の強化は，成績の悪い子の事実上の排除（または周縁化）に寄与してきたし，学校運営協議会制度は，中間層の教育要求が学校により浸透する契機となり，家庭条件の不利な子どもの排除を拡大する懸念がある。すなわち本章冒頭で掲げた，特別支援教育対象児童や不登校生徒の急増の少なくとも一部は，教育行政発の学校ガバナンス改革に由来している可能性がある。

　しかし，安易な絶望もまた慎むべきだ。大空小学校の学校運営が，大阪府・大阪市の新自由主義教育改革の渦中で行われたことを考えるとき，学校関係者の創意による，学校発のガバナンス改革の可能性を軽視することはできない。ただし，単に学校の教職員が自主的に工夫すればいいわけではないし，単に学習権保障を理念として掲げればいいわけでも，さらには単に学校を地域に開けばいいわけでもない。ここまで描いた大空小の事例から示唆されることは，つまり，まずは目の前にいる，その時々に最もしんどい子の学ぶ権利を最優先にして，すべての子どもの学習権を具体的に保障しようとするために，どんな環境を，どんなかかわりを準備すべきかを関係者で頭を付き合わせて検討することがガバナンス改革の出発点となるべきという点にある。意外と素朴だが，忘れがちな原点に立ち戻ることが，我々に改めて求められている。

　謝辞　本章の執筆にあたり，大空小学校前校長木村泰子先生には，資料をご提供いただいた他，写真・聞き取りについてもご確認いただき，掲載の許可を得た。ここに心より感謝の意を表したい。

**参考文献**
勝野正章（2016）「学校のガバナンスと経営」，小川正人・勝野正章（編）『教育行政と学校経営』放送大学教育振興会
木村泰子（2015）「『チーム学校』について」（私家文書）
木村泰子（2016）『「みんなの学校」流自ら学ぶ子の育て方』小学館
教育科学研究会編（2012）『大阪「教育改革」が問う教育と民主主義』かもがわ出版
小国喜弘・木村泰子・江口怜・高橋沙希・二見総一郎（2015）「インクルーシブ教育における実践的思想とその技法」『東京大学大学院教育学研究科紀要』55, 東京大学大学院教育学研究科
子どもの権利条約 NGO レポート連絡会議（2011）『子どもの権利条約から見た日本の

子ども』，現代人文社
志水宏吉（2012）『岩波ブックレット　検証大阪の教育改革——いま，何が起こっているのか』岩波書店
鈴木文治（2010）『排除する学校——特別支援学校の児童生徒の急増が意味するもの』明石書店
高木千恵子（2009）「特別支援教育が始まって普通学級は」『季刊福祉労働』118（特集：学テと特別支援教育が同時に始まった）現代書館
田中耕一郎（2005）『障害者運動と価値形成』現代書館
中央教育審議会（2015）「チームとしての学校の在り方と今後の改善方策について（答申）」
中嶋哲彦（2013）『教育の自由と自治の破壊は許しません。——大阪の「教育改革」を超え，どの子も排除しない教育をつくる』かもがわ出版
毎日新聞（2014）「大阪・住吉区長：公募区長，防災学習の授業中"死んだふり"　学校協議会抗議」8月15日
山本由美（2009）『学力テスト体制とは何か』花伝社
横湯園子・世取山洋介・鈴木大裕（2017）『「ゼロトレランス」で学校はどうなる』花伝社

# 18 芸術教育における学校，芸術家，NGOの連携

ドイツの取り組みから

新藤浩伸

## 第1節　ドイツ社会の変容と「文化教育」への期待

### 1-1　移民の流入，PISAショックのインパクト

　本章では，ドイツ，特に外国人の比率の高いベルリンでの，芸術家と学校が協力した芸術教育の取り組みに着目する。

　移民・難民の問題は現在のヨーロッパ諸国全体の課題だが，なかでもドイツが受け容れに積極姿勢を示したことはよく知られている。連邦統計局によれば，ドイツの2016年の人口は移民や難民の流入により約60万人増え，過去最高の8280万人となった。2015年には100万人以上を受け容れた。現在，全人口の約2割が，移民の背景をもつとされる。なお，「移民」とは，国際移民の正式な法的定義はないが，「ある場所から別の場所へ，生活のために（多くは仕事のために），一時的または永久的に移動する人のこと」（アムネスティ・インターナショナル）をさす，幅広い概念である。一方，「難民」とは，1951年の「難民の地位に関する条約」において，「人種，宗教，国籍もしくは特定の社会的集団の構成員であることまたは政治的意見を理由に迫害を受けるおそれがあるという十分に理由のある恐怖を有するために，国籍国の外にいる者であって，その国籍国の保護を受けられない者またはそのような恐怖を有するためにその国籍国の保護を受けることを望まない者」と定義される。

　EU全体でみれば，2015年にEUに流入した非正規移動者は100万人を超えた。「難民である」としてEUに入域して難民申請を行った件数は125万5685件であった（2014年は56万2680件）（墓田 2016, p. 84）。2016年以降は減少傾向にあるものの，2019年現在も，2010年の「アラブの春」以降の中東情勢混乱

269

以前の水準にはなっていない。

　ドイツでは，第二次世界大戦以降，経済復興のため多くの移民・難民を受け容れてきたが，近年では，1990年代以降の内戦に伴うユーゴスラビアからの難民，そして2000年代のアメリカ他との紛争，アラブの春以降の中東情勢の混乱で，シリア，アフガニスタン，イラクからの難民が相次いでいる。2014年時点で，ドイツ全体の人口（8119万7537人）のうち外国籍の人々は9.3％（753万9774人）であるが，なかでも本章で注目するベルリンは，人口比率として連邦州の中で最多の14.3％である（346万9849人のうち外国籍49万6514人）（伊藤2017, pp. 14-15）。

　ドイツ語を話さないコミュニティも存在するとはいえ，現地で生きていくためには，言語の修得は重要である。一方，移民・難民，受け入れる人々の両者にとって，芸術等の非言語的なコミュニケーションも含めた共生をめざした相互理解も課題となる。この意味で，移民・難民の問題は，社会全体の課題であると同時に（バウマン 2017），教育の問題とも深く関わる。このうち前者の言語学習をめぐる課題は伊藤（2017）が詳述しているが，後者についても現在様々な取り組みがなされている。州ごとに規則は異なるが，移民，難民の子どもは，ドイツに到着すると3〜6ヶ月以内に学校に行かなければならない。そして，学校では，ドイツ語はもちろんのこと，芸術の授業も受けることになる。現在，そこでキーワードになっているのが「文化教育（Kulturelle Bildung）」である。現地調査と，以下に紹介する担い手の人々が来日，報告し，筆者も議論に加わった2015年10月のドイツ文化会館でのシンポジウム「ドイツと日本の芸術教育，文化環境の比較と可能性」，および同月の東京大学教育学部における研究会の議論をもとに，その実態を述べる。

### 1-2 「文化教育」とは何か

　ドイツでは，経済成長優先，それに伴う理系学問重視の風潮のなかで，美的教育が人格形成に必要不可欠なものという認識が，徐々に薄れてきている。一方，2003年以降，芸術家，文化機関，教育機関が協働し，「文化教育」に取り組む事例が増えている。文化教育とは，従来の学校や文化機関が行ってきた，高級文化の民主化という方向性の強い理念とは異なり，青少年の人格的発展，

情緒的安定性，自己開発，アイデンティティ発見に中心的な意味をもつとされ，2000年代以降政策文書でも議論されてきた。相互の対話を重視するという意味で，「文化媒介（Kulturvermittlung）」とも呼ばれる。

　これは，前述のドイツの多文化化，そして2003年以降のいわゆる「PISAショック」と関わる。OECDの学力到達度調査で順位の低い結果となったドイツでは，従来授業時間数が少なかった学校の全日制への転換が迫られた。そして，数学・科学リテラシーが重視される一方で，芸術教育により養成される能力は軽視されていった。そこで提唱されたのが「文化教育」で，具体的には，学校での学習に芸術表現の要素を取り入れるものであった。そして，この文化教育は，学校外の教育文化機関および専門家とのパートナーシップにより実現されることが望ましいとされ，文化政策，教育政策，青少年政策の連携促進が求められた（藤野 2017, pp. 253-289）。

　文化教育の担い手について，ベルリンに注目してみると，文化芸術機関の連合体であるベルリン芸術評議会（Rat für die Künste Berlin）がある。1994年に設立され，2018年現在約350の団体やプロジェクト，芸術家が加盟する同団体は，2005年以降，この文化教育の問題に取り組んでいる。学校も含めた教育文化機関が芸術教育に十分取り組んでいないという課題意識のもと，芸術教育の社会的意義を訴え，意見表明活動や文化教育プログラムの推進を続けている。

　音楽学者のドロテア・コラント氏は，同団体にも関わりながら，文化教育の研究と実践を重ねてきた（Kolland 2013）。同氏によれば，文化教育プログラムのコンセプトは，第1に，子どもたちは芸術家になるのが目的ではなく，包括的な人格形成のために自由を獲得すること。第2に，授業の補完として知識を伝達する（例えば楽譜の読み方など）のではなく，自ら何かを表現して伝える，何かを作ることを後押しすること。第3に，教師が答えを知っている，という教育の慣習と異なり，プロセスを重視し，戸惑いや誤解などの回り道をしても最後までやりぬくことを重視すること，である。

### 1-3　協働のシステム構築

同団体では，プログラム開始以来，「文化」と「教育」の協働関係を原則と

している。すなわち，学校や幼稚園，青少年センター等の教育機関と，劇場，美術館，博物館等の文化機関の両者が参加しなければ財政支援を受けることはできない。この協働関係を，二人乗り自転車にたとえて「タンデム（Tandem）モデル」と呼んでいる。

　協働（タンデム）は，学校，芸術家，教育行政，文化行政，NGO，大学など多岐にわたる。それぞれの活動の論理がぶつかることもあるが，協働により柔軟でダイナミックなプログラムがうみだされる。文化機関にとっては，教育活動を通じて学校観が変わり，自らの社会的責任を強化することにもつながる。教育機関にとっては，従来の芸術教育の見直しにとどまらず，文化機関でのイベントやインターンへの生徒の参加，文化関係者の学校コンサートへの参加，文化機関のイベントへの生徒の参加などの影響を及ぼす。大学が関わることもあるが，大学においても，学生の授業参加により教員養成の機会になるほか，教師と芸術家の継続教育として，文化教育の意味を理解するためのモジュールが開発されている。実演家の活動機会，学習機会の提供という側面もある。

　財政的には，予算が少ない中で，連邦政府レベルのプロジェクト，財団や銀行，民間企業など，様々な団体からの支援が不可欠である。また，ベルリン文化教育プロジェクト基金という制度ができ（Berliner Projektfonds Kulturelle Bildung），文化と教育の両方から予算が支出され，2年ごとに責任者が交代をするシステムができている。

　制度的には，文化教育は教育行政と文化行政の間に落ち込んでしまう領域である。ベルリンは，プロジェクトの申請時に，区の教育行政担当者と文化行政担当者の間でたらい回しにされることがあった。しかし，文化教育というキーワードによって，両者の連携が図られるようになり，文化と教育は完全には分けられないというコンセンサスができてきている。国レベルでは連携には課題も多いが，小さな行政単位，特に区のレベルではうまくいく場合が多い。

　プロジェクト推進の課題として，上記の財政面，制度面のほか，日本でも指摘される学校の教師の多忙がある。以下に述べるようなプロジェクトは，推進に大変な努力が必要で，授業や学校運営にも支障を来すため，現在の学校制度の中では例外的なもので，しかも誰もが参加してくれるわけではない。しかし，プロジェクトを通して通常授業から学ぶもの以上の成果がある，という教師た

ちの思いに支えられて進められている。

　また，手続きの問題もある。プロジェクト実現予定の1年前から申請しなければならず，プロジェクトの期間も限られ，たとえ成功しても簡単には延長できない。プロジェクトの「成功」を強調して示す必要もある。

## 第2節　芸術の授業がどうつくられていくか

### 2-1　プログラムの多様性

　この種の取り組みは，ベルリン・フィルハーモニー管弦楽団の教育プロジェクトのドキュメンタリー映画『ベルリン・フィルと子どもたち（Rhythm is it!)』（2004年）で知られるようになった。この映画では，サイモン・ラトル指揮の同楽団の教育プログラム"Zukunft@Bphil"の一環として，ストラヴィンスキー《春の祭典》を演奏し，ドイツ銀行の助成，ダンサーの協力のもと，特に恵まれていない環境に育つ青少年がダンスをするものであった。

　同楽団は多様な教育プログラムに取り組んでいるが（Mast & Milliken 2008），他にも，担い手，ジャンル，めざすもの（上記映画のように既存の音楽作品を用いるような創作から，生徒とともに作り上げる完全にオリジナルな創作まで），多様なプログラムがドイツにはある。

　筆者が観察した授業は，2014年1月30日，ベルリン西部，シュパンダウ区にあるリリーブラウンギムナジウム（Lily-Braun-Gymnasium）の音楽の時間である。作曲家が学校の教師と連携し，教員志望の音楽大学の学生が補助に加わる。1つのクラスが数グループに分かれ，学校にある楽器を用いて短いフレーズを議論しながら作り上げ，発表していく。

　この活動で学校と音楽家の関係をコーディネイトするのは，学校で実験的作曲を行うNGO「クヴェアクラング（Querklang)」である。責任者のケルスティン・ヴィーエ氏によれば，2003年の発足から2019年3月までに，73人の作曲家と音楽家，78人の教師，78の学校と1700人の生徒たち，116人のベルリンの音楽大学の学生が参加した。音楽作りには実験的なアプローチがとられ，教室にある古典的な楽器にとどまらず，日常生活の道具も用いられる。そして，学校での授業と比べると，参加と協働，そして「つくる」経験が重視される。

生きている芸術家の創造活動やそのプロセスを取り上げ，新しい創造が生まれることを体験的に紹介する。

プロジェクトは半年を超えることもあり，導入は簡単ではなく，様々な衝突，問題が起きる。実験音楽に馴染めない教師もいる。そこで重要なのは，教師を巻き込み，教師が芸術家と，また，学生つまり将来の教師たちと一緒になることだという。校長や学校のサポートも重要となる。一方で，活動のプロセスにおいて生まれる矛盾と対立が，プロジェクトの原動力になり，特徴ともなる。

こうしたクヴェアクラングの活動のほかに，ベルリンでは，プロのダンサーが学校に定期的に派遣されるプロジェクト「ダンスの時間（TanzZeit）」が，特に多民族の学校や，問題行動の多い学校で成果を挙げている。このプロジェクトが発端となり，これまで3つの青少年のダンスカンパニーが設立された。「トゥッシュ（TUSCH）」というプロジェクトは，劇場と学校が1年間パートナーシップを結び，場所，人材，設備などは劇場がサポートして，子ども達が劇場運営について勉強し，子ども自らが制作する。2歳から6歳の子どもを対象に，幼稚園と芸術家が共同で1年間行う「子ども芸術センター（Kinder-KünsteZentrum）」というプロジェクトもある。近年では，難民の子ども達とその家族とのプログラムもあり，時代にあわせて多様なプログラムが開発されている。

### 2-2　子どもの夢を形に

ベルリンのフリードリヒスハイン＝クロイツベルク区にあるイエンス・ニダール基礎学校（Jens-Nydahl-Grundschule）の教師クリスティーネ・マイケ氏は，2011‐2012年に，作曲家・久保摩耶子氏とともに，同校でミニオペラ《夢（Traumspiel）》の制作，上演を行った。

同地区は芸術家などに人気がある一方，アフガニスタン，イラクやトルコなど，外国人，移民が多数居住し，生活環境としては困難を抱えた地域である。麻薬やアルコールに手を染める子どもや，レバノンでの内戦などを経験しトラウマを抱える移民の子どももいる。

同校は午後まで授業がある全日制学校で，98パーセントがトルコ，アラブ諸国，ボスニア・ヘルツェゴビナ，ウクライナ，ブルガリアといった国からの

移民の背景を持つ子どもたちである。かれらの家族の 92 パーセントは何らかの補助金を国から得て生活している。家族中心の考え方を持つ子どもたちが多く，個人主義的色彩が強いドイツ社会において文化の衝突も起きている。

　クラシック音楽の作曲家である久保氏は，《夢》の他にも，橋を隔てて居住者の生活水準や民族の異なる人々が住む地域で創作した《橋の上で（Auf der Brücke）》など，子どもたちとのプロジェクトで多くの作品を生み出してきた。人間にとっての文学的な現実であり，様々な感情への入り口が見えてくる「夢」というものが，コンセプトの出発点であった。様々な文化の狭間に生きる子どもたちの心の中を知ることはなかなかできない。しかし，芸術の力を借りて表現へと導くことはできる。それによって，子どもたちは自分の思いを大切にすることができる。これがプロジェクトとしての問題提起であった。音楽関係の財団から約 4600 ユーロの助成金を得て進められた。

　このプロジェクトは約 50 人，2 年生以上の 8 歳から 10 歳の子どもたちからなる。かれらに自分たちの夢を自由に語ってもらい，それを小さなオペラにする，というのが当初のアイデアであった。しかし，夢などなく，コンピューター，テレビ，ゲームといったヴァーチャルリアリティの世界に浸る子どもが多い現実に直面した。かれらには，夢よりも，インターネットの中のアクションヒーローたちの方が大事だった。そのため，子どもたちに自分たちの考えていること，感じていることを語ってもらうところから始めた。そこで必要なのは，かれらが本当に信頼できる環境，そして自分のことを大切にするトレーニングだということに教師たちは気づいていった。自分の声を聞く，自分自身を意識する，考える，夢を思い出す，といった活動を重ねていった。

　そのようにして出てきた夢の中から，5 つが題材に選ばれた。放火をしたとなじられるが自分の無罪を証明できないという男の子の悪夢。自分の結婚式に誰も来ない，花婿すら来ないという女の子の悲しい夢などである。これらの夢を舞台に乗せるため，制作チームを作り，マイケ氏の音楽の授業と並行する形でチームの時間を作った。子どもたちは，1 つのクラスから 5 人ずつ参加した。選び方は各教師に任せたところ，成績のいい子を送ろうと考えた教師がいた一方，集中力をつけてもらおうと，成績のよくない子どもたちを送った教師もいた。そのため，チームは多様な子どもで組織されることとなった。

チームを作ると，様々な問題が出てきた。例えば，テレビの前でずっと座っている子どもたちは体を動かす能力に乏しく，アイデアも出てこない。行儀の悪さも教師を悩ませた。また，芸術家からの要求を子どもたちはなかなか満たすことができない。例えば，木琴で簡単なメロディーを演奏できるようになっても，2～3日のうちに忘れてしまう。ほとんど楽器を触ったことがない，ルールそのものになじめない，といった子どもたちに，様々な指導を行う必要があった。

　このプロジェクトにより，元々問題の多い学校にさらに大きな問題がのしかかった。学校は賛成して応援してくれたが，教師は個人でボランティア活動のように参加していた。こんなことをやっていて意味があるのか。こんなに手間暇をかけていいのか。授業のじゃまになるのではないか。自己満足，ナルシズムのためにやっているのではないか。こうした疑いを教師たちはためこんでいった。しかし，大切にしたのは，何とかやり遂げることだった。教師たちは，子どもたちが毎日家庭で失敗を重ね，苦労している親を見ながら育っていることを知っている。子どもたちは，うまくいかないことが普通，きとんとできるなんてことはほとんどない，と自身の環境を受け取っている。だからこそ，成功体験をさせてあげたい，という教師たちの思いがあった。

　久保氏は，子どもたちが作り出すありとあらゆる音を作品に取り入れていった。口と頬で音を出す子ども，様々な楽器を演奏できる子ども，かれらの音が作品に活かされていった。進めるうちに，想定よりもはるかに多くのリハーサルが必要なことがわかってきた。授業を削り，時間割も変更しなければいけない。クラブ活動のためなかなか練習に参加できない子どもたちもいた。しかし，忍耐強く続けていった。

　元々子どもたちには衣装や大道具を作ってもらう予定だったが，無理であった。作品も，難しいことはやめて簡単なものにし，完璧でなくていい，とにかく皆で上演をしたいという点で関係者の思いは一致した。親たちも，子どもたちがやめたら敗北だと応援をし，それに応えたいという子どもたちの思いも高まっていった。

　3か月の練習を経て，学校の食堂を会場に本番を迎えた。2回の上演を成し遂げ，涙を流して喜ぶ移民，難民の子どもたちと見学した親，親戚たちもいた。

練習を通じて，生徒たちは指揮者に注目することができるようになった。マイケ氏にとっては，それだけでも感激であった。プロジェクトに加わらなかった子どもたちは，「次のオペラはいつなの？」と教師たちに聞いてくれた。

マイケ氏は，傷つきそっぽを向きがちだった子どもたちが，この活動を通して忍耐力を育てていった，と振り返る。かれらは社会に認められていき，自身でもその自覚を持つようになっていった。芸術全般，創造的なものに関心を持ち，集中していろいろなものに取り組むようになり，努力が必要だということも理解していった。参加していない子どもも，練習を見守りながら何らかの形で関わっていたことも，教師たちには大きな喜びだった。また，久保氏は，このプロジェクトは，子どもたちだけでなく，かれらを誇りに思えるようになった大人たちにも，文化芸術への参加，共有をもたらしたと振り返る。

## 第3節　子どもたちは何を学ぶか

### 3-1　成長とその輪の広がり

芸術には，作る側にも受け取る側にも自由がある。しかし，知識や経験によって受け止め方も変わってくる。音楽作品を構造的に聞き取る力や受け止める力があると，聴き方も変わる，とヴィーエ氏は述べる。クヴェアクラングのプロジェクトに参加した子どもたちは，音楽の奏で方，発展のさせ方を体験し，既成の作品を聞いたときにも別の受け止め方をしていくという。

また，ヴィーエ氏によれば，参加した子どもたちと一緒に反省会をすることも重要である。合計200人の子どもたちにインタビューを行ったところ，自分たちのプロセスを客観的に見ていることが印象的だったという。また，反省を込めて振り返り，もっとうまくできるようになりたいという自身の欲求だけでなく，周りに伝えたいという思いから，教える側にまわり，他の同級生や後輩に受け継いでいく輪が広がっているという。

### 3-2　プロセスを作り，プロセスから学ぶ

文化教育のプロジェクトの目的は，第1に，プロセスそのものにある。
ヴィーエ氏は，生徒がプロジェクトに参加し，新しいものを作るなかで，内

容を一緒に発見し，展開していくプロセスを重視する。このプロセスには，大勢の人が参加して創造的な活動を作り上げていくという意味で，民主主義的な要素も入ってくる。何かを目標にする，新しいものを獲得することをめざす，というよりも，プロセスを作り出すことを重視するのである。

　マイケ氏は，子どもたちが自信ややる気，成功の感覚を持てず，自分で自分を作っていくことができない，という問題がドイツにあると述べる。そういう中でのねらいは，自分で自分をアクティブにしていき，自分には目標や将来があるんだ，と思えるような子どもが育っていくことだという。

　一方，作曲家である久保氏は，自分の仕事は子どもたちを音楽の世界へ連れていくことであり，それからどうなるか，そこで何を得るかという質問への答えはわからないし，出さない方が良いという。

　このように，関係者の間で見解は異なるが，コラント氏は，どれも正しいと述べる。芸術には，カントもいうように，目的があるものではない。しかし，美的な教育をしようというなら別の話で，教育の目的を考えなければならない。シラーの『人間の美的教育について』にあるように，芸術自体について考えるのではなく，そこから離れたところに目を向けることが必要になってくる。また，プロセスと結果は両方重要で，相補的な関係だとも述べる。プロセスは重要だが，一方で最後までやりぬくことも重要である。また，目的にこだわりすぎず，失敗したらそれも一つの結果として認める。やめる自由もある。コラント氏は，文化教育のプロジェクトに12年間関わるなかで，子どもたちがまさにこの点について，深い議論をしてきたという。教師たちを会場の外に出して，私たちに決めさせて下さいと言われたこともあった。子どもたち自身が議論し，結論に至るプロセスが重要で，それこそが目的だった，と考える。

　久保氏は，芸術のプロセスには失敗も，混乱も，袋小路も，誤解もある，と述べる。創造は回り道であり，その回り道に立ち向かって最後までたどり着く行程がプロセスである。人生にも，回り道や失敗，間違いはつきものだが，学校も親も，子どもに正解や成功を求めてしまう。そうした中で，可能な限り自由なプロセスを作り出すことを，文化教育のプロジェクトはめざしている。

### 3-3 自他の理解と違いの認識

　文化教育の第2の目的は，子どもたちが自分と他人の双方を理解し，違いを認めあう意識を育むことにある。

　マイケ氏は，何かを美しいと思うことには，自尊心が関わってくると述べる。《夢》のプロジェクトでは，自分が何を感じ，どんな夢を見るかということを，子どもたちが理解し，表現できるまでにかなりの時間がかかったという。また，マイケ氏自身が，子どもたちの状況を分かろうとする努力をするようになった。子どもたちが怖いと感じるものごとの多さ，社会で失敗するなかで抱えた様々な不安を，初めて知ったという。

　そして，自己の感覚を認識することと同時に，他者に共感することが，文化教育において重要なことだと述べる。子どもたちがお互いに向き合うなかで，意見の違いを認識していく。このプロセスの説明に，「文化」という概念を使わない方がよいとマイケ氏はいう。小学校区内には様々な文化，国籍の子どもがいるが，子どもたちはお互いを「異文化」だとか「別の人」だとは感じておらず，「この地区にはいろいろな人がいる」というだけの認識でいる。そして，成長して初めて「異文化」という認識が生まれる。「文化」とは，あくまで大人がそれぞれの人を，相互理解が不可能な異質な存在として区別するために用いるカテゴリーであり，子どもは違う現実を生きている。

　また，コラント氏は，違いを認め合うという発想は，間違いなくナチス時代の過去から学んだことだ，と述べる。1968年の「政治の季節」を経験したコラント氏は，自分達が，自文化中心主義への拒否感を初めて自覚した世代だという。自分達は別にドイツ人でありたくないと思ったわけではなく，ドイツ人である以上にヨーロッパ人でありたいと思うようになった，という。近年ドイツは移民国への道を歩み始め，新しい経験を積んでいる。外国人排斥を訴える人々も現れたが，そうした人たちが出てきたことで，より一層ドイツは多彩な国だと意識するようになった，とコラント氏は述べる。

　マイケ氏も，ドイツの憲法に相当する連邦共和国基本法は，ナチス時代の経験があったからこそ戦後生まれたものであり，徹底した民主主義の教育が授業でも重視されてきたと述べる。マイケ氏が2015年当時勤務していた学校は，イスラム系の子どもが多かった。また，ドイツ国内には，ユダヤ人への憎しみ

の感情が未だ存在するし，ユダヤ人や同性愛者にネガティブなことを平気で口にする子どももいる。そうした現状に対して，学校の中に，生徒たちで作る議会を設け，民主的に議論をして，民主主義に参加するという経験を積んでいくことをめざしている。このような担い手の信念と地道な実践により，文化教育は支えられている。

## 第4節　共生にむけた協働の試み

　以上のように，ドイツで展開されている文化教育は，狭い意味での芸術教育を超え，自他の理解，共生にむけた協働の試みだといえる。

　2013年の全国劇場・音楽堂等アートマネジメント研修会（主催：公益社団法人全国公立文化施設協会）で久保氏によりドイツでの取り組みが紹介された。当時埼玉県久喜市立清久小学校校長であった長原順子氏がその報告を聞き，共鳴したことをきっかけに，2014年に同校で久保氏作曲の子どもオペラ《夢》の上演が実現した。久喜市合併5周年記念事業，文化庁地域イニシアチブ事業として自治体と国からの助成を受け，課外活動ではなく，総合的な学習の時間，音楽・図画工作の授業を通して，小学生が自分の夢をテーマにシナリオを作成し，久保氏が作曲，そして数か月にわたる練習ののち，11月28日，久喜総合文化会館大ホールで発表が行われた。ドイツと日本では文脈は違えど，子どもの姿，かれらの表現活動を励ます教育の課題には共通点もある。

　日本において学校と学校外教育機関との連携は，「学社連携」「学社融合」等の概念で提唱され，近年でも中央教育審議会から「新しい時代の教育や地方創生の実現に向けた学校と地域の連携・協働の在り方と今後の推進方策について」といった答申が出されている（2015年12月）。他機関との連携のなかで，人的・物的資源を外部に一部依存しながら教育活動を展開していくことは，これらの答申も後押しして今後も進むと考えられる。また，本書第4章にみられるように，増加する外国籍の子どもへの教育保証も課題となっている。

　制度的にも，協働での芸術教育を支援する枠組みが作られつつある。NPO「芸術家と子どもたち」が芸術家の学校派遣を続けているほか（堤 2003），文化庁が「文化芸術による子供育成事業（芸術家の派遣事業）」として，芸術家の学

校派遣を2014年度から開始している。自治体レベルでも派遣事業が行われているほか，各学校でも様々な協働関係を築きながら子どもの芸術体験を豊かにする試みが続けられている（文化庁 2018）。

　本章でみた文化教育の試みは，芸術表現を通じて，お互いの考え，気持ち，喜び，痛みに気付いていくことがめざされている。プロジェクトとしては斬新でも，核の部分はオーソドックスである。学校外の多様な主体と協働しながら手間暇をかけて作り上げていくこうした活動は，芸術教育を学校内の取り組み，芸術の教育のみにとどめず，子どもたちの表現を開花させ，見守る大人も含めて生き方を励ましていく可能性を拓くものである。

**参考文献**

伊藤亜希子（2017）『移民とドイツ社会をつなぐ教育支援——異文化間教育の視点から』九州大学出版会

堤康彦（2003）「アーティストと子どもたちの幸福な出会い」，佐藤学・今井康雄（編）『子どもたちの想像力を育む——アート教育の思想と実践』東京大学出版会

バウマン，ジグムント（伊藤茂（訳））（2017）『自分とは違った人たちとどう向き合うか——難民問題から考える』青土社

墓田桂（2016）『難民問題——イスラム圏の動揺，EUの苦悩，日本の課題』中央公論新社

藤野一夫（2017）「文化教育の再生——現代ドイツ文化政策の焦点」，藤野一夫，秋野有紀，マティアス・T・フォークト（編）『地域主権の国ドイツの文化政策——人格の自由な発展と地方創生のために』美学出版

文化庁（2018）『平成29年度 文化芸術による子供の育成事業に関する調査研究』

Kolland, D. (2013). *"Künste, Diversity und Kulturelle Bildung: 30 Jahre kommunale Kulturarbeit zwischen Kultur- und Gesellschaftspolitik - Reflexionen, Erfahrungen und Konzepte,"* kopaed Verlag.

Mast, C., & Milliken, C. (2008). *"Zukunft@BPhil: Die Education-Projekte der Berliner Philharmoniker,"* Shott.

## 執筆者紹介（五十音順）

**秋田喜代美**（あきた・きよみ）［14 章］東京大学大学院教育学研究科（教職開発コース）教授。『これからの質的研究法：15 の事例にみる学校教育実践研究』（共編著，東京図書，2019），『学校教育と学習の心理学』（共著，岩波書店，2015）

**市川伸一**（いちかわ・しんいち）［2 章］東京大学大学院教育学研究科（教育心理学コース）客員教授。『勉強法の科学：心理学から学習を探る』（岩波書店，2013），『教育心理学の実践ベース・アプローチ』（編著，東京大学出版会，2019）

**植阪友理**（うえさか・ゆり）［13 章］東京大学高大接続研究開発センター入試企画部門准教授。『数学的問題解決における図表活用の支援：理論と実践を結ぶ「REAL アプローチ」の展開』（風間書房，2014），*Promoting Spontaneous Use of Learning and Reasoning Strategies: Theory, Research, and Practice for Effective Transfer*（共編，Routledge，2017）

**大桃敏行**（おおもも・としゆき）［はしがき・序章・Ⅲ部概要］学習院女子大学国際文化交流学部教授。『教育現場に革新をもたらす自治体発カリキュラム改革』（共編著，学事出版，2014），ジャック・ジェニングズ『アメリカ教育改革のポリティクス：公正を求めた 50 年の闘い』（共訳，東京大学出版会，2018）

**勝野正章**（かつの・まさあき）［Ⅱ部概要・8 章］東京大学大学院教育学研究科（学校開発政策コース）教授。*Teacher Evaluation Policies and Practices in Japan: How Performativity Works in Schools*（Routledge，2016），『講座　現代の教育経営 1　現代の教育改革と教育経営』（分担執筆，学文社，2018）

**北村友人**（きたむら・ゆうと）［1 章］東京大学大学院教育学研究科（教育内容開発コース）准教授。『国際教育開発の研究射程：「持続可能な社会」のための比較教育学の最前線』（東信堂，2015），『グローバル時代の市民形成』（編著，岩波書店，2016）

**草彅佳奈子**（くさなぎ・かなこ）［5 章］東京大学大学院教育学研究科附属　学校教育高度化・効果検証センター特任研究員。『SDGs 時代の教育：すべての人に質の高い学びの機会を』（共著，学文社，2019），*The Japanese Educational Model of Holistic Education: TOKKATSU*（共著，World Scientific, 2019）

**小国喜弘**（こくに・よしひろ）［17 章］東京大学大学院教育学研究科（基礎教育学コース）教授。『障害児の共生教育運動』（編著，東京大学出版会，2019），『「みんなの学校」をつくるために』（共著，小学館，2019）

**小玉重夫**（こだま・しげお）［Ⅰ部概要・6 章］東京大学大学院教育学研究科（基礎教

育学コース）教授。『教育政治学を拓く：18歳選挙権の時代を見据えて』（勁草書房，2016），『難民と市民の間でハンナ・アレント『人間の条件』を読み直す』（現代書館，2013）

**木場裕紀**（こば・ひろき）［8章］大同大学教養部講師。「アメリカ高等教育におけるダンス教育の誕生：カリキュラムの観点から見たマーガレット・ドゥブラーの業績の再評価」（『教育学研究』84(2)，2017），「マーガレット・ドゥブラーの舞踏教育論における経験の諸相：J．デューイを手掛かりに」（『舞踏學』39，2016）

**斎藤兆史**（さいとう・よしふみ）［3章］東京大学大学院教育学研究科（教育内容開発コース）教授。『英語達人列伝：あっぱれ，日本人の英語』（中央公論新社，2000），『英語へのまなざし：斎藤英学塾10周年記念論集』（監修，ひつじ書房，2016）

**佐々木織恵**（ささき・おりえ）［7章］東京大学大学院教育学研究科 発達保育実践政策学センター特任助教。「参加型学校評価による教師の協同的省察の可能性とその条件：フランス，ボルドー大学区における実践事例の検討を通して」（『フランス教育学会紀要』28，2016），「OECDの学校評価研究：国際的視角から見た日本への示唆」（『日本教育政策学会年報』22，2015）

**澤田俊也**（さわだ・としや）［7章］大阪工業大学教職教室講師。「市区町村教育委員会による『授業スタンダード』施策の現状と課題：位置づけ，内容，活用方法に着目して」（『日本教育政策学会年報』26号，共著，2019），「1950年代後半の文部省初等・特殊教育課における『道徳』案の形成過程についての一考察」（『教育学研究』85(3)，2018）

**新藤浩伸**（しんどう・ひろのぶ）［18章］東京大学大学院教育学研究科（生涯学習基盤経営コース）准教授。『公会堂と民衆の近代：歴史が演出された舞台空間』（東京大学出版会，2014），『地域学習の創造：地域再生への学びを拓く』（分担執筆，東京大学出版会，2015）

**高木加奈絵**（たかぎ・かなえ）［7章］東京大学大学院教育学研究科（学校開発政策コース）博士課程。「教育身分法をめぐる日教組闘争：日教組はどのように闘争をおこなったか」（『教育学研究』85(3)，2018），『教職のための学校と教育の思想と歴史』（分担執筆，三惠社，2018）

**髙橋史子**（たかはし・ふみこ）［4章］東京大学大学院教育学研究科附属 学校教育高度化・効果検証センター助教。「「文化」の適応と維持から見る日本型多文化共生社会」（『異文化間教育』44，2016），*Education In Japan in a Global Age: Sociological Reflections and Future Directions*（分担執筆，Springer，2018）

**津田昌宏**（つだ・まさひろ）［8章］「米国オバマ政権の教育政策実施手法の分析」（『日本教育政策学会年報』22，2015），「米国における『教育上のリーダーの専門職基準』」

2015年版の分析：改定プロセスと内容を中心として」（『日本教育政策学会年報』24, 2017)

**恒吉僚子**（つねよし・りょうこ）［9章］東京大学大学院教育学研究科（比較教育社会学コース）教授。『教育研究のメソドロジー：教育参加型マインドへのいざない』（共編, 東京大学出版会, 2005), *Globalization and Japanese "Exceptionalism" in Education: Insiders' Views into a Changing System*（編著, Routledge, 2018)

**福嶋尚子**（ふくしま・しょうこ）［8章］千葉工業大学工学部助教。「不登校を生み，不登校の子どもと親を追い詰める〈貧困〉な教育政策」（『臨床教育学研究』7, 2019),『新版 教育課程のフロンティア』（分担執筆, 晃洋書房, 2018)

**福留東土**（ふくどめ・ひでと）［12章］東京大学大学院教育学研究科（大学経営・政策コース）教授。『専門職教育の国際比較研究』（編著, 広島大学高等教育研究開発センター高等教育研究叢書141, 2018),『カリフォルニア大学バークレー校の経営と教育』（編著, 広島大学高等教育研究開発センター高等教育研究叢書149, 2019)

**藤江康彦**（ふじえ・やすひこ）［16章］東京大学大学院教育学研究科（教職開発コース）教授。『これからの質的研究法：15の事例にみる学校教育実践研究』（共編著, 東京図書, 2019),『21世紀の学びを創る：学習開発学の展開』（共編著, 北大路書房, 2015)

**本田由紀**（ほんだ・ゆき）［15章］東京大学大学院教育学研究科（比較教育社会学コース）教授。『危機のなかの若者たち：教育とキャリアに関する5年間の追跡調査』（分担執筆, 東京大学出版会, 2017),『文系大学教育は仕事の役に立つのか：職業的レリバンスの検討』（編著, ナカニシヤ出版, 2018)

**村上祐介**（むらかみ・ゆうすけ）［7章］東京大学大学院教育学研究科（学校開発政策コース）准教授。『教育行政の政治学：教育委員会制度の改革と実態に関する実証的研究』（木鐸社, 2011),『教育委員会改革5つのポイント』（編著, 学事出版, 2014)

**盛藤陽子**（もりとう・ようこ）［8章］東京大学大学院教育学研究科（学校開発政策コース）博士課程。「イングランドのSCITT（School-centred Initial Teacher Training）における「理論」と「実践」の統合に関する一考察：Gateshead 3-7 SCITTカリキュラムの事例分析から」（『日本教師教育学会年報』22, 2013),「学校における多文化教育に資するイギリスの学校主導型教員養成カリキュラム：SCITT（School-centred Initial Teacher Training）の比較ケース分析を通して」（『比較教育学研究』59, 2019)

**両角亜希子**（もろずみ・あきこ）［11章］東京大学大学院教育学研究科（大学経営・政策コース）准教授。『大学経営・政策入門』（分担執筆, 東信堂, 2018),『私立大学の経営と拡大・再編』（東信堂, 2010)

山本　清（やまもと・きよし）[10章] 鎌倉女子大学学術研究所教授。『アカウンタビリティを考える：どうして「説明責任」になったか』（NTT出版，2013），*Prometheus Reassessed?*（共著，Chandos Publication, 2012）

## グローバル化時代の教育改革
教育の質保証とガバナンス

---

2019 年 8 月 30 日　初　版

［検印廃止］

編　者　東京大学教育学部教育ガバナンス研究会

発行所　一般財団法人　東京大学出版会

代表者　吉見俊哉
　　　153-0041　東京都目黒区駒場 4-5-29
　　　http://www.utp.or.jp/
　　　電話 03-6407-1069　FAX 03-6407-1991
　　　振替 00160-6-59964

印刷所　株式会社平文社
製本所　誠製本株式会社

---

© 2019 Toshiyuki Omomo, *et al.*
ISBN 978-4-13-051346-3　Printed in Japan

[JCOPY]〈出版者著作権管理機構　委託出版物〉
本書の無断複写は著作権法上での例外を除き禁じられています．複写される場合は，そのつど事前に，出版者著作権管理機構（電話 03-5244-5088, FAX 03-5244-5089, e-mail: info@jcopy.or.jp）の許諾を得てください．

|  | |  |  |
|---|---|---|---|
| 東京大学教育学部カリキュラム・イノベーション研究会 | 編 | カリキュラム・イノベーション<br>新しい学びの創造へ向けて | A5判・3400円 |
| 東京大学学校教育高度化センター | 編 | 基礎学力を問う<br>21世紀日本の教育への展望 | 46判・2800円 |
| ローダー<br>広田照幸<br>吉田文<br>本田由紀 | 他編<br>編訳 | グローバル化・社会変動と教育1<br>市場と労働の教育社会学 | A5判・4800円 |
| ローダー<br>苅谷剛彦<br>志水宏吉<br>小玉重夫 | 他編<br>編訳 | グローバル化・社会変動と教育2<br>文化と不平等の教育社会学 | A5判・4800円 |
| 秋田喜代美<br>山邉昭則<br>多賀厳太郎 | 監修編 | あらゆる学問は保育につながる<br>発達保育実践政策学の挑戦 | 46判・3800円 |
| 市川伸一 | 編 | 教育心理学の実践ベース・アプローチ<br>実践しつつ研究を創出する | A5判・3400円 |
| 本田由紀 | 著 | 若者と仕事<br>「学校経由の就職」を超えて | A5判・3800円 |
| 新藤浩伸 | 著 | 公会堂と民衆の近代<br>歴史が演出された舞台空間 | A5判・8800円 |
| 嶋田珠巳<br>斎藤兆史<br>大津由紀雄 | 編 | 言語接触<br>英語化する日本語から考える「言語とはなにか」 | A5判・3800円 |
| J. ジェニングズ<br>吉良直<br>大桃敏行<br>髙橋哲 | 著<br>訳 | アメリカ教育改革のポリティクス<br>公正を求めた50年の闘い | A5判・5600円 |

ここに表示された価格は本体価格です．ご購入の際には消費税が加算されますのでご了承ください．